LEtuin

2025
하반기

JN405773

SK그룹 종합역량검사

기출동형 모의고사

정답 및 해설

SK 취업은 렛유인

제 01 회 기출동형 모의고사 정답 및 해설

Chapter 01 언어이해

01	02	03	04	05	06	07	08	09	10
④	①	⑤	④	①	③	④	③	②	②
11	**12**	**13**	**14**	**15**	**16**	**17**	**18**	**19**	**20**
①	③	④	②	④	②	③	③	①	③

01 ④

주어진 지문은 단순히 인구 고령화나 복지 문제를 다룬 것이 아니라, 노년층이 경제의 핵심 소비자이자 새로운 시장 주체로 떠오르는 현상, 즉 그레이 르네상스를 중심으로 설명하고 있다. 특히 노년층의 소비 증가가 산업 구조를 재편하고 사회 전반에 파급력을 미친다는 점을 강조하므로 ④이 가장 적절한 주제이다.

[오답 체크]

①, ② 고령화, 시니어 세대에 대한 주제는 맞지만 그 외 관련 키워드를 지문에서 찾을 수 없다.

③ 시니어 세대의 자산 보유나 소비 성향 변화가 이뤄지고 있다는 것을 제시하고는 있으나 그에 따른 산업 전략을 제시하고 있지 않다.

⑤ 노년층이 복지 수혜자에서 소비 주체로 전환되고 있는 것은 맞으나 적응 과정은 지문에서 찾을 수 없다.

02 ①

주어진 지문은 프로이트의 이론에 따라 인간 정신을 의식・전의식・무의식의 층위로 나눈 구조와 이드, 에고, 수퍼에고의 기능적 구성을 함께 설명한다. 이는 단순한 개념이 아닌 전체 심리 작동 원리를 설명하는 이론 체계로서 인간 행동과 내면 갈등을 해석하는 틀을 제시한다. 따라서 정답은 ①이다.

[오답 체크]

② 마음의 구조를 나누어 설명하고 있지만 구조 간 양식의 다양성이나 그 원인은 다루고 있지 않다.

③ 인간 정신의 기능적 분할에 대해 설명하고 있지만 무의식의 상징적 발현은 다루고 있지 않다.

④ 에고와 슈퍼에고에만 초점을 둔 선택지로 지문에서 방어기제의 개념은 설명하고 있지 않다.

⑤ 에고의 역할에 대해서만 설명하고 있으며 구조나 층위의 구분과는 거리가 있다.

03 ⑤

첫 번째 문단의 선과 악의 이원론이라는 중심개념과 함께 도덕적 선택을 중시한다고 했으므로, 첫 번째 문단을 통합적으로 추론해보면 내용을 정확히 파악할 수 있다. 따라서 정답은 ⑤이다.

[오답 체크]

① 두 번째 문단에서 확인할 수 있다. 불의 상징성에 대한 설명은 있으나, 단순히 불을 숭배하는 종교로 이해하는 것은 부정확하다고 설명하고 있다.

② 첫 번째 문단에서 인간은 자유의지를 바탕으로 선을 선택한다고 했으므로 정반대의 주장이다.

③ 마지막 문단에서 직선적 시간관을 가진다고 했으므로, 순환적 해석에 대한 주장은 불일치한다.

④ 유일신 사상과 관련된 내용은 지문에 나와 있지 않으므로, 내용의 일치 여부를 판단할 수 없다.

04 ④

두 번째 문단에서 갈릴레이의 관측과 케플러의 수학적 계산을 통해 지동설이 발전했다고 설명한 부분과 일치한다. 따라서 정답은 ④이다.

[오답 체크]

① 두 번째 문단에서 갈릴레이가 지동설을 지지했고 케플러가 이를 수학적으로 뒷받침했다고 했으므로 일치하지 않는다.

② 두 번째 문단에서 코페르니쿠스는 자신의 이론이 성경적 권위와 충돌할 것을 우려하여 소극적인 태도를 보였고, 책도 사후에 출간되었다고 했으므로 일치하지 않는다.

③ 첫 번째 문단에서 단지 천체의 운동을 설명하는 데 그치지 않고 세계관 전체를 뒤흔드는 이론이었다고 했으므로 일치하지 않는다.
⑤ 첫 번째 문단에서 코페르니쿠스가 지동설을 체계화하며, 지구가 자전하는 동시에 태양을 중심으로 공전한다고 했으므로 일치하지 않는다.

05 ①

ⓐ 앞의 문장은 움벨트가 실재를 완전히 부정하는 것이 아니라, 생명체가 그 실재를 어떻게 경험하느냐에 초점을 둔다는 점을 말하고 있다. ⓐ 뒤의 문장은 생명체의 경험 세계가 무엇에 의해 매개되는지를 설명하고 있으므로, 가장 적절한 답은 감각적 구성과 지각적 편향이다.

[오답 체크]
②, ⑤ 객관성에 기반한 시각으로 움벨트의 주장을 흐린다.
③ 진화론 중심의 생존 설명으로 본문의 초점과 다르다.
④ 인식보다 윤리적 감정 반응에 가까워 문맥에서 벗어난다.

06 ③

(C)는 2차 전지의 정의와 특성, 그리고 리튬이온 전지가 전자기기에서 활용된 배경을 설명하며 전체 흐름의 도입부에 적절하다. (A)는 이러한 2차 전지가 전기차 배터리에 적용되는 이유와 장점을 제시하며, 앞 문단의 개념을 구체적인 활용 사례로 확장하고 있다. (B)는 전기차용 리튬이온 전지의 구조적·환경적 한계를 제시하며, 기술 활용에 따른 문제점을 드러내는 전환부로 가능하다. (D)는 이러한 문제를 해결하기 위한 대응책과 미래 전망을 제시하며 글의 결론 역할을 한다.

07 ④

지문에서는 노이즈 마케팅의 전략적 가치와 실효성을 중심으로 긍정적인 서술을 하고 있다. 자극이 브랜드 인지도를 높이고 구매 전환에 효과적이라거나 저비용·고효율 전략, 주의 환기에 효과적과 같은 논지가 전개된다. 특히 '짧은 시간 안에 브랜드 인지도를 높이는 데 효과적'이라는 평가를 받기 때문에, 이를 비판하고 있는 ④이 가장 적절하다.

[오답 체크]
① 보완할 수 있다는 점에서 기본적으로 노이즈 마케팅에 대해 긍정적인 입장이다
② 해당 선택지가 지문의 내용을 비판하려면, 지문에서 노이즈 마케팅이 장기적인 매출 증가를 유발한다는 내용이 있어야 한다.
③ 지문의 내용과 동일한 내용이다.
⑤ 실증적 연구가 존재한다는 내용이 있기 때문에 효과성이 입증되지 않았다는 비판은 옳지 않다.

08 ③

지문은 트럼프 대통령의 강경 발언과 철회가 반복되는 협상 패턴을 단순한 리스크가 아니라 예측 가능한 투자 기회로 해석하는 '타코 트레이드' 개념을 설명한다. 이처럼 정치 발언이 자산 가격 흐름과 맞물려 투자 전략으로 해석되는 현상을 정확히 짚은 것은 ③이다.

[오답 체크]
① 심화된 불확실성을 강조하지만 지문은 오히려 예측 가능성에 주목한다.
② 정책 비판이 핵심이지만 지문은 비판이 아니라 활용에 초점이 있다.
④ 방어적 접근을 전제로 하지만 지문은 공격적 전략(매수 기회 활용)을 제안한다.
⑤ 장기적 자산 배분을 강조하나 지문은 단기적 흐름에 대한 설명이다.

09 ②

지문에 일부 국가가 사용자의 소비 패턴을 실시간으로 분석하거나, 특정 목적에만 사용 가능한 화폐를 설계하여 사회정책과 연계하는 실험을 진행한다고 언급하였으므로 일치한다. 또한 용도 제한형 디지털 화폐는 프로그래머블 화폐를 의미하므로 정답은 ②이다.

[오답 체크]
① 현금은 디지털장부에 거래내역이 자동으로 기록되지 않는다.
③ CBDC는 중앙은행이 발행하는 법정 통화이고, 암호화폐는 민간 전자결제 수단이라 성격이 다르다.
④ CBDC는 거래 기록이 남기 때문에 오히려 정부가 정밀한 정책 개입이 가능하다고 언급되었다.
⑤ CBDC는 은행 계좌가 없는 금융 소외계층에도 지급할 수 있다고 하였지, 네트워크에 관해서는 언급하지 않았다.

10 ②

글의 내용이 매우 복잡하고 어렵다. 각 문단 처음과 끝부분에 집중하여 순서를 알아보자. (A)와 (C)는 문단 시작 부분에 접속사가 등장하고, (D) 또한 첫 줄에서 '이러한 독창성과'라는 단어로 유추해 볼 때 첫 문단으로는 부적합하다. 따라서 (B)가 첫 문단이다. (B)의 마지막에 '수용 방식'에 대한 언급이 있는데 (C)의 시작 부분에 수용 방식에 대한 내용이 있다. 두 번째는 (C)다. (C)는 창작 주체로서의 AI를 어디까지 인정할 수 있는지에 대한 내용인데 이는 의미상 (A)와 이어질 수 있다. (A) 마지막 문장에서 '독창성'이라는 단어가 등장했는데, (D)의 첫 문장에 '이러한 독창성'이 등장하므로 (A) – (D) 순서가 적합하다.

11 ①

지문에서는 선진국뿐만 아니라 개도국도 자발적 감축 목표를 수립하였기 때문에 기후협약의 실효성이 크다고 주장하였다. 하지만 자발적 감축 목표가 외형적 참여에 가까울 것이라고 주장한다면, 지문의 내용을 비판할 수 있다.

[오답 체크]

② 지문에서는 개도국 또한 기후변화 대응을 위해 자발적 감축 목표를 수립하고 에너지 구조 개편에 나서고 있다고 하였다.
③ 지문 내용과 동일한 논지로 비판이라기보다 동조에 가깝다.
④ 과거의 산업화 책임에 관한 내용은 지문에서 찾아볼 수 없다.
⑤ 모든 국가가 동일한 전환 로드맵으로 설정해야 한다는 주장은 지문이 전제한 유연한 접근과 어긋나며, 현실적이라기보다 이상적 주장에 가깝다.

12 ③

지문은 AI 슬롭이라는 개념을 정의하고, 이 현상이 발생하는 원인과 사례, 그리고 대응 전략(정기적인 재학습, 성능 모니터링)까지 설명하고 있다. 또한 유사 개념인 드리프트와의 차이점도 함께 다루고 있어, 핵심 내용을 모두 포괄하는 ③이 가장 적절한 제목이다.

[오답 체크]

① AI 슬롭과 드리프트 현상의 원인과 차이를 설명하고 있지만 내용을 모두 포괄할 수 없다.
② 지문과 주제가 맞지 않는다.
④ 드리프트에 초점을 맞추어 주제를 벗어난다.
⑤ 성능 저하의 원인 중 하나인 과적합만을 문제로 삼아 지나치게 범위를 좁히고 있다.

13 ④

지문에서는 대상포진의 발병 원인으로, 바이러스가 신경절에 잠복해 있다가 면역 기능이 저하되었을 때 재활성화되는 과정을 설명하고 있다. 이때 세포성 면역이 억제력을 잃는 상황이 재활성화의 직접적인 원인으로 작용하므로, 빈칸에 가장 적절한 문장은 ④이다.

[오답 체크]

① 문맥상 인과관계가 불분명하다. 두 번째 문단에 감염에 대한 언급이 있지만 면역 체계에 대한 감염이 아니라 피부 상피세포에 대한 감염이다.
② 감염 없이 신경에 바로 침투하는 것이 아니라 이미 감염된 바이러스가 신경에 숨어 있다가 나중에 다시 활동하는 것이다.
③ 바이러스가 재활성화되어야 대상포진이 발생한다.
⑤ 바이러스가 재활성화되면서 염증이 생기고 신경통이 발생하는 것이므로, 신경세포가 염증 반응을 유발한다는 설명은 원인과 결과를 혼동한 것이다.

14 ②

지문은 수소 생산 공정에서 니켈 촉매의 역할에 대해 서술하고 있다. 니켈 촉매를 통해 지속적으로 수소를 생산하기 위해서는 일정 온도를 유지해야 한다. 따라서 물질의 안정성이 가장 중요한 요소라고 판단할 수 있다.

[오답 체크]

① 수증기의 순도와 유량제어는 공정에서 중요한 요소일 수는 있지만, 지문에서는 수증기의 조건이 아닌 니켈 촉매의 안정성이 핵심 과제로 부각된다.
③, ④ 빈칸과 관련 없는 요소로 정답과 무관한 내용이다.
⑤ 생성물 처리와 관련된 후반 공정의 문제로, 반응 중심 과정과는 거리가 멀다.

15 ④

(C)는 문화적 옴니보어의 개념과 등장 배경을 소개하며 글의 주제를 제시한다. (A)는 옴니보어가 계층 구분이 아닌 유연한 정체성을 구성한다고 설명하며, 기존 문화 위계를 변화시키고 있음을 설명한다. (B)는 이러한 개방성 이면에 여전히 상위 계층 중심의 자원 불균형이 존재함을 지적하며, 옴니보어의 권력성을 비판한다. (D)는 옴니보어를 긍정적으로만 보는 관점을 넘어서서, 이면의 권력 구조를 비판적으로 성찰해야 함을 강조하며 글을 마무리한다.

16 ②

진료비 정보 공개는 긍정적인 측면이 있지만, 진료 환경의 차이를 고려하지 않은 표준화는 오히려 소비자 혼란을 줄 수 있다는 지적이다. 지문의 논리를 일부 수용하면서도 실효성과 현실 적용에 대한 우려를 제기하는 가장 적절한 비판은 ②이다.

[오답 체크]

① 지문에서는 진료비에 제한을 두어야 한다고 언급하지 않았다.

③ 사람 중심에서 동물 중심으로의 정책 전환이 국민 건강권과 충돌한다는 주장은 과대 해석이며, 핵심 주제와도 거리가 있다.

④ 진료비 표준화를 옹호하는 내용으로 지문과 동일하므로 비판으로 볼 수 없다.

⑤ 보험 확대의 긍정 효과는 인정하면서도 공공의 개입이 불필요하다는 주장은 전제 자체가 상충되며, 설득력이 떨어진다.

17 ③

지문에서 칸트 윤리는 행위의 결과가 아닌 행위 자체가 도덕 법칙에 합치되는지를 중심으로 판단한다고 언급하고 있다. 따라서 정답은 ③이다.

[오답 체크]

① 트롤리 딜레마의 윤리학적 목적을 간과하고 기술적 맥락으로 오해한 선택지다.

② 공리주의는 행복과 고통의 총합을 기준으로 행위의 도덕성을 평가하며, 개인의 권리 침해 여부보다는 전체 행복의 극대화에 초점을 둔다.

④ 지문에서는 공리주의와 칸트 윤리를 다루고 있을 뿐, 직관 윤리학은 언급하지 않았다.

⑤ 공리주의는 결과 중심, 칸트 윤리는 행위의 원칙 중심으로 접근한다. 즉, 둘 다 결과를 판단 기준으로 삼는다는 전제 자체가 잘못되었고, 칸트 윤리는 오히려 결과가 아무리 좋더라도 행위 자체가 정당해야 한다고 본다.

18 ③

지문은 확률이 매 시행마다 독립적으로 작용한다는 원리를 바탕으로 도박사의 오류를 설명하고 있다. 이 개념을 간접적으로 표현하고 있는 ③이 정답이다.

[오답 체크]

① 확률은 자동으로 균형을 맞추지 않으며, 분포가 조정되는 일은 없다.

② 독립 시행에서는 앞선 결과가 이후 결과에 영향을 줄 수 없다.

④ 시행 횟수가 늘어나면 전체 비율이 수렴할 수는 있으나, 개별 시행의 확률은 변하지 않는다.

⑤ 기댓값은 시행 이전에 정해진 평균값이며, 반복된 결과로 새롭게 형성되지 않는다.

19 ①

지문에서는 관치금리를 통해 금리 변동성이 줄어 금융시장의 불확실성을 완화할 가능성이 있다고 하였지만, 실제로는 금리 변동성을 줄일 수 없으며 시장 예측 가능성을 떨어뜨릴 수 있다는 것은 지문을 비판할 수 있다.

[오답 체크]

② 지문에서는 관치금리가 금융 시장이 미성숙한 국가에서 효과적일 수 있다고만 하였지, 금융 시장이 성숙한 국가의 사정은 언급하지 않았다.

③ 지문에서는 물가 안정 여부를 언급하지 않았다.

④ 지문에서는 관치금리와 장기적인 산업 정책의 시너지에 대해 다루었지, 단기적인 산업 정책은 언급하지 않았다.

⑤ 대기업에 미치는 영향은 지문에서 다루지 않았다.

20 ③

(D)는 고대 그리스 전쟁에서 유래한 마라톤이라는 종목의 상징성과 출발점을 알려주며, 글의 서론 역할을 한다. (A)는 근대 올림픽에서 마라톤 경기가 도입된 초기 상황을 다루며, 거리 규정이 일정하지 않았음을 문제로 제기한다. (B)는 이러한 거리 불규칙 문제와 관련해, 마라톤 거리 42.195킬로미터의 최초 등장을 설명한다. (C)는 앞서 등장한 거리를 공식적으로 확정한 국제기구의 결정을 통해, 마라톤 거리의 표준화 과정을 마무리한다.

Chapter 02 자료해석

01	02	03	04	05	06	07	08	09	10
③	④	②	②	②	⑤	⑤	④	②	③
11	**12**	**13**	**14**	**15**	**16**	**17**	**18**	**19**	**20**
①	②	④	③	②	④	⑤	④	②	⑤

01 ③

㉠ 영업부의 연령대별 교육 이수시간을 20대부터 60대 이상까지 순서대로 나열하면 34시간, 67시간, 110시간, 119시간, 94시간이고, 기술지원부의 연령대별 교육 이수시간은 28시간, 54시간, 83시간, 92시간, 60시간이므로 영업부의 교육 이수 시간이 기술지원부보다 길다.

㉡ 모든 연령대에서 총무부의 교육 이수 시간이 가장 짧다. 따라서 전체 평균 교육 이수 시간도 총무부가 가장 짧다.

㉢ 연구개발부의 20대 평균 교육 이수 시간 23시간이고 기술지원부의 20대 평균 교육 이수 시간은 28시간이다. 즉, $\frac{5}{28} \times 100 = 17.85\%$이므로 20% 이하로 짧다.

㉣ 생산부의 50대 평균 교육 이수 시간은 112시간이고, 기술지원부의 50대 평균 교육 시간은 92시간으로 차이는 $112 - 92 = 20$시간이다. 즉, 차이는 20시간 이상이다.

02 ④

제시된 지역 중 일자리연계 이용자 수가 20,000명 이상인 지역은 서울과 대구, 단 2곳이다.

[오답 체크]

① 심리상담을 제외한 모든 복지 서비스에서 서울의 이용자 수가 가장 많다. 심리상담 이용자 수도 대구와 서울의 차이가 크지 않기 때문에, 굳이 계산하지 않아도 서울이 이용자 수가 가장 많음을 알 수 있다.

② 제시된 자료에서 중장년층의 복지 서비스별 이용자 수를 보면 일자리 연계가 12,100명으로 가장 많다.

③ 대전의 주거지원 이용자 수는 2,480명이고, 서울의 주거지원 이용자 수는 4,200명으로 그 차이는 $4{,}200 - 2{,}480 = 1{,}720$명이다. 즉, 차이는 1,700명 이상이다.

⑤ 고령층의 심리상담 이용자 수는 820명이고 중장년층의 심리상담 이용자 수는 650명으로 고령층의 심리상담 이용자 수가 더 많다.

03 ②

전체 스마트 교차로 수가 두 번째로 많은 해는 2019년이다. 2019년의 초등학교 주변에 설치된 스마트 교차로 수는 1,701개이고, 유치원 주변에 설치된 스마트 교차로 수는 540개이다. 따라서, $\frac{1,701}{540}$ = 3.15이다.

04 ②

㉠ 2021년 적발 건수 1건당 평균 적발 물량은 $\frac{102kg}{625건}$ = $\frac{102,000g}{625건}$ = 163.2g

㉡ 2023년의 적발 건수 1건당 적발 금액은 $\frac{3,350억}{990건}$ ≒ 3.3억이고 2013년의 적발 건수 1건당 적발 금액은 $\frac{480억}{170건}$ ≒ 2.82억으로 2023년이 더 크다.

㉢ 2023년의 적발 금액은 2013년에 비해 $\frac{3,350억}{480건}$ = 6.97억으로 7배 미만이다.

㉣ 2019년은 2018년에 비해 적발 금액은 1,050억에서 1,200억으로 증가하였으나, 적발 건수는 420건에서 395건으로 감소하였다.

05 ②

연령대별 자전거 이용자 수와 그 차이를 구하면 다음과 같다.

연령대	10대	20대	30대	40대	50대
2020년	1,500	2,300	2,800	1,700	1,200
2021년	1,875	2,760	3,080	1,938	1,320
증가 수	375	460	280	238	120

따라서, 2020년 대비 2021년 이용자 수가 가장 많이 증가한 연령대는 20대이다.

06 ⑤

각 도서관별 장시간 점유에 대한 제한 건수는 다음과 같다.
A도서관: 600 × 0.1 = 60건
B도서관: 450 × 0.12 = 54건
C도서관: 720 × 0.15 = 108건
D도서관: 530 × 0.1 = 53건
따라서 총 합은 60 + 54 + 108 + 53 = 275건이다.

07 ⑤

모든 연도에서 육상운송업과 전체 평균의 순서로 월 근로시간을 비교하면
2017년: 186 > 175, 2018년: 189 > 178,
2019년: 191 > 180, 2020년: 188 > 177,
2021년: 192 > 181으로 매년 육상운송법의 월평균 근로시간이 길었다.

[오답 체크]

① 2018년 전체 근로자의 월평균 근로시간은 178시간이고 2017년은 175시간으로, 전년 대비 증가하였다.

② 수상운송법 근로자의 2020년 월평균 근로시간은 172시간이고 2019년은 175시간으로, 3시간이 감소하였다. 즉, $\frac{3}{175}$ × 100 = 1.7%이므로 1.5% 이상 감소하였다.

③ 항공운송업 근로자의 2020년 월평균 근로시간은 160시간이고 2019년은 165시간으로, 전년 대비 감소하였다.

④ 매년 월평균 근로시간이 가장 긴 업종은 육상운송업이다.

08 ④

50대 이상의 비중이므로 50대, 60대, 70대 이상 인구를 모두 더한 다음 전체 인구 중 차지하는 비중을 구하면 된다.
(870 + 763 + 632) ÷ 5,133 ≒ 44.13%이다.

09 ②

건축물 384건이 전체 문화재 766건 중 차지하는 비율은 $\frac{384}{766}$ = 50.13%로 절반 이상이며, 조선시대, 대한제국기, 일제강점기, 6·25전쟁 이후 모두 등재 현황이 있기 때문에 옳은 설명이다.

[오답 체크]

① 전체 문화재 766건 중 일제강점기 건축물 175건이 차지하는 비율은 $\frac{175}{766}$ × 100 = 22.84%이므로 20% 이상이다.

③ 조선시대 문화재 중 생활용품 2건이 전체 조선시대 문화재 124건 중 차지하는 비율은 $\frac{2}{124} \times 100 =$ 1.61%로 5% 이하이다.

④ 기록물 169건 중 6·25전쟁 이후 등재된 기록물은 45건으로 50% 이하이다.

⑤ 산업유산 문화재는 조선시대를 제외하고 나머지 시대에 모두 등재되어 있다.

10 ③

생활용품과 취미용품이 차지하는 비율의 차이는 2%이고 2%가 80억 원에서 차지하는 금액은 80억 × 0.02 = 1.6억 원이다.

[오답 체크]

① 식품 매출액은 25.6억 원이고, 가전제품 매출액은 14.4억 원으로 차이는 11.2억 원이다.

② 매출액이 16억 원 이상인 품목은 80억 원의 20% 이상을 차지하는 식품뿐이다.

④ 기타 상품군의 매출이 차지하는 비율은 10% 이하인 8%이므로 8억 원 이하인 6.4억 원이다.

⑤ 15억 원이 80억 원에서 차지하는 비율은 $\frac{15억}{80억} \times 100 = 18.75\%$이므로 18.75% 이상을 차지하는 항목은 식품 1개뿐이다.

11 ①

1~4인 가구 중 중위소득이 가장 많이 증가한 가구는 28만원이 증가한 4인 가구이다. 따라서 4인 가구의 증가율이 정답이다. $\frac{540.1}{512.1} \times 100 = 105.5\%$이므로 증가율은 5.5%이다.

4인 가구가 중위소득 금액은 가장 많이 증가했지만 증가율은 가장 낮으므로 주의하도록 한다.

12 ②

수도권 미분양 주택은 19,748호이고 전체 미분양 주택은 72,624호이다.

$\frac{19,748}{72,624} \times 100 = 27.192 \cdots$ 이므로 소수점 아래 둘째 자리에서 반올림하면 27.2%이다.

13 ④

2018년의 투자 건수당 투자 금액은 $\frac{80억 원}{10건} = 8$억 원이고, 2019년의 투자 건수당 투자 금액은 $\frac{150억 원}{15건} = 10$억 원이다. 2억 원이 증가하였으므로 증가율은 $\frac{2}{8} \times 100 = 25\%$이다. 따라서 20% 이상 증가하였다.

[오답 체크]

① 연도별 투자 건수당 투자 금액은 2018년 8억, 2019년 10억, 2020년 10.5억, 2021년 10억, 2022년 10억이다. 따라서 가장 높은 해는 2020년이다.

② 2020년의 투자 건수당 투자 금액은 $\frac{210억 원}{20건} = 10.5$억 원이고, 2018년의 투자 건수당 투자 금액은 $\frac{80억 원}{10건} = 8$억 원이다. 따라서 2020년이 더 크다.

③ 2021년의 투자 금액은 260억 원이고, 2020년의 투자 금액은 210억 원이므로 50억 원이 증가하였고, 증가율은 $\frac{50}{210} \times 100 = 23.8\%$이다. 따라서, 25% 이하 증가하였다.

⑤ 투자 금액와 투자 건수 모두 매년 증가하고 있다.

14 ③

전체 도서관 수가 가장 크게 증가한 해는 35개가 증가한 2023년이다. 2023년의 전년 대비 지자체 공공도서관의 증감율은 2022년 976개에서 2023년 1,008개로 증가했으므로 증가율로 계산할 수 있다.

$\frac{1,008}{976} \times 100 = 103.28\%$이므로 증감율은 3.28%이다.

15 ②

예체능학부가 수강자 수와 이수율 모두 가장 낮으므로 계산해보지 않아도 이수 인원이 가장 적다는 것을 알 수 있다.

[오답 체크]

① 공학부의 이수 인원은 400 × 0.75 = 300명이므로 300명 이상이다.

③ 인문학부의 이수 인원 230 × 0.9 = 207명이고 사회학부의 이수 인원은 280 × 0.8 = 224명이므로 사회학부의 이수 인원이 더 많다.

④ 전체 학부 중 이수율이 가장 높은 곳은 인문학부이다.

⑤ 굳이 모든 학부를 계산하지 않고 수강자 수가 280명 이상인 학부만 계산해도 정답을 알 수 있다. 자연학부 이수 인원 = 310 × 0.8 = 248, 공학부 이수 인원 = 400 × 0.75 = 300이다. 따라서 이수 인원이 280명 이상인 학부는 공학부 1개뿐이다.

16 ④

2024년 반려동물양육자 숫자를 구하기 위해서는 먼저 조사 대상자 숫자를 구한 다음, 2024년의 양육비율인 28.6%를 곱하면 된다. 매년 조사 대상자 숫자가 동일하므로 2020년을 기준으로 조사 대상자를 x로 두었을 때, $x \times 27.7\% = 1,385$, $\therefore x = 5,000$(명)이다. 따라서 2024년 반려동물양육인구는 5,000 × 28.6% = 1,430(명)이다.

17 ⑤

증가요인을 모두 더하면 2,185명이며 감소요인을 모두 더하면 2,329명이다. 따라서 A시의 10월 인구는 전월 대비 144명 감소했다.

18 ④

2022년 보급률이 가장 낮은 구역은 D구역이고, 2023년 보급률이 가장 낮은 구역은 B구역이다.

[오답 체크]

① 보급률이 감소한 구역은 B구역 1곳뿐이며, 감소율은 $\frac{3}{35} \times 100 = 8.5\%$로 10% 이하이다.

② 2023년 보급률이 가장 높은 구역은 50%인 C구역이다.

③ D구역는 2023년의 보급률은 36%이고 2022년의 보급률은 30%이므로 전년 대비 보급률이 6%p 상승하였다.

⑤ 2022년과 2023년의 보급률이 모두 40% 이상인 구역은 A구역과 C구역, 2곳이다.

19 ②

모두 계산해야 하는 문제이다. 최대한 계산기를 적게 두드리는 방향으로 계산하자.

ⓐ = 199 − 6 − 11 − 105 = 77

ⓑ = 9 + 11 + 3 + 9 + 4 = 36

ⓒ = 135 − 5 − 79 − 3 = 48

ⓓ = 7 + 109 + 9 + 74 = 199

∴ ⓐ + ⓑ + ⓒ + ⓓ = 360

20 ⑤

기관 A와 기관 C의 전임강사 수의 합은 1,500 + 1,380 = 2,880명이고, 나머지 기관의 전임강사 수의 합은 620 + 670 + 240 + 490 + 440 + 390 = 2,850명이므로 기관 A와 C의 합이 더 많다.

[오답 체크]

① 모든 기관의 시간강사 수는 행정직원 수의 4배 이상이다. 행정직원의 수에 4를 곱한 수와 시간강사의 수를 비교하면 된다.

② 공석 수가 가장 많은 상위 3개 기관은 A, C, F기관이고 시간강사 수가 많은 상위 5개 기관은 B, G, F, C, A기관이다. A, C, F기관 모두 포함된다.

③ 시간강사 수에 4를 곱했을 때 전임강사 수보다 많을 경우 25% 이상이라고 판단할 수 있다. 암산으로도 가능한 문제이며 B, E, F, G기관 4곳이 25% 이상임을 알 수 있다.

④ 기관 H의 전체 인원수는 390 + 80 + 10 = 480명으로 480명 이하가 맞다. 공석 3자리를 인원수로 착각하면 안 된다.

Chapter 03 창의수리

01	02	03	04	05	06	07	08	09	10
③	②	⑤	⑤	②	②	⑤	⑤	③	②
11	**12**	**13**	**14**	**15**	**16**	**17**	**18**	**19**	**20**
④	②	③	④	⑤	③	③	③	②	⑤

01 ③

사과의 개수를 x, 배의 개수를 y라고 하면
작년 농장의 수확량: $x + y = 360 \cdots (1)$
올해 농장이 수확량: $1.1x + 0.8y = 333 \cdots (2)$
(1), (2)를 연립하여 풀면 $x = 150$, $y = 210$개로 정답은 ③이다.

02 ②

B대리점에서 C대리점까지의 거리를 $x$km라고 하고 속력이 10km/h 일 때 시간은 $\frac{x}{10}$, 속력이 20km/h 일 때 시간은 $\frac{x}{20}$이므로 $\frac{x}{10} - \frac{x}{20} = \frac{1}{2}$이다. 따라서 $x = 10$이다.

03 ⑤

기존 설탕물의 설탕량 $= 350 \times 0.12 = 42$g
최종 10% 설탕물의 설탕량 $= 42$g,
최종 설탕물의 양 $= 350 - x + 2x = 350 + x$
최종 농도가 10%이므로 $10\% = \frac{42}{350 + x} \times 100$,
$x = 70$이다.

04 ⑤

주어진 숫자는 총 6개이고, 서로 다른 숫자 4개를 골라 순서를 고려하여 네 자리 자연수를 만들어야 하므로 순열을 활용하는 문제이다. 따라서, ${}_6P_4 = 6 \times 5 \times 4 \times 3 = 360$가지이다.

05 ②

기계 A의 작업 속도: 시간당 $20\% = \frac{2}{10}$,
B의 작업 속도: 시간당 $15\% = \frac{15}{100}$
A와 B가 함께한 작업량: $\frac{2}{10} + \frac{15}{100} = \frac{7}{20}$이다. 따라서 A가 혼자 작업한 시간을 구하는 공식은 다음과 같다.
$\frac{7}{20} \times 2 + \frac{2}{10}x = 1$
따라서 x는 1.5이다.

06 ②

원가를 x라고 하면 정가는 20%의 이익을 붙였으므로 $1.2x$이다. 30%를 할인해서 판매하였으므로 실제 판매가는 $1.2x \times (1 - 0.3) = 0.84x$이다. 실제 판매가는 원가보다 480원 손해이므로 $0.84x = x - 480$, 따라서 x는 3,000이다.

07 ⑤

충돌한다는 것은 S지점에서 만난다는 것이므로 동일한 시간을 이동한다는 뜻이다. 따라서 같은 시간을 이동한다는 공식을 세울 수 있다. 거리 = 속력 × 시간이므로 $1,200 = 60x + 40x$, 따라서 x는 12이다.

08 ⑤

처음 소금물의 소금의 양을 계산하면 $400 \times 0.3 = 120$g이다. 이 소금의 양은 그대로 유지되고 물만 증가한다. 총 5개의 호수가 각각 xg의 물을 주입하므로 총 $5x$g의 물을 주입하게 된다. 따라서, $8\% = \frac{120}{400 + 5x} \times 100$이므로 x는 220이다.

09 ③

커피 단품 가격을 x라고 할 때, 스무디 단품 가격은 $x + 700$원이다. 샌드위치 세트메뉴는 4,000원이 추가되므로 커피 세트 가격은 $x + 4,000$원, 스무디 세트 가격은 $x + 4,700$원이다. 따라서 $(x + 4,000) \times 3 + (x + 4,700) \times 2 = 43,900$이므로 $5x = 22,500 \rightarrow x = 4,500$이다.

10 ②

문제는 원 모양의 식탁에 앉는 경우에 대한 경우의 수이므로 원순열을 구하는 문제이다.
서연이와 서진이가 서로 이웃하지 않고 앉는 경우의 수는 6명이 원 모양의 식탁이 앉는 경우의 수에서 서연이와 서진이가 반드시 이웃하여 원 모양의 식탁에 앉는 경우의 수를 빼면 된다. 6명이 원형으로 앉는 경우의 수는 $(6 - 1)! = 5! = 120$가지이다. 서연이와 서진이가 이웃해서 원형으로 앉는 경우의 수는 둘을 하나의 사람으로 생각하고 총 5명이 앉는 경우의 수를 생각하면 된다. 5명이 원형으로 앉는 경우의 수는 $(5-1)!=4!=24$가지이다. 그리고 이때, 서연이와 서진이가 앉는 경우의 수는 2가지이므로 총 $24 \times 2 = 48$가지이다.

따라서, 서연이와 서진이가 이웃하지 않게 원형으로 앉는 경우의 수는 $120-48=72$가지이다.

11 ④

원가를 x라고 하면 정가는 25%의 이익을 붙였으므로 $1.25x$이다. 20%를 할인해서 판매하였으므로 실제 판매가는 $1.25x \times (1-0.2) = 1.0x$이다. 이 금액에 10%를 더 할인하였으므로 최종 판매가는 $1.0x \times (1-0.1) = 0.9x$이다. 즉, 손해는 $0.1x$이고 그 금액이 900원이므로 x는 9,000이다.

12 ②

A의 작업 속도: 시간당 $\frac{1}{12}$, B의 작업 속도: 시간당 $\frac{1}{8}$

A와 B가 함께한 작업량: $\frac{1}{12}+\frac{1}{8}=\frac{5}{24}$이다.

함께 일한 시간은 3시간이고 B가 일한 시간을 구하는 공식은 다음과 같다.

$\frac{5}{24} \times 3 + \frac{1}{8} \times x = 1$, $x=3$이므로 함께 일한 시간 3시간과 B가 혼자 일한 시간 3시간을 합하여 전체 작업 시간은 총 6시간이다.

13 ③

여자가 적어도 1명이 포함될 확률은 전체 확률에서 여자가 1명도 포함되지 않는 확률을 빼면 된다. 여자가 1명도 포함되지 않을 확률 $= \frac{\text{남자 7명 중 2명을 뽑는 경우}}{\text{전체 10명 중 2명을 뽑는 경우}} = \frac{{}_{7}C_{2}}{{}_{10}C_{2}} = \frac{7}{15}$이다.

그러므로 구하고자 하는 확률은 $1-\frac{7}{15}=\frac{8}{15}$이다.

14 ④

전체 좌석은 9개이며, 이 중 창측 좌석은 4개이고 여학생은 총 4명이므로, 여학생은 창측 좌석에 정확히 한 명씩만 배치되어야 한다. 즉, 창측 좌석 4자리에 여학생 4명을 모두 배치해야 한다.

1) 여학생 4명을 창측 좌석 4개에 배치하는 경우의 수는 여학생 4명을 4개의 좌석에 배열하는 순열이므로 $4! = 24$이다.
2) 남학생 5명을 나머지 5개 좌석(중앙 3개 + 출입문 옆 2개)에 배치하는 경우의 수는 남학생 5명을 5개의 좌석에 배열하는 순열이므로 $5! = 120$이다.
3) 전체 경우의 수는 (여학생 4명 창측 배치한 경우의 수 × 남학생 5명 나머지 배치한 경우의 수)이므로 $4! \times 5! = 24 \times 120 = 2{,}880$가지이다.

15 ⑤

정가에서 25%를 할인해서 판매하더라도 원가의 5%의 이익을 남기려면, 판매가가 원가의 105% 이상이어야 한다.

$0.75 \times$ 정가 $\geq 1.05 \times$ 원가이다. 즉, 정가 $\geq \frac{1.05}{0.75}(=1.4) \times$ 원가 이므로 정가는 원가의 최소 140% 이상이어야 한다.

16 ③

A관 속도: 분당 $\frac{1}{20}$, B관 속도: 분당 $\frac{1}{30}$

A관으로 10분을 채웠고, 남은 양을 B관으로 채워야 하므로

$\frac{1}{20} \times 10 + \frac{1}{30} \times x = 1$, $x = 15$

따라서, B관으로 채워야 하는 시간은 15분이다.

17 ③

전체 섞은 양을 xg이라고 하면 20% 소금물 양은 $\frac{2}{5}x$, 8% 소금물 양은 $\frac{3}{5}x$가 된다.

따라서 각 용액의 소금의 양을 계산하고 소금의 양을 더하면

20% 용액의 소금의 양: $\frac{2}{5}x \times 0.2 = \frac{2x}{25}$, 8% 용액의 소금의 양: $\frac{3}{5}x \times 0.08 = \frac{12x}{250}$

이를 더하면 $\frac{16x}{125}$이 된다.

전체 섞은 양에 물 100g을 추가한 후 최종 농도가 12%이므로, 소금의 양 공식을 활용하여 $\frac{16x}{125} = 0.12(x+100)$으로 공식을 도출할 수 있다. 따라서 x는 1,500이고 20% 용액의 총 양은 600g이다.

18 ③

집과 회사 사이의 거리를 $x$km라고 하면 자전거로 갈 때 걸린 시간을 $\frac{x}{15}$, 걸어서 올 때 걸린 시간은 $\frac{x}{5}$이다.

왕복 시간은 2시간이 소요되었으므로 $\frac{x}{15}+\frac{x}{5}=2$, $x=7.5$이다.

19 ②

한 상자 12개, 낱개 가격 1,000원, 상자 가격 10,200원(12,000원의 15% 할인), 소비자가 총 32개를 샀으며 총 금액이 28,400원이다.

낱개로 산 개수를 x, 상자로 산 개수를 $\frac{32-x}{12}$로 설정하고 식을 도출한다.

총 금액은 $1{,}000x+\frac{32-x}{12}\times 10{,}200=28{,}400$이므로 x는 8이다.

20 ⑤

배의 속력을 x, 강물의 속력을 y라고 하고 거슬러 올라갈 때 속력을 $x-y$, 내려갈 때 속력을 $x+y$라고 하면

$\frac{10}{x-y}=5 \cdots (1)$

$\frac{10}{x+y}=2 \cdots (2)$

(1), (2)를 연립하여 풀면 x는 3.5, y는 1.5이다. 따라서 정답은 3.5km/h이다.

Chapter 04 언어추리

01	02	03	04	05	06	07	08	09	10
①	⑤	③	①	③	⑤	②	④	③	②
11	**12**	**13**	**14**	**15**	**16**	**17**	**18**	**19**	**20**
⑤	①	④	①	④	③	②	⑤	④	③

01 ①

〈보기〉의 조건이 3가지로 풀이 과정이 간단한 문제로 예상된다. 3가지 조건을 모두 고려하자. D가 입점할 수 있는 층은 1, 3, 5층이다.

1) D가 1층에 입점하는 경우
   A와 C가 입점할 수 있는 층은 (2층, 3층), (3층, 4층), (4층, 5층)이다. 이 중 (2층, 3층), (4층, 5층)에 A와 C가 입점하는 경우 E와 B가 서로 이웃한 층에 입점하게 된다. 조건을 만족하지 않는다.

2) D가 3층에 입점하는 경우
   A와 C가 (1층, 2층)에 입점하거나 (4층, 5층)에 입점한다. 두 경우 모두 E와 B가 서로 이웃한 층에 입점하게 된다. 조건을 만족하지 않는다.

3) D가 5층에 입점하는 경우
   D가 1층에 입점하는 경우와 비슷한 접근으로 A와 C는 (2층, 3층)에 입점한다.

선택지를 확인하며 가능한 경우가 하나라도 있다면 소거하자. 문제에서 묻는 것이 항상 거짓이니 반례를 찾아 소거한다고 생각하면 좋겠다. 참고로 A와 C는 서로 입점하는 층을 바꿀 수 있으며 E와 B도 서로 입점하는 층을 바꿀 수 있다.

[오답 체크]
가능한 경우를 모두 정리하면 다음과 같다. A와 C는 자리를 바꿀 수 있기에 A/C 또는 C/A로 표기하였고 E와 B도 자리를 바꿀 수 있기에 E/B 또는 B/E로 표기했다.

1층	2층	3층	4층	5층
D	E/B	A/C	C/A	B/E
E/B	A/C	C/A	B/E	D

02 ⑤

생산팀이면서 품질팀인 사원이 존재한다는 명제를 통해 생산팀과 품질팀이라는 개념이 교집합을 이룬다고 알 수 있다.

나머지 두 명제를 정리하면 [생산팀 → 이해력 → 기획력]이다. 이는 부분집합을 의미한다.

이를 토대로 품질팀인 어떤 사원이 기획력이 뛰어나다고 알 수 있다. 이해를 돕기 위해 벤 다이어그램으로 정리 후 정답이 되는 부분이면서 항상 존재하는 부분을 색칠하면 다음과 같다.

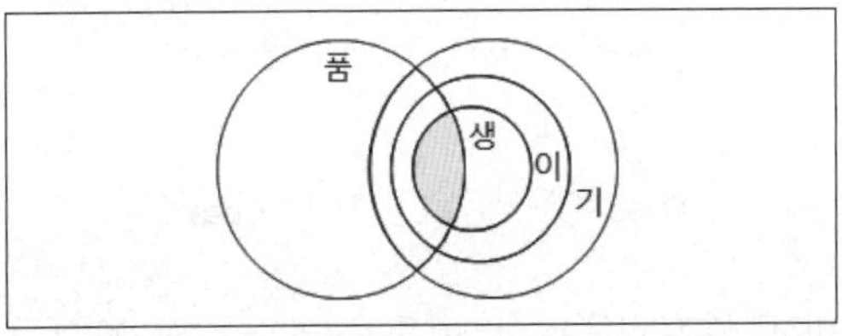

[오답 체크]

항상 참이라고 할 수 없는 이유를 정리하면 다음과 같다.

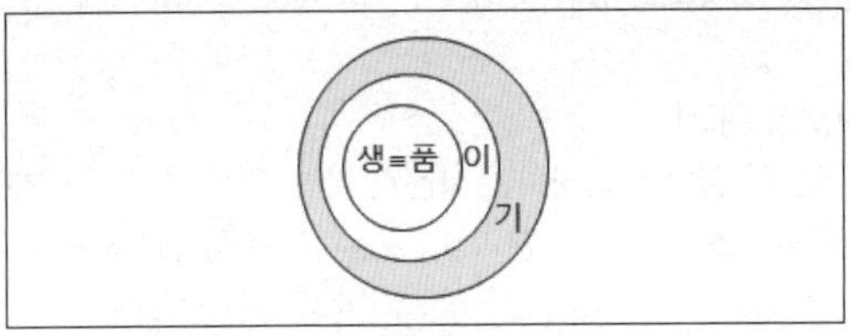

①의 반례

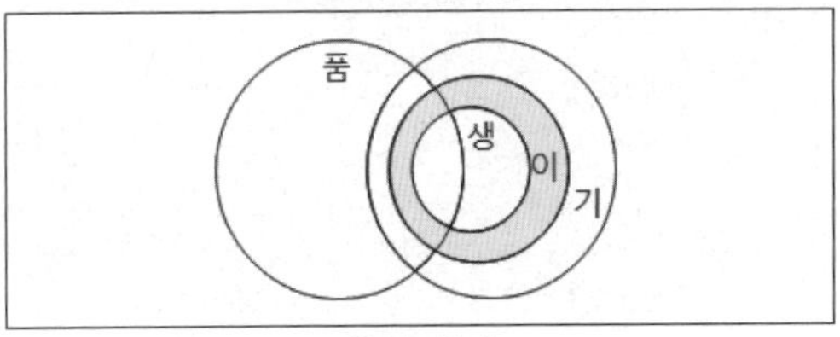

②의 반례

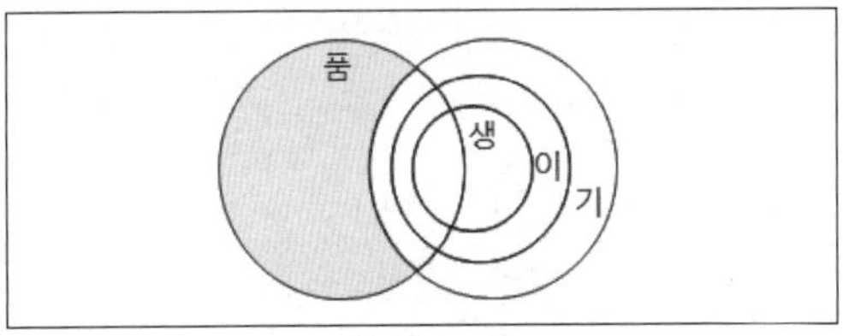

③의 반례

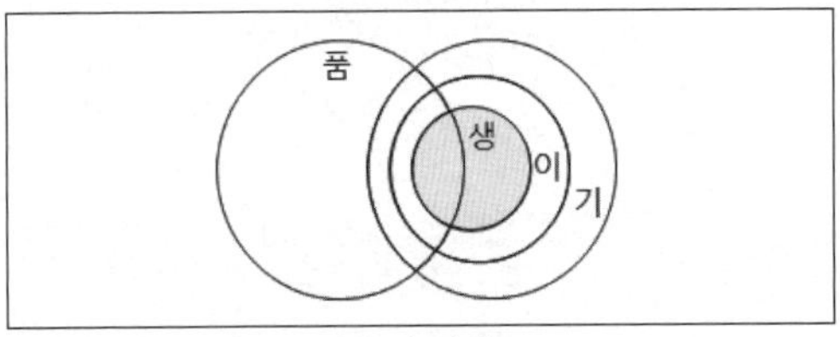

④의 반례

*참고

①의 반례는 이해력으로 표현한 벤 다이어그램의 밖을 의미하지만 반례를 간단히 제시하기 위해 이해력이 아니며 기획력인 벤 다이어그램에만 색을 칠했다.

[다른 풀이]

SKCT에서는 잘 설명하지 않지만 참고를 위해 GSAT에서 자주 다루는 '삼단논법, 어모어'로 해설하겠다. 상세하게 설명하지 않고 어모어를 알고 있다는 가정하에 간략히 정리하겠다.

[생산팀이면서 품질팀인 사원이 존재]: 생산/어떤/품질
[생산팀 → 이해력 → 기획력]: 생산 → 기획
작: 생산
큰: 기획
거: 품질
결론: '기획/어떤/품질' 또는 '품질/어떤/기획'

03 ③

A는 C가 하는 말이 거짓이라고 한다. A의 말이 진실이면 C의 말은 거짓이고 A의 말이 거짓이면 C의 말은 진실이다. A와 C는 모든 경우에서 둘 중 1명이 진실을 말하고 나머지 1명이 거짓을 말하는 모순관계이다.

문제에서 1명만 진실을 말한다고 한다. 5명 중 2명이 여직원인 10가지 경우 중 어떤 경우가 정답인지는 모르겠지만 정답인 경우에서 A가 진실을 말하거나 C가 진실을 말한다. A, C를 제외한 B, D, E의 진술은 정답인 경우에서 거짓이다.

B의 진술이 거짓이니 A와 E는 여직원이 아니라고 알 수 있다.

D의 진술이 거짓이니 B 또는 E가 여직원이라고 알 수 있다. 그런데 이미 E가 여직원이 아니라고 알고 있으니 B가 여직원이라고 알 수 있다.

E의 진술이 거짓이니 D가 여직원이라고 알 수 있다.

여직원인 2명은 B와 D이다. 참고로 B, D, E의 진술이 거짓이기에 얻을 수 있는 정보를 토대로 선택지를 소거하며 접근하는 풀이도 좋은 풀이다.

[오답 체크]

5명 중 2명이 여직원인 10가지 경우를 모두 고려하기에는 경우가 너무 많다. 선택지에서 제시한 5가지 경우에서 A, B, C, D, E의 진술이 진실인지 거짓인지 판별하면 다음과 같다.

진술 / 여직원	A	B	C	D	E
① A, B	거짓	진실	진실	거짓	진실
② A, E	진실	진실	거짓	거짓	진실
③ B, D	**진실**	**거짓**	**거짓**	**거짓**	**거짓**
④ C, D	진실	거짓	거짓	진실	거짓
⑤ C, E	진실	진실	거짓	거짓	진실

04 ①

〈보기〉의 조건이 대부분 '~라면'이다. 앞부분(= 전건)이 만족하는 경우 뒷부분(= 후건)의 정보를 활용할 수 있다. 이에 A가 휴직한다는 조건을 1순위로 확인한 뒤 앞부분이 만족하는지 점검하는 방식으로 풀이하자.
A는 휴직한다. A가 휴직한다면 B와 C가 휴직한다는 조건에 의해 B와 C도 휴직한다고 알 수 있다.

A	B	C	D	E	F
○	○	○			

C가 휴직한다. C 또는 E가 휴직한다면 F는 휴직하지 않는다는 조건에 의해 F는 휴직하지 않는다고 알 수 있다. 'OR'는 둘 중 하나만 만족하더라도 참이다. 즉 C 또는 E가 휴직 중 C가 휴직한다를 만족하기에 앞부분을 만족한다.

A	B	C	D	E	F
○	○	○			×

B와 D가 휴직한다면 E는 휴직하지 않는다는 조건을 확인하자. B가 휴직하는 것은 알지만 D가 휴직하는지는 알 수 없다. 'AND'는 둘 다 만족해야 참이기에 앞부분을 만족하는지 확인할 수 없다. 이에 E도 휴직하는지 휴직하지 않는지 알 수 없다.
반드시 휴직하지 않는 사람은 F뿐이다.

05 ③

B와 C를 마주 보는 자리에 고정하자. 이후 A와 C가 이웃한 자리에 앉지 않게 A를 배치하면 다음과 같다.

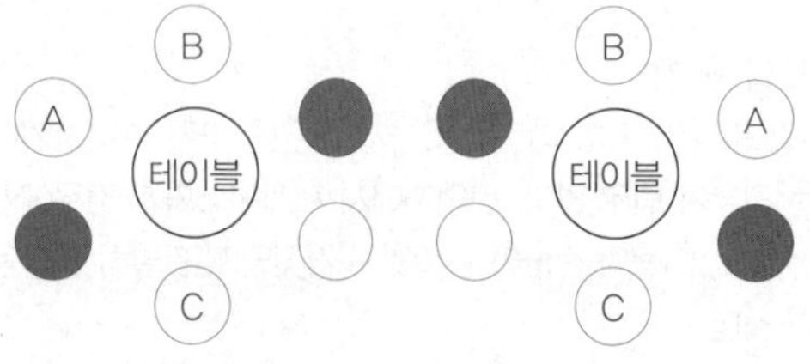

Case 1 Case 2

E와 F는 마주 보고 앉지 않는다. 위에 B, C, A가 앉는 자리를 정리한 테이블에서 색을 칠한 두 자리에 E와 F가 모두 앉지 않는다. 다시 말해 둘 중 최소 1명은 색을 칠한 자리에 앉지 않는다. 색을 칠한 자리가 아닌 빈자리는 하나뿐이기에 E와 F 중 1명은 색을 칠하지 않은 빈자리에 앉는다. 둘 중 누가 색칠하지 않은 빈자리에 앉는지 확정할 수 없기에 EF 표기하겠다.

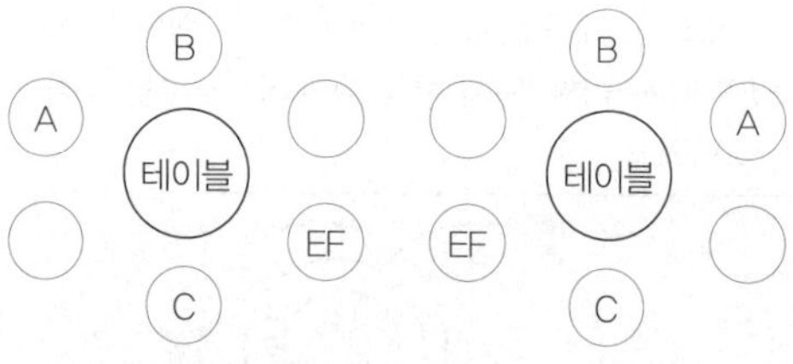

Case 1 Case 2

아직 채우지 않은 두 자리에 앉는 2명 중 1명은 D이고 나머지 1명은 F이거나 E이다. 이를 참고하여 선택지를 확인하자. 문제에서 묻는 것은 항상 거짓이기에 만족하는 경우가 하나라도 있다면 해당 선택지를 소거하자.

[오답 체크]
가능한 경우를 정리하면 다음과 같다. Case 1, 2는 대칭의 구조를 보이기에 편의상 Case 1로만 정리했다.

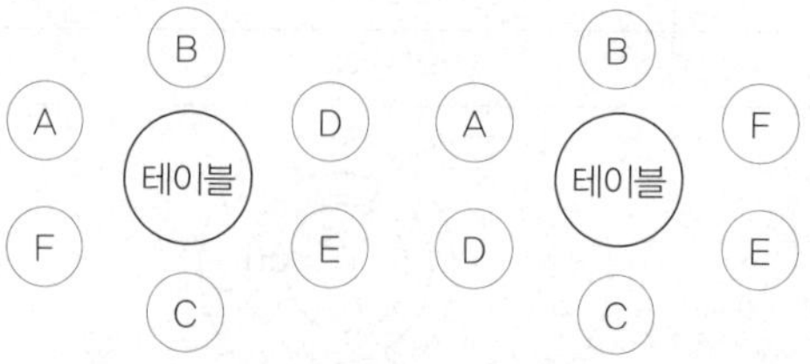

Case 1.1 Case 1.2

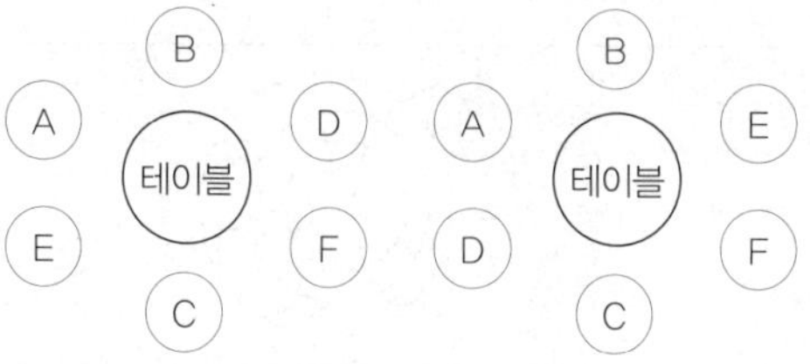

Case 1.3 Case 1.4

06 ⑤

D는 A가 거짓을 말하는 사람이 아니라고 한다. D의 진술이 진실이면 A의 진술도 진실이고 D의 진술이 거짓이면 A의 진술도 거짓이다. D와 A의 진술은 모든 경우에서 둘 다 진실을 말하거나 둘 다 거짓을 말하는 동일관계다.
문제에서 1명만 진실을 말한다고 한다. D와 A는 문제의 조건을 모두 만족하는 경우에서는 둘 다 거짓을 말한다. A의 진술이 거짓이니 C와 D가 지각하지 않았다는 정보를 얻을 수 있다. A가 지각한 경우와 B가 지각한 경우에서 B, C의 진술 중 1명만 진실인 경우를 찾아보자. 참고로 A, D의 진술은 문제의 조건을 모두 만족하는 경우에서는 둘 다 거짓으로 진술할 것이기에 확인하지 않아도 된다.

1) A가 지각한 경우
B와 C의 진술 모두 거짓이다. 1명만 진실을 말한다는 조건을 만족하지 않는다.

2) B가 지각한 경우
B의 진술은 거짓, C의 진술은 진실이다.

지각한 사람은 B이고 진실을 말하는 사람은 C이다.

[오답 체크]
4명 중 1명이 지각한 4가지 경우에서 A, B, C, D의 진술이 진실인지 거짓인지 정리하면 다음과 같다.

지각 \ 진술	A	B	C	D
A	거짓	거짓	거짓	거짓
B	거짓	거짓	진실	거짓
C	진실	진실	거짓	진실
D	진실	진실	진실	진실

07 ②

남자 1명과 여자 1명이 짝을 지어 1개 조씩 총 3개 조를 구성한다는 조건을 보고 남자가 3명, 여자가 3명이라고 유추할 수 있다.
A와 E의 성이 다르다. 둘 중 1명은 남자고 나머지 1명은 여자다. F와 B의 성이 같다. F와 B가 남자인지 여자인지는 모르겠으나 각 조를 구성하는 1명씩이 F, B, A/E(A와 E 중 1명을 뜻하는 표현으로 활용)라고 알 수 있다. 참고로 문제에서 누가 남자인지 여자인지 언급한 조건이 하나도 없다. 알 수 없는 정보를 정리하느라 시간을 허비하지 말자.

–F
–B
–A/E

D와 F는 같은 조이다. B와 C는 다른 조이다. C는 이미 D와 같은 조인 F와 같은 조일 수 없다. C는 A/E와 같은 조이다.

–F, D
–B, E/A
–A/E, C

A와 E는 조를 서로 바꿀 수 있기에 이들이 조를 구성할 수 있는 전체 경우는 2가지이다.

08 ④

2번의 진술 중 1번의 진술이 진실이고 1번의 진술이 거짓이다. A, B, C의 진술에서 1번의 진술이 진실이고 1번의 진술이 거짓인 경우가 아닌 경우를 찾아보자.
A는 두 진술이 모순관계이다. A가 물건을 훔치든 B가 훔치든 C가 훔치든 세 경우 모두 2번의 진술 중 1번의 진술이 진실이고 1번의 진술이 거짓이다.
B의 두 진술은 B가 물건을 훔친 경우 두 진술이 거짓이다. B는 물건을 훔치지 않았다.
C의 두 진술은 B가 물건을 훔친 경우 두 진술이 진실이다. B는 물건을 훔치지 않았다.
결과적으로 A가 물건을 훔친 경우와 C가 물건을 훔친 경우 모두 A, B, C의 2번의 진술에서 1번의 진술이 진실이고 1번의 진술이 거짓이라는 정보를 만족한다.
문제에서 묻는 것은 항상 참인 선택지이다. A가 물건을 훔친 경우와 C가 물건을 훔친 경우 모두 공통적으로 B가 물건을 훔치지 않았다는 의미를 내포한다.

[오답 체크]
A, B, C가 각자 물건을 훔친 3가지 경우에서 6개의 진술이 진실인지 거짓인지 정리하면 다음과 같다. A의 첫 진술을 A1, 두 번째 진술을 A2와 같이 간략히 표현했다. B, C도 마찬가지다.

훔침 \ 진술	A1	A2	B1	B2	C1	C2
A	거짓	진실	진실	거짓	진실	거짓
B	거짓	진실	거짓	거짓	진실	진실
C	진실	거짓	거짓	진실	거짓	진실

09 ③

F보다 키가 큰 사람이 2명이라는 명제를 제외하고 정리하면 다음과 같다. 문제 풀이를 쉽게 하기 위해 [A < B]로 정리하지 않고 부등호를 '>'로 통일하여 정리했다.

[B > A]
[E > A]
[E > C > D]

여기서 F보다 키가 큰 사람이 2명이라는 조건을 토대로 가능한 경우를 정리하면 다음과 같다. 이해를 돕기 위해 가능한 경우를 모두 정리했지만 실제 풀이에서는 F보다 키가 반드시 큰 사람이 누군지만 파악하면 되겠다.

1) E와 B가 F보다 키가 큰 경우
   [E > B > F > A > C > D]
   [E > B > F > C > A > D]
   [E > B > F > C > D > A]
   [B > E > F > A > C > D]
   [B > E > F > C > A > D]
   [B > E > F > C > D > A]

2) E와 C가 F보다 키가 큰 경우
   [E > C > F > B > A > D]
   [E > C > F > B > D > A]
   [E > C > F > D > B > A]

3) B와 A가 F보다 키가 큰 경우
   E는 A보다 키가 크다. F보다 키가 큰 사람이 2명이라는 명제를 만족하지 않는다.

4) E와 A가 F보다 키가 큰 경우
   B는 A보다 키가 크다. F보다 키가 큰 사람이 2명이라는 명제를 만족하지 않는다.

결과적으로 E는 F보다 키가 크다.

[오답 체크]
대표적인 반례를 제시하면 다음과 같다. 여러 반례가 있을 수 있기에 해설에서 제시한 반례가 문제를 풀며 찾은 반례와 다를 수 있다.

①, ②, ④의 반례: [E > C > F > D > B > A]
②, ⑤의 반례: [B > E > F > C > A > D]

10 ②

A와 D의 진술을 확인하자. A의 진술이 진실이면 B의 전공은 신소재공학이고 A의 전공이 신소재공학이라 말하는 D의 진술이 거짓이다. D의 진술이 진실이면 A의 전공은 신소재공학이고 B의 전공이 신소재공학이라 말하는 A의 진술이 거짓이다. 이 과정을 통해 A와 D의 진술이 모순관계를 보인다고 오해해서는 안 된다. A, B가 아닌 제3의 인물(=C나 D)이 신소재공학을 전공한 경우 A, D의의 진술 모두 거짓이기 때문이다. 위 과정을 통해서는 A, D는 모든 경우에서 둘 다 진실을 말하는 경우가 없다고 확인할 수 있다.
문제에서 제시하는 조건을 보면 4명 중 1명만 거짓을 말한다고 한다. A와 D가 둘 다 거짓을 말하는 경우는 존재하지만 4명 중 1명만 거짓을 말한다는 조건을 만족하지 않는다. 위의 과정을 통해 A와 D의 진술은 엄밀하게 모순관계는 아니지만 4명 중 1명만 거짓을 말한다는 조건을 만족하는 경우에서는 모순관계처럼 쓸 수 있다고 알 수 있다.
문제의 조건을 만족하는 경우에서는 A와 D 중 1명만 진실을 말한다. B와 C의 진술은 진실이다. B와 C의 진술을 토대로 가능한 경우를 추리면 다음과 같다.

Case	A	B	C	D
1	전자공학	환경공학	화학	신소재공학
2	신소재공학	환경공학	화학	전자공학

Case 1에서는 A와 D의 진술 모두 거짓이다. 조건을 만족하지 않는다. Case 2에서는 A의 진술은 거짓이고 D의 진술은 진실이다.
선택지의 표현은 AND이다. 거짓과 전공이 모두 맞아야 항상 참이다. A의 진술은 거짓이고 A의 전공은 신소재공학이다.

11 ⑤

2행에 배치한 두 의자에 적힌 숫자의 합은 1행에 배치한 두 의자에 적힌 숫자의 합과 같고 2행에 배치한 두 의자에 적힌 숫자의 합은 3행에 배치한 두 의자에 적힌 숫자의 합과 같다. 각 행에 배치한 두 의자에 적힌 숫자의 합이 모두 같다.
6개의 의자에 적힌 의자가 1, 2, 3, 4, 5, 6인 점을 고려하면 각 행에 배치한 두 의자에 적힌 숫자의 합은 7이라고 알 수 있다. 각 행에 배치하는 두 의자에 적힌 의자는 (1, 6), (2, 5), (3, 4)이다.

3이 적힌 의자와 같은 열이며 이웃하도록 2가 적힌 의자를 배치한다는 조건을 고려하며 선택지의 반례를 찾아보자. 문제에서 항상 참인 것을 물으니 선택지를 만족하지 않는 경우를 찾는 데 집중하자.
정답이 아닌 선택지의 반례를 제시하면 다음과 같다. 참고로 반례는 여럿이 있기에 문제를 풀이하며 찾은 반례와 해설에서 제시하는 반례가 다를 수 있다.

6	1
3	4
2	5

①, ②, ④의 반례

6	1
2	5
3	4

①, ③의 반례

12 ①

선택지에서 묻는 것은 특정 사람이 출장을 갈 가능성이 있는 국가의 수를 묻는다. 이를 알려면 문제의 상황과 〈보기〉의 조건을 만족하는 모든 경우를 알아야만 한다. 만족하는 경우를 모두 찾아보자.
〈보기〉에서 '~라면'으로 제시된 조건은 앞부분(= 전건)이 만족하는 경우에만 뒷부분(= 후건)을 적용한다. 앞부분이 만족하는지를 알아야 하기에 후순위로 고려하자. C는 미국과 중국 중 한 곳으로 출장을 간다는 조건과 D는 영국으로 출장을 가지 않는다는 조건을 토대로 경우를 나누면 다음과 같다.

Case	A	B	C	D
1			미	중
2			미	태
3			중	미
4			중	태

이어서 D가 태국으로 출장을 간다면 B는 중국으로 출장을 간다는 조건을 확인하자. Case 2, 4가 앞부분을 만족한다. Case 2에서 B는 중국으로 출장을 간다. Case 4에서는 B가 중국으로 출장을 가게 되면 중국으로 출장을 가는 사람이 B, C로 2명이다. 출장지가 겹치는 사람은 없다는 조건을 만족하지 않는다. 소거하자.

Case	A	B	C	D
1			미	중
2	영	중	미	태
3			중	미

B가 태국으로 출장을 간다면 A는 미국으로 출장을 간다. Case 2는 앞부분을 만족하지 않는다. B가 태국으로 출장을 간다면 A는 미국으로 출장을 간다는 조건을 적용하지 않는다. Case 1에서 B가 태국으로 출장을 가는 경우와 영국으로 출장을 가는 경우로 나뉜다. B가 태국으로 출장을 간다면 A는 미국으로 출장을 가게 되는데 미국으로 출장을 가는 사람이 A, C로 2명이다. 조건을 만족하지 않는다. 즉 B는 태국으로 출장을 가지 않고 영국으로 출장을 간다. Case 3은 Case 1과 비슷한 접근으로 B가 태국이 아닌 영국으로 출장을 간다고 알 수 있다.

Case	A	B	C	D
1	태	중	미	중
2	영	중	미	태
3	태	영	중	미

13 ④

[치트키]
각 선택지에서 제시한 2명의 쌍은 거짓을 말하는 2명이다. 진술관계를 토대로 선택지를 소거하자.
A와 D의 진술: 동일관계 → ①, ⑤번 소거
B와 C의 진술: 모순관계 → ②, ③, ⑤번 소거
E와 C의 진술: 동일관계 → ③, ⑤번 소거

참고로 동일관계인 2명은 모든 경우에서 둘 다 진실을 말하거나 둘 다 거짓을 말한다. 선택지에 동일관계인 2명 중 1명만 오는 선택지를 소거하자. 선택지에 2명 다 있다면 둘 다 거짓으로, 2명 다 없다면 둘 다 진실로 소거할 수 없다.
모순관계인 2명은 모든 경우에서 둘 중 1명은 진실을 말하고 둘 중 1명은 거짓을 말한다. 선택지에 모순관계인 2명 중 1명이 꼭 있어야 한다. 선택지에 2명 다 있다면 둘 다 거짓이니 소거하고 선택지에 2명 다 없다면 둘 다 진실이니 소거한다.

[일반풀이]
A는 D의 진술이 진실이라고 한다. A의 진술이 진실이면 D의 진술도 진실이다. A의 진술이 거짓이면 D의 진술도 거짓이다. A와 D의 진술은 모든 경우(= A가 임원, B가 임원, C가 임원, D가 임원, E가 임원인 총 5가지의 경우)에서 둘 다 진실을 말하거나 둘 다 거짓을 말하는 동일관계다. 같은 맥락으로 E의 진술을 토대로 E와 C의 진술도 동일관계라고 알 수 있다.
B는 C의 진술이 거짓이라고 한다. B의 진술이 진실이면 C의 진술은 거짓이고 B의 진술이 거짓이면 C의 진술은 진실인 모순관계다. B와 C의 진술은 모든 경우에서 둘 다 거짓을 말하지 않고 둘 다 진실을 말하지 않는다. 즉 모든 경우에서 둘 중 1명은 진실, 나머지 1명은 거짓을 말한다.

진실게임에서 진술은 진실과 거짓으로 나뉜다. 이분법적으로 나뉘기에 편을 나눌 수 있다. 진술관계를 토대로 편을 나누면 다음과 같다.

B vs C, E

A, D

A, D의 진술의 진실/거짓 여부가 C, E와 같다면 진실을 말하는 사람이 4명이거나 거짓을 말하는 사람이 4명이 된다. A, D의 진술의 진실/거짓 여부는 C, E의 진실/거짓 여부와 같지 않다. 이를 통해 A, D, B 진술의 진실/거짓 여부가 같다고 알 수 있다. 문제에서 거짓을 말하는 사람이 2명이라 했으니 A, D, B는 진실을 말하고 C, E가 거짓을 말한다고 알 수 있다.

[오답 체크]

참고로 A가 임원, B가 임원, C가 임원, D가 임원, E가 임원인 총 5가지의 경우에서 A, B, C, D, E의 진실/거짓 여부를 판단하면 다음과 같다.

	A의 진술	B의 진술	C의 진술	D의 진술	E의 진술
A가 임원	진실	진실	거짓	진실	거짓
B가 임원	진실	거짓	진실	진실	진실
C가 임원	거짓	거짓	진실	거짓	진실
D가 임원	거짓	거짓	진실	거짓	진실
E가 임원	거짓	거짓	진실	거짓	진실

14 ①

5명의 예금액이 서로 다르며 누구보다 많은지, 적은지를 〈보기〉에서 제시하고 선택지에서도 누가 누구보다 예금액이 많은지를 묻는다. 대소비교를 직관적으로 하기 위해 기준을 1, 2, 3, 4, 5로 설정한 뒤 예금액이 많은 사람을 1등으로, 예금액이 가장 적은 사람을 5등으로 배치하며 풀이하자.

C보다 예금액이 많으며 B보다 예금액이 적은 사람은 2명이다. 그러면서 A보다 예금액이 적은 사람은 2명이거나 1명이다. 이를 토대로 경우를 나누면 다음과 같다.

Case	1	2	3	4	5
1	B		A	C	
2		B	A		C
3		B		A	C

E의 예금액이 5명 중 가장 많거나 가장 적으면 D보다 예금액이 많은 사람이 2명이다. Case 1에서 E의 예금액이 가장 적으면 D를 3등에 배치해야 하는데 이미 3등은 A이다. 따라서 E는 2등, D는 5등이라고 알 수 있다. Case 2에서 E의 예금액이 가장 많으면 D를 3등에 배치해야 하는데 이미 3등은 A이다. 따라서 E는 4등, D는 1등이라고 알 수 있다. Case 3은 1등이 E인 경우와 D인 경우로 나뉜다. 1등이 E라면 3등은 D이다. 그러면서 E의 예금액이 5명 중 가장 많거나 가장 적으면 D보다 예금액이 많은 사람이 2명이라는 조건도 만족한다. 1등이 D라면 3등은 E이다. E의 예금액이 5명 중 가장 많거나 가장 적으면 D보다 예금액이 많은 사람이 2명이라는 조건의 앞부분(= 전건)을 만족하지 않기에 해당 조건을 적용하지 않는다.

Case	1	2	3	4	5
1	B	E	A	C	D
2	D	B	A	E	C
3.1	E	B	D	A	C
3.2	D	B	E	A	C

15 ④

〈보기〉의 명제를 정리하면 다음과 같다.

[~지갑 → ~향수 → 시계 → 모자]

[~지갑 → ~향수 → 시계 → ~헤드폰]

[~지갑 → ~액자]

16 ③

1명이 진술하는 2개 진술을 토대로 2개 진술이 진실인 경우와 거짓인 경우를 추려도 되지만 고려해야 하는 전체의 경우가 (A:1, B:2, C:3), (A:1, B:3, C:2), (A:2, B:1, C:3), (A:2, B:3, C:1), (A:3, B:1, C:2), (A:3, B:2, C:1)로 다소 복잡하다. (가), (나), (다)로 제시한 경우를 토대로 한 인물을 기준으로 2개의 진술 중 하나가 진실이고 나머지 하나가 거짓인지를 판별하자.

참고로 '(가): A가 2를 선택한다.'는 (A:2, B:1, C:3), (A:2, B:3, C:1)의 2개 경우를 지칭하는 표현이다. 문제에서 항상 참인 것을 묻기에 지칭하는 모든 경우를 따져봐야 한다는 점을 유의하자. 또한 이어지는 풀이는 반례를 찾는 과정이기에 풀이과정에서 찾은 반례와 해설의 반례가 다를 수 있다.

1) (가): A는 2를 선택한다.

A의 두 진술이 거짓인 경우가 존재한다. (A:2, B:1, C:3)의 경우 첫 번째 진술도 거짓이고 두 번째 진술도 거짓이다. '(가): A는 2를 선택한다.'는 항상 참이 아니다.

2) (나): B는 3을 선택한다.
(A:1, B:3, C:2)인 경우 A의 두 진술이 모두 거짓이다. '(나): B는 3을 선택한다.'는 항상 참이 아니다.

3) (다): C는 1을 선택한다.
(가), (나), (다) 중 하나 이상은 무조건 항상 참일 수밖에 없는 문제다. 선택지를 보면 (가), (나), (다) 중 하나 이상은 옳을 수밖에 없다. '(다): C는 1을 선택한다.'는 항상 참이다.

[오답 체크]
A, B, C가 각자 숫자를 중복되지 않게 하나씩 선택하는 6가지 경우에서 6개의 진술이 진실인지 거짓인지 정리하면 다음과 같다. A의 첫 번째 진술을 A1, 두 번째 진술을 A2와 같이 간략히 표현했다. B, C도 마찬가지다.

진술 / Case	A1	A2	B1	B2	C1	C2
A:1, B:2, C:3	거짓	거짓	거짓	진실	진실	거짓
A:1, B:3, C:2	거짓	거짓	거짓	거짓	거짓	진실
A:2, B:1, C:3	거짓	거짓	거짓	진실	거짓	거짓
A:2, B:3, C:1	거짓	진실	거짓	진실	거짓	진실
A:3, B:1, C:2	진실	진실	진실	거짓	거짓	진실
A:3, B:2, C:1	거짓	진실	거짓	진실	거짓	진실

17 ②

문제에서 묻는 것은 E의 줄 서는 순서다. E에 집중하며 풀어보자.
C를 3번째에 고정하자. B 바로 앞에 D가 줄을 선다. D가 1번째로 줄을 서면 A와 F 사이에 2명이 줄을 선다는 조건을 만족하는 경우를 만들 수 없다. D가 4번째로 줄을 서는 경우도 A와 F 사이에 2명이 줄을 선다는 조건을 만족하는 경우를 만들 수 없다. D는 5번째로 줄을 서고 B는 6번째로 줄을 선다.
A와 F는 1, 4번째로 줄을 선다. A가 1번째로 줄을 서는 경우와 F가 1번째로 줄을 서는 경우로 나뉘지만 문제에서 묻는 것은 E가 줄을 서는 순서다. A와 F 중 누가 1번째로 줄을 서든 E는 2번째로 줄을 선다.

[오답 체크]
가능한 경우를 정리하면 다음과 같다.

1	2	3	4	5	6
A	E	C	F	D	B
F	E	C	A	D	B

18 ⑤

선택지에서 묻는 건 소속된 팀의 인원이다. 자리 배치는 정답을 찾는데 보조적인 역할을 할 것으로 예상된다.
C와 F를 마주 보는 자리에 앉히자. B와 D는 이웃하게 앉는다. F를 기준으로 우측의 두 자리에 앉을 수도 있고 좌측의 두 자리에 앉을 수도 있다. 경우를 나누어도 되지만 소속된 팀의 인원이 몇 명인지가 문제 풀이의 핵심이고 우측에 B, D가 앉는 경우에서 y축으로 대칭하면 B, D가 좌측에 앉는 경우이니 한 경우만 보아도 될 것으로 예상된다. B와 D는 자리를 바꿀 수 있기에 BD 또는 DB로 정리했다. E와 A도 마찬가지로 AE 또는 EA로 정리했다.

E와 A가 같은 팀 소속이며 팀별 인원이 3명, 2명, 1명이라는 점을 고려하자. E, A의 소속팀 인원이 3명인 경우와 2명인 경우로 나뉜다.

1) E, A의 소속팀이 3명인 경우
E, A와 나머지 1명이 같은 팀이다. 소속팀이 같은 사람끼리 이웃하게 앉는다는 조건에 의해 나머지 1명이 F이거나 C인 경우로 나뉜다.
두 경우 모두 B와 D의 소속팀이 다르기에 F의 소속팀이 3명이면 C의 소속팀이 2명이고 C의 소속팀이 3명이면 F의 소속팀이 2명이라고 알 수 있다. 그러면서 B와 D 중 1명의 소속팀은 2명, 나머지 1명의 소속팀은 1명이라고 알 수 있다.
F, C, B, D는 소속팀의 인원이 고정되지 않는다. 즉 여러 경우로 더 나뉜다. 문제에서 항상 참인 것을 묻기에 F, C, B, D를 언급한 선택지는 정답이 아니다.

[오답 체크]
정답을 확인했으니 풀이를 중간에 마쳤지만 끝까지 마무리하면 다음과 같다.

2) E, A의 소속팀이 2명인 경우
F, B, D가 같은 팀인 경우와 C, B, D가 같은 팀인 경우로 나뉜다. 그런데 두 경우 모두 B와 D의 소속팀이 다르다는 조건을 만족하지 않는다.
E와 A의 소속팀은 3명일 수밖에 없다.

19 ④

[치트키]

이직하는 사람은 거짓, 이직하지 않는 사람은 진실을 말한다는 조건을 토대로 A와 B의 진술을 동일관계처럼, D와 E의 진술을 모순관계처럼 쓸 수 있다. 이를 활용하여 선택지를 소거해보자.

A와 B의 진술을 동일관계처럼 → ①, ②, ③번 소거
D와 E의 진술을 모순관계처럼 → ②번 소거

④ C, D ⑤ C, E가 남았다. 둘 다 C를 언급한다. 즉 C의 말은 거짓이다. C의 말이 거짓이기에 B와 E는 이직하지 않는다고 알 수 있다. E는 이직하지 않으니 E의 말은 진실이다. ⑤ C, E를 소거하자.

[일반풀이]

문제에서 제시한 이직하는 2명은 거짓을 말하고 이직하지 않는 3명은 진실을 말한다는 조건을 활용하여 풀이하자.

D는 E가 이직한다고 한다. D의 말이 진실이면 E는 이직한다. 이직하는 사람은 거짓을 말하기에 E의 말은 거짓이다. D의 말이 거짓이면 E는 이직하지 않는다. 이직하지 않는 사람은 진실을 말하기에 D의 말이 거짓이면 E의 말은 진실이다. D와 E는 이직하는 2명은 거짓을 말하고 이직하지 않는 3명은 진실을 말한다는 조건에서는 둘 중 1명이 진실을 말하고 나머지 1명이 거짓을 말하는 모순관계처럼 쓸 수 있다.

문제에서 거짓을 말하는 사람이 2명이다. 2명 중 1명은 D이거나 E이고 나머지 1명은 A, B, C 중 1명이다.

A는 B가 이직하지 않는다고 한다. A의 말이 진실이면 B는 이직하지 않고 이직하는 2명은 거짓을 말하고 이직하지 않는 3명은 진실을 말한다는 조건에 따라 B는 진실을 말한다. 비슷한 맥락으로 A의 말이 거짓이라면 B는 이직하고 B의 말도 거짓이다. A와 B는 이직하는 2명은 거짓을 말하고 이직하지 않는 3명은 진실을 말한다는 조건에서는 둘 다 거짓을 말하거나 둘 다 진실을 말하는 동일관계처럼 쓸 수 있다. 이는 B의 진술을 기준으로 확인해도 마찬가지다.

A, B, C 중 1명이 거짓을 말한다. A와 B의 진술을 동일관계처럼 쓸 수 있기에 C가 거짓을 말하고 A, B가 진실을 말한다고 알 수 있다.

C의 진술이 거짓이기에 B와 E가 이직하지 않는다는 정보를 얻을 수 있다. 즉 B와 E는 진실을 말한다. E의 진술이 진실이기에 D의 진술이 거짓이라고 알 수 있다. (또는 B와 E가 이직하지 않는다는 정보를 토대로 바로 D의 진술이 거짓이라고도 알 수 있다.)

거짓을 말하는 2명은 C와 D이다.

[오답 체크]

선택지에서 제시한 5가지 경우에서 A, B, C, D, E의 진술이 진실인지 거짓인지 판별하면 다음과 같다.

이직 \ 진술	A	B	C	D	E	거짓
① A, E	진실	거짓	진실	진실	거짓	2명
② B, C	거짓	진실	진실	거짓	진실	2명
③ B, D	거짓	진실	진실	거짓	진실	2명
④ C, D	진실	진실	거짓	거짓	진실	2명
⑤ C, E	진실	진실	진실	진실	거짓	1명

① A, E ② B, C ③ B, D ④ C, D 모두 거짓을 말하는 사람이 2명이다. 이중 이직하는 2명과 거짓을 말하는 2명이 동일한 경우는 ④ C, D뿐이다.

20 ③

C와 D 중 1명은 퇴직하고 1명은 퇴직하지 않는다. C가 퇴직하는 경우와 D가 퇴직하는 경우로 나뉜다. 두 경우로 나뉘는데 문제에서 묻는 건 퇴직하는 사람이 항상 몇 명인지다. C가 퇴직하는 경우에 퇴직하는 인원과 D가 퇴직하는 경우의 인원이 같다고 예상된다. C가 퇴직하는 경우와 D가 퇴직하는 경우 중 한 경우만 따져봐도 되겠지만 이해를 돕기 위해 두 경우로 나누어 명제를 정리하면 다음과 같다.

1) C가 퇴직하는 경우
[C → ~B → F]

2) D가 퇴직하는 경우
[D → A → ~E]

두 경우 모두 항상 퇴직하는 사람은 2명이다.

[오답 체크]

문제에서 묻는 건 퇴직하는 사람이 항상 몇 명인지이다. N가지의 경우에서 공통적으로 몇 명이 퇴직하는지를 묻는다. 이를 6명 중 항상 퇴직하는 사람이 몇 명인지로 오해했다면 0명이 답이다.

Chapter 05 수열추리

01	02	03	04	05	06	07	08	09	10
③	⑤	④	④	③	①	④	④	①	③
11	**12**	**13**	**14**	**15**	**16**	**17**	**18**	**19**	**20**
②	⑤	①	①	②	⑤	①	④	③	②

01 ③

홀수 번째 항은 공차가 +2인 등차수열이므로
B는 11 + 2 = 13이다.
짝수 번째 항은 공차가 +5인 등차수열이므로
A는 13 + 5 = 18이다.
따라서 A + B = 31이다.

02 ⑤

홀수 번째 항은 공비가 × 3인 등비수열이므로
B는 9 × 3 = 27이다.
짝수 번째 항은 공차가 +3인 등차수열이므로
A는 2 + 3 = 5이다.
따라서 B − A는 22이다.

03 ④

주어진 수열은 공차가 +2.3인 수열이므로 9번째 항은 13.0 + (2.3 × 3) = 19.9이다.

04 ④

주어진 수열은 분모를 4로 통분하면 분자의 공차가 +3인 수열이다.

$\frac{1}{4}$ $\frac{4}{4}$ $\frac{7}{4}$ $\frac{10}{4}$ ( ) $\frac{16}{4}$

따라서 빈 칸에 들어갈 값은 $\frac{13}{4}$이다.

05 ③

주어진 수열은 −2와 × 3을 반복하는 수열이다. 따라서 10번째 항의 값은 9.1이다.

06 ①

주어진 수열은 공차가 $-\frac{2}{9}$인 등차수열이다. 따라서 8번째 항의 값은 $-\frac{5}{9}-\frac{2}{9}-\frac{2}{9}-\frac{2}{9}=-\frac{11}{9}$이다.

07 ④

주어진 수열은 세 개의 항씩 묶어 규칙을 가지는 군수열로 '(1항 − 2항) × 2항 = 3항'인 규칙을 가진다. 따라서 빈 칸에 들어갈 값은 (100 − 10) × 10 = 900이다.

08 ④

주어진 수열은 공비가 $\frac{1}{4}$인 등비수열이다. 따라서 8번째 항의 값은 $\frac{1}{4^8}$이며 이를 계산하면 $\frac{1}{65,536}$이다.

09 ①

주어진 수열은 $-\frac{1}{5}$, $+\frac{2}{5}$가 반복되는 규칙을 가지는 수열이다.

따라서 빈 칸에 들어갈 값은 $\frac{1}{5}-\frac{1}{5}=0$이다.

10 ③

주어진 수열은 '−2' '× 2' '−3' '× 3' '−4' '× 4' … 의 규칙을 가지는 특수수열이다. 따라서 12번째 항은 1,035 − 6 × 6 − 7 = 6,167이다.

11 ②

주어진 수열은 공차가 3.11인 등차수열이다. 따라서 빈 칸에 들어갈 값은 17.37 + 3.11 = 20.48이다.

12 ⑤

주어진 수열은 '÷ 2', '× 3'이 반복되는 규칙을 가지는 수열이다.
A = 6.3 ÷ 2 = 3.15
B = 4.725 × 3 = 14.175
따라서 A + B = 17.325이다.

13 ①

주어진 숫자들의 분모를 4로 통분하면 다음과 같다.

$\frac{8}{4}$ $\frac{9}{4}$ $\frac{10}{4}$ $\frac{11}{4}$ $\frac{12}{4}$ $\frac{13}{4}$

공차가 $\frac{1}{4}$인 등차수열이므로 12번째 항은 $\frac{13}{4}+(\frac{1}{4}\times 6)=\frac{19}{4}$이다.

14 ①

주어진 수열은 세 개의 항씩 묶어 규칙을 가지는 군수열로, 세 개의 항의 합이 같다는 규칙을 가진다. 세 개의 항의 합은 '6,365'이므로 ( ) + 6,178 + 186 = 6,365, 따라서 빈 칸에 들어갈 값은 1이다.

15 ②

주어진 수열은 '(n)항 + (n + 1)항 = (n + 2)항'의 규칙을 가지는 피보나치수열이다. 따라서 10번째 항은 12,834(8항) + 20,736(9항) = 33,570이다.

16 ⑤

주어진 수열은 $\times\frac{1}{3}$, $\times\frac{2}{4}$, $\times\frac{3}{5}$, $\times\frac{4}{6}$ … 의 규칙을 가지는 특수수열이다.

$A=\frac{7}{20}\times\frac{5}{7}=\frac{1}{4}$, $B=\frac{1}{4}\times\frac{6}{8}=\frac{3}{16}$

따라서 $A-B=\frac{1}{16}$이다.

17 ①

주어진 수열 공차가 −321인 수열이다. 따라서 빈 칸에 들어갈 값은 −951 − 321 = −1,272이다.

18 ④

제시된 수열은 인접한 항의 차이가 일정한 규칙을 갖는 계차수열로, 인접한 항의 차이가 초항이 8, 공차가 10인 등차수열의 규칙을 가진다. 따라서 12번째 항의 값은 683이다.

19 ③

제시된 수열은 홀수 항과 짝수 항이 각각 다른 규칙을 가지는 특수 수열이다. 홀수 항은 $\times\frac{2}{3}$의 규칙을 가지며, 짝수 항은 ÷ 3의 규칙을 가진다. 따라서 12번째 항은 8번째 항인 $\frac{3}{3}\div 3\div 3=\frac{1}{9}$이며, 13번째 항은 7번째 항인 $\frac{128}{1,080}\times\frac{2}{3}\times\frac{2}{3}\times\frac{2}{3}=\frac{1,024}{29,160}$이다.

$\frac{1}{9}\times\frac{1,024}{29,160}=\frac{1,024}{262,440}$이다.

20 ②

제시된 수열은 정수 부분은 + 1, 소수 부분은 − 0.1를 계산하는 규칙을 가진다. 따라서 빈 칸에 들어갈 값의 정수 부분은 13 + 1 = 14, 소수 부분은 0.15 − 0.1 = 0.05이므로 정답은 14.05이다.

제 02 회 기출동형 모의고사 정답 및 해설

Chapter 01 언어이해

01	02	03	04	05	06	07	08	09	10
⑤	②	⑤	③	①	②	⑤	②	⑤	④
11	**12**	**13**	**14**	**15**	**16**	**17**	**18**	**19**	**20**
②	①	⑤	②	③	⑤	⑤	①	②	④

01 ⑤

지문은 비잔틴 미술의 역사적 맥락과 발전 과정을 중심으로 설명하고 있다. 순서대로 기독교 공인, 지리적・문명적 융합, 전성기(유스티니아누스), 혼란기(성상 숭배 논쟁, 사라센 침입), 재흥기(10~12세기)를 서술하고 있으므로 비잔틴 미술의 성립 배경과 역사적 전개 과정이 글의 주제이며 따라서 답은 ⑤이다.

[오답 체크]

① 일부 요소에 불과하고 지문 전체의 핵심 전개를 포괄하지 못한다.

② 지문은 쇠퇴보다 융성과 전개 과정에 중점을 둔다.

③ 지리적 배경을 언급하긴 하지만 그 자체가 주제는 아니다.

④ 종교 갈등보다 예술과 문화의 발전 과정이 중심이다.

02 ②

지문은 '리퀴드폴리탄'이라는 개념을 중심으로, 오늘날 도시가 고정된 경계와 행정 중심에서 벗어나 유목적 삶을 수용하는 유연한 관계망의 공간으로 변화하고 있음을 설명한다. 이는 단순히 도시의 물리적 이동이나 기술적 변화가 아니라, 삶의 방식과 가치관의 변화에 따른 도시 진화의 방향성에 초점을 두고 있다. 이를 포괄적으로 설명하고 있는 제목은 ②이다.

[오답 체크]

① 일부 내용은 반영하지만 도시의 진화 방향이나 유목적 삶의 연결과 같은 핵심 개념이 빠져있다.

③ 변화 요인 중 하나를 일반화하여 주제를 축소하고 있다.

④ 제주도의 사례에만 해당하며, 전체 흐름을 대표할 수 없다.

⑤ 유목성과 관계 중심성이 빠져있어 핵심 논지를 포괄적으로 설명할 수 없다.

03 ⑤

지문에서는 초인이 외부의 규범이나 권위에 기대지 않고, 자기 의지를 통해 새로운 가치를 창조한다고 설명하고 있다. 또한 반복되는 고통과 시련도 긍정하며 주어진 삶을 능동적으로 받아들이는 태도를 지닌다고 했다. 이는 기존의 도덕과 규범을 넘어 자신만의 기준을 세우고 살아가는 존재로서의 초인과 일치한다. 따라서 정답은 ⑤이다.

[오답 체크]

① 초인은 반복되는 고통과 시련조차 온전히 긍정한다고 했으므로, 고통을 회피한다는 설명은 지문과 다르다.

② 초인은 기존 가치에 순응하는 것이 아니라, 외부의 규범이나 권위에 기대지 않고 자기 의지를 통해 새로운 가치를 창조한다.

③ '신은 죽었다'는 선언은 절대적인 가치가 무너졌음을 의미하며, 그것을 회복하려는 시도가 아니라 허무주의를 드러낸 것이다.

④ 초인은 반복되는 삶을 긍정한다.

04 ③

지문에서 SNN은 개별 시냅스 수준의 학습이 가능하고, 뇌와 유사한 작동 방식을 지닌다고 언급하고 있다. 이는 곧 생물학적 신경 구조와 유사한 특징을 의미하므로 정답은 ③이다.

[오답 체크]

① 연속적인 데이터 입력에 특화되어 있는 것은 DNN에 대한 설명이다.

② 이벤트 기반 작동과 저전력 특성은 SNN에 대한 설명이다.

④ DNN은 뇌의 패턴 인식 기능을 수학적으로 단순화한 모델에 가까우며, 뇌의 작동 방식을 그대로 재현하는 것은 아니다. 생물학적 유사성은 SNN에 더 가까운 설명이다.
⑤ 저전력 특성은 SNN에 해당하며, DNN은 고성능 GPU를 활용해 많은 연산 자원과 전력을 필요로 하는 모델이다.

05 ①

지문에서는 선천면역이 병원체가 침입했을 때 초기에 작동하여 1차 방어선을 우리고, 항원을 처리한 뒤에는 후천면역을 유도한다고 하였다. 따라서 이를 모두 포괄하는 ①이 정답이다.

[오답 체크]
② 선천면역은 에너지 항상성과 직접 관련되지 않는다.
③ 항체 생성은 후천면역에서 이루어지며, 선천면역의 역할이 아니다.
④ 기억 면역은 후천면역에 해당하며, 선천면역은 기억 기능이 없다.
⑤ 선천면역은 과도한 반응을 억제하기보다는 즉각적인 방어를 담당한다.

06 ②

(C)는 자유시장과 통제시장이라는 이분법적 구도가 해체되고 절충이 주류가 되고 있음을 제시하며 글의 도입부 역할을 한다. (D)는 두 체제의 이상과 한계를 비교하면서, 단독 작동이 어렵다는 점을 강조한다. (A)는 이러한 맥락에서 자유시장의 구조적 한계를 짚고, 국가의 조정의 필요성을 논의한다. (B)는 마지막으로 통제시장의 한계를 지적하며, 양 체제 모두 조정이 불가피함을 다시 한 번 상기시키는 결론으로 마무리한다.

07 ⑤

공진화 전략은 외부 환경과의 상호작용을 기반으로 하지만, 그만큼 외부 의존성이 크기 때문에 실패했을 경우 책임 소재가 불분명해질 수 있다. 이는 공진화 전략이 지닌 구조적 한계로, 조직이 외부 환경과 상호작용을 통해 생태계를 진화시킨다는 긍정적인 측면에 대한 비판적 시각으로 적절하다. 따라서 정답은 ⑤이다.

[오답 체크]
① 지문에는 선도적 기업 사례가 제시되지만, 공진화 전략 자체가 일반 기업에 적용 불가능하다고 주장하지 않는다. 오히려 다양한 요소에 적용하여 적용 가능하다고 이야기한다.
② 외부 환경은 빠르게 변화하고 있으며, 이에 대응하기 위한 전략으로 공진화가 제시되므로 지문 내용과 어긋난다.
③ 기술 개발, 제도 변화, 소비자 인식 등 거시적인 변화를 다루므로 조직 문화 개선에만 국한된 접근으로 보기 어렵다.
④ 기업 전략이 소비자 인식과 정책 변화에 영향을 미칠 수 있음을 강조하고 있다.

08 ②

(A)는 혼합물의 개념을 제시하며 물리학적 관점에서 정리하고 있다. 글의 이론적 중심축을 제시하고 있다. (C)는 혼합물의 한 유형인 호모지니어스를 소개하며, 균일한 물리적 특성과 외관을 지닌 계로서 구체적인 사례를 제시한다. (D)는 앞 문단과 대비되는 헤테로지니어스 혼합물을 설명하며, 불균일성과 다상 구조를 제시하고 특징을 구체화한다. (B)는 관찰 조건에 따라 동일한 혼합물도 다르게 분류될 수 있음을 설명하며, 상대성과 비판적 시각을 제시하고 글을 마무리한다.

09 ⑤

빈칸은 '수면으로 갑작스럽게 상승할 경우' 어떤 결과가 생기는지에 대한 원인 – 결과를 묻고 있다. 따라서 빈칸에는 기포가 형성되는 직접적인 원인이 와야 하므로 정답은 ⑤이다.

[오답 체크]
① 지문에서는 산소에 대한 언급이나 산소 농도 상승에 대해 언급하지 않는다.
② 지문에서는 체내·외 압력의 상대적 크기를 직접 원인으로 제시하지도, 그로 인해 기포가 생긴다고도 하지 않았다.
③ 지문에서 제시된 내용을 통해서는 혈관이 수축하여 기포를 형성한다고 유추할 수 없다.
④ 지문에서 제시된 내용을 통해서는 질소가 수축하여 혈류를 압박한다고 유추할 수 없다.

10 ④

소득구조성장은 소득 증가 → 소비 증가 → 생산 및 고용 증가라는 선순환 구조를 전제로 정책의 정당성을 주장하고 있다. 하지만 임금 인상 → 고용 확대가 실제로는 기업 부담 증가로 인해 고용 축소나 투자 위축으로 이어질 수 있다는 점에서 정책 효과의 불확실성을 지적할 수 있다. 따라서 정답은 ④이다.

[오답 체크]

① 소득주도성장은 분배 중심의 수요 진작 정책이다. 기업의 생산 확대나 공급 중심 논리는 지문의 핵심 주장과 어긋난다.

② 물가 상승 억제나 경기 과열 방지는 소득주도성장의 목적이 아니다.

③ 지문에서 소득 증가가 가계 부채를 줄이고 금융 건전성에 긍정적 영향을 준다고 명시되어 있다.

⑤ 공급 측 경쟁력 강화는 전통적인 성장 전략의 핵심이며, 소득주도성장은 수요 측 논리에 기반한 정책이다.

11 ②

환경과 무역의 충돌, 개도국과 선진국 간 긴장, 그리고 그 이후 제도적 조정 흐름(환경상품 목록, 무역환경위원회, 탄소국경조정 등)을 모두 포괄한다. '충돌'이라는 갈등 구조, '국제 통상 협력'이라는 제도화 흐름, '전개'라는 중립적 서술까지 담은 ②이 적합하다.

[오답 체크]

① 지문은 특정 진영(개도국)에 초점을 맞추고 있지 않으므로 적합하지 않다.

③ 국제 환경기준의 강화가 직접적으로 드러나 있지 않다.

④ 선진국의 정책은 중요한 갈등 원인이지만 지문의 핵심은 갈등 자체가 아니라 그 이후의 제도화 흐름이다.

⑤ 지문에서는 무역장벽 철폐 논쟁이 아닌 WTO 출범 이후 제기된 환경과 무역 간의 관계를 다루고 있다.

12 ①

사이클로이드는 원이 바닥을 따라 굴러갈 때 원 둘레의 한 점이 그리는 곡선이다. 이는 원 내부가 아니라 원의 둘레에 위치한 점이다. 또한 사이클로이드는 닫힌 곡선이 아니며 반복되는 열린 곡선이라는 점도 지문에서 강조되었다.

[오답 체크]

② 브라키스토크로와 타우크로노 문제 모두 사이클로이드 곡선이 해로 제시된다고 지문에 명확히 서술되어 있다.

③ 사이클로이드 곡선은 닫히지 않고 동일한 형태가 반복된다고 지문에 명시되어 있다.

④ 사이클로이드는 물체가 중력장 내에서 한 점에서 다른 점으로 가장 빠르게 도달하는 경로인 것이 증명되었다.

⑤ 파스칼, 라그랑주, 뉴턴, 라이프니츠 등이 이 곡선을 연구하고 논쟁했다는 내용이 지문에 등장한다.

13 ⑤

빈칸 앞 문장에서 '소음 노출이 잦을수록 우울감과 수면장애 발생 비율도 높게 나타났다'라고 했으므로 소음의 크기보다는 반복성에 특이점이 있다는 것을 알 수 있다. 또한 빈칸 다음 문장부터 이어서 나오는 내용은 빈칸의 주장을 뒷받침하고 있으므로 인과관계를 명확하게 파악해야 한다. '예측 불가능하고 지속적인 소음 → 시상하부 – 뇌하수체 – 부신축 자극 → 만성 스트레스 → 해마 기능 저하 → 감정 조절력 약화'의 순서이다.

[오답 체크]

① 지문의 시작 부분에서는 소음도와 녹지 비율 모두가 중요한 변수라고 언급하였지만, 이후에는 소음에 대한 내용을 중심으로 글을 전개하였다.

② 지문에서는 소음의 크기보다는 소음의 예측 불가능성과 지속성이 정신건강에 유의미한 영향을 준다고 하였다.

③ 결론에 나오는 논의이며 빈칸에 들어갈 문장으로는 모호하고 일반적이다.

④ 결과론적이고 단정적인 진술이므로 빈칸에는 적합하지 않다.

14 ②

지문의 주제는 미국 고등교육의 형평성과 표준화를 위한 SAT 시험의 도입 과정과 그에 대한 지속적인 논쟁이다. 첫 번째 문단은 미국 대학 입학의 불균형 구조와 기존 평가 방식의 문제점 말하고 있고, 두 번째 문단은 SAT가 등장한 직접적 배경, 즉 표준화된 시험의 등장 이유를 설명하고 있다. 세 번째 문단은 SAT의 효과와 이에 대한 비판, 네 번째 문단은 이러한 비판이 현재도 이어지고 있다는 것을 말한다.

〈보기〉의 내용은 '이러한 문제'를 해결하려는 '시도'의 출현 배경을 설명하는 것이다. 첫 번째 문단에서 '이러한 문제'가 무엇인지 설명하였고, 두 번째 분단에서 '시도'의 결과 SAT가 등장한 것을 알 수 있으므로, 〈보기〉는 (B)에 들어가는 것이 가장 적합하다.

15 ③

지문에서도 리튬이온배터리는 향후 전고체 배터리와 같은 차세대 기술로의 진화 가능성이 높게 평가된다고 하였다. 따라서 ③은 지문과 동일한 내용을 말하고 있다.

[오답 체크]

① 지문에서는 리튬이온배터리가 성능 저하가 적어 긴 수명을 자랑한다고 하였으므로, 고온 환경에서 수명 단축 문제가 존재하여 성능 저하가 뚜렷하다고 주장하는 것은 적절한 비판이다.

② 지문에서는 리튬이온배터리의 여러 장점으로 인해 다양한 산업에서 적용할 수 있다고 하였으므로, 기술적 한계로 인해 다양한 상황에서 이상적이지 않다고 주장하는 것은 적절한 비판이다.

④ 지문에서는 리튬이온배터리를 모듈화하거나 소형화하기 유리하다고 하였으므로, 이것이 안전 문제를 야기할 수 있다고 주장하는 것은 적절한 비판이다.

⑤ 지문에서는 리튬이온배터리를 에너지 전환시대의 핵심 인프라로 기대되는 차세대 배터리라고 하였으므로, 원재료 수급 문제로 인해 핵심 인프라로서의 지속 가능성이 떨어진다고 주장하는 것은 적절한 비판이다.

16 ⑤

지문의 주제는 인도식 구구단 교육과 수학적 사고력 함양의 관계이다. 첫 번째 문단은 인도의 전통적인 수학 교육과 초등 교육에서의 수 구조 이해 강조를 말하고 있으며, 두 번째 문단은 19단까지 암기하는 인도 구구단 교육 방식을 말하고 있다. 세 번째 문단은 19단 학습을 통한 수 감각, 계산 사고력 및 다양한 역량 증진을 말하고 있으며 네 번째 문단은 조기 수학 교육에 대한 사회적 기대와 가정 · 학교의 유기적 연결을 말하고 있다.

〈보기〉의 내용은 이공계 인재 배출과 19단 구구단 암기방식의 성과에 대해 설명하고 있으므로, 인도의 교육 문화와 훈련의 최종 결과에 대해 정리하고 있다. 따라서 가장 마지막에 배치하는 것이 자연스럽다.

17 ⑤

⑤은 CBAM의 긍정적 취지를 무시하고 극단적으로 해석한 선택지이며, 비판의 내용으로서도 논리적 설득력이 부족하므로 가장 적절하지 않은 비판이다.

[오답 체크]

① 정책의 이중 목적 또는 숨겨진 동기를 지적한 타당한 구조적 비판이다.

② 행정적 실행 과정의 비효율성과 형평성 문제를 지적한 현실적인 비판이다.

③ 국제 정의와 기후 외교의 정당성 문제를 제기한 타당한 비판이다.

④ 정책의 파급 효과를 고려한 현실적 비판이며, 지문 내용과도 직접 연결된다.

18 ①

빈칸 앞 뒤 문맥을 정확하게 파악하는 것이 중요하다. 각 점을 중심으로 만든 부분 곡선들을 조합, 주어진 모든 점을 동시에 만족하는 하나의 곡선이 형성된다고 하였으므로 여러 개의 점마다 정의된 개별 곡선을 조합하여 전체적인 하나의 곡선을 만든다는 설명이 빈칸에 적합하다.

[오답 체크]

② 지문에서는 실제로 존재하는 곡선을 복원하는 것이 아니라 주어진 점을 기준으로 이상적인 곡선을 생성한다고 하였으므로 지문과 모순된다.

③ 간격 유지에 대한 언급이 없으며 오히려 점이 많아질수록 곡선이 불안정해진다는 내용이 있다.

④ 부분적으로 맞는 것 같지만 핵심 문장은 '부분 곡선을 조합하여 무엇을 한다는가'에 초점이 있으므로, 결과인 전체 곡선 완성이 더 적절하다.

⑤ 점이 많아지면 오히려 불안정해질 수 있다고 하였으므로 지문과 정반대의 내용이다.

19 ②

지문에서는 보어인이 케이프 식민지에서 영국의 지배를 피해 북쪽으로 이주해 트란스발 지역에 자치 공동체를 형성했다고 설명하고 있다. 따라서 트란스발 지역에 정착하기 이전에는 자치 공동체를 이루었는지 알 수 없다.

[오답 체크]

① 트란스발 지역에서 대규모 금광이 발견됨에 따라 영국이 해당 지역의 경제적 가치를 주목하여 보어 공화국에 대한 간섭을 확대하려 했다.

③ 영국은 우잇랜더 문제를 빌미로 무력 개입했고 보어인의 항복으로 전쟁이 마무리되었다.

④ 영국은 전쟁 중 강제 수용소를 운영하며 민간인까지 통제했다.

⑤ 전쟁 후 트란스발과 오렌지 자유국은 영국의 직할 식민지가 되었다고 지문에 명시되어 있다.

20 ④

단순히 볼록렌즈나 오목렌즈의 원리를 설명하는 데 그치지 않고 이 두 렌즈의 광학적 특성이 어떻게 조합되어 초기 망원경의 구조를 형성했는지를 중심적으로 다룬다. 특히 갈릴레이식과 케플러식 망원경이 어떤 렌즈 조합을 활용했으며 그에 따른 시야, 상의 방향, 배율, 수차 보정의 차이를 구조적으로 비교하고 있으므로 정답은 ④이다.

[오답 체크]

① 렌즈의 굴절률 설계, 회절 경계 이론에 대한 내용은 지문에서 찾아볼 수 없다.

② 수차 문제를 극복하기 위한 시도가 언급되었지만, '진화'라는 역사적 맥락이 주된 내용은 아니다.

③ 상의 형성 원리를 다루고 있지만 핵심은 망원경 구조에서 비롯된 렌즈 조합이다.

⑤ 단순히 볼록렌즈나 천문 관측의 역사에 한정되지 않는다.

Chapter 02 자료해석

01	02	03	04	05	06	07	08	09	10
①	③	①	④	③	③	④	①	②	⑤
11	**12**	**13**	**14**	**15**	**16**	**17**	**18**	**19**	**20**
①	⑤	④	②	④	②	④	①	④	③

01 ①

남학생 전체 인원은 520명이고, 여학생 전체 인원은 480명이다. 이 중 대학원 진학을 선택한 비율을 각각 구하면 남학생은 $\frac{85}{520} \times 100 = 16.34\%$이고, 여학생은 $\frac{85}{480} \times 100 = 17.71\%$이다. 따라서, 여학생 중 대학원 진학을 선택한 비율이 남학생 중 대학원 진학을 선택한 비율보다 크다.

[오답 체크]

② 공공기관 취업을 희망한 남학생 수는 115명이고, 여학생 수는 170명이므로 그 차이는 55명이다. 즉, 여학생 수는 남학생보다 60명 미만으로 많다.

③ 조사를 진행한 전체 학생 수는 1,000명으로 창업을 희망한 학생은 총 105명이기 때문에 차지하는 비율은 10.5%이다.

④ 대기업 취업을 희망한 학생 중 남학생이 차지하는 비율은 $\frac{190}{320} \times 100 = 59.37\%$로 60% 미만이다.

⑤ 기타를 선택한 전체 학생은 120명이고 그 중 남학생의 수는 40명, 차지하는 비율은 33.3%로 50% 이상이 아니다.

02 ③

6월 전산실 이용자 수는 270명이고, 3월의 전산실 이용자 수는 220명으로 총 50명이 증가하였다. 즉, 3월 대비 6월의 전산실 이용자 수의 증가율은 $\frac{50}{220} \times 100 = 22.72\%$로 25% 미만 증가하였다.

[오답 체크]

① 도서관 이용자 수는 320명 → 410명 → 460명 → 510명으로 매월 증가하였다.

② 스터디룸의 4월 이용자 수는 260명이고 5월 이용자 수는 240명으로 이용자 수가 감소하였다.

④ 3월 전체 이용자 수는 320명 + 180명 + 220명 + 100명 = 820명이고, 4월 전체 이용자 수는 410명 + 260명 + 250명 + 140명 = 1,060명으로 240명 증가하였다.
⑤ 스터디카페 이용자 수는 5월(180명)이 가장 많은 것을 그래프에서 확인할 수 있다.

03 ①

센터별 2021년 대비 2022년 센터 수 증가율을 계산하면 다음과 같다.

X센터: $\frac{24}{80} \times 100 = 30\%$

Y센터: $\frac{30}{100} \times 100 = 30\%$

Z센터: $\frac{36}{120} \times 100 = 30\%$

W센터: $\frac{70}{140} \times 100 = 50\%$

따라서, 센터 수의 증가율이 가장 큰 센터는 W센터이다.
W센터의 2021년 대비 2022년의 근무 인원 증가율은 $\frac{270}{900} \times 100 = 30\%$이다.

04 ④

장비 W 렌탈 전환율이 6%이므로, 장비 W의 월 렌탈비는 다음과 같다.

$\frac{6}{100} \times 24{,}000 \times \frac{1}{12} = 120$이므로, 월 렌탈비는 120천 원이다.
장비 Y의 렌탈 전환율이 4%이므로, 장비 Y의 구입비는 다음과 같다.

$\frac{100}{4} \times 160 \times 12 = 48{,}000$이므로, 구입비는 48,000천 원이다.
그러므로, 합은 120천 원 + 48,000천 원 = 48,120천 원이다.

05 ③

㉠ 2021년부터 2024년까지 자전거 이용객 증가율은 5.1% → 6.3% → 5.7% → 6.8%, 지하철 이용객 증가율은 3.5% → 4.0% → 3.2% → 4.8%이므로 매년 높다.
㉡ 대중교통 이용객의 증가율을 나타낸 자료이므로 이용객 수는 알 수 없다.
㉢ 2021년부터 2024년까지 자전거와 버스 이용객 증가율의 증감추이는 증가 – 감소 – 증가로 동일하다.
㉣ 2023년 증가율 자체는 2022년의 2.5% 대비 – 0.2%p 감소했지만, 이용객 수는 전년 대비 2.3% 증가했다.

06 ③

매년 G부서의 계약직 인원수에 2를 곱해도 정규직 인원수보다 낮으므로, 50% 이하이다.

[오답 체크]
① D부서와 F부서의 정규직 인원은 매년 증가하였으나, A부서의 정규직 인원은 24명 → 24명 → 25명으로 계속 증가하지 않았다.
② 2022년 전체 인원이 전년보다 감소한 부서는 B, C, E, H 4곳이다.
④ C부서는 2021년부터 2023년까지 매년 전체 인원이 감소하였다.
⑤ 2023년 정규직 인원이 두 번째로 많은 부서는 B부서이다.

07 ④

어업 종사자가 가장 많았던 연도는 1975년이며, 가장 적었던 연도는 2020년이다. 따라서 아래의 식으로 감소율을 산출할 수 있다.

$\frac{7{,}514 - 1{,}139}{7{,}514} \times 100 = 84.8\%$이므로 감소율은 84.8%이다.

08 ①

2022년 검거율 $= \frac{127{,}758}{153{,}075} \times 100 = 83.5\%$

2023년 검거율 $= \frac{107{,}489}{131{,}734} \times 100 = 81.6\%$

따라서 83.5 – 81.6 = 1.9%p이다.

09 ②

㉠ A브랜드의 점유율은 18% → 22% → 28% → 35%로 매년 증가하였다.
㉡ B브랜드의 점유율은 조사기간 동안 매년 감소하고 있다.
㉢ C브랜드의 점유율이 조사기간 동안 증가한 횟수는 2021년 한 번뿐이다.

㉣ 2023년 가장 높은 점유율을 기록한 브랜드와 2021년 가장 높은 점유율을 기록한 브랜드는 B브랜드로 동일하다.

10 ⑤

중~고등학교 학생 수는 13세~18세 인구의 합이고 초등학교 학생 수는 7~12세 인구의 합이다. 7~18세 모든 구간의 인구수가 40만 명대이므로 40만을 제외한 나머지 수로 합과 차를 구하면 빠른 시간 내에 연산이 가능하다.

13~18세 인구의 합 = 34,364 + 52,178 + 98,974 + 66,241 + 47,054 + 78,661 = 377,372

7~12세 인구의 합 = 74,033 + 89,549 + 38,922 + 42,035 + 42,750 + 8,897 = 296,186

따라서 377,372 − 296,186 = 81,186명이다.

11 ①

㉠ 목요일 응대 건수가 가장 많은 지점은 서부점으로 64건이고 가장 적은 지점은 북부점으로 43건이다. 그 차이는 21건이므로 20건 이상이다.

㉡ 서부점의 평일 평균 응대 건수는 (50 + 61 + 59 + 64 + 68) ÷ 5 = 60.4이고 주말 평균 응대 건수는 55이므로 평일 평균 응대 건수가 더 많다.

㉢ 중앙점의 주말 평균 응대 건수는 전체 지점 중 세 번째로 많다.

㉣ 북부점의 수요일 응대 건수는 35건이고, 중앙점의 수요일 응대 건수는 49건으로 북부점의 수요일 응대 건수는 14건이 적다. $\frac{14}{49} \times 100 = 28.57\%$이므로 30% 미만으로 적다.

12 ⑤

델타센터의 반응속도 점수는 275점이고 알파센터의 반응속도 점수는 480점으로 그 차이는 205점이다.

[오답 체크]

① 제시된 지역 중 시야확보 점수가 2,000점 이상인 센터는 알파센터와 찰리센터 2곳이다.

② 브라보센터의 시야확보 점수는 1,980점이고 루키팀의 점수는 1,170점이므로 810점 높다.

③ 베테랑팀의 멘탈지속력 점수는 820점이고 루키팀의 점수는 650점이므로 170점 높다.

④ 알파센터가 모든 훈련 항목에서 점수가 가장 높다. 따라서 굳이 계산해보지 않더라도 합이 가장 높을 것을 알 수 있다.

13 ④

가입자 수는 눈대중으로 계산해봐도 펫케어 베이직이 가장 많이 증가하였다. 펫케어 베이직의 가입자 수 증가율은 22,500 ÷ 18,000 = 1.25이므로 25%이다.

14 ②

6월 유산소 운동 이용자 수는 170명이고, 3월 유산소 운동 이용자 수는 110명으로 60명이 증가하였다. 즉, $\frac{60}{110} \times 100 = 54.54\%$가 증가하였다.

[오답 체크]

① 요가 이용자 수는 매월 꾸준히 증가하였다. (280 → 340 → 390 → 430)

③ 필라테스 이용자 수는 4월에 270명이고, 5월에 260명으로 줄었다가, 6월에 300명으로 다시 증가했다.

④ 증가한 인원만 계산하면 된다. 요가 60명, 필라테스 50명, 근력운동 20명, 유산소 30명 증가했으므로 모두 합하면 160명 증가하였다.

⑤ 유산소 운동은 3월 110명, 4월 140명, 5월 190명, 6월 170명으로 5월에 가장 많은 이용자가 있었다.

15 ④

쇼트폼 영상 플랫폼 사용자 수 기준 상위 두 직업은 관리자 235명과 기타 130명이며 합은 365명이다. 전체 쇼트폼 영상 플랫폼 사용자 수 합계는 1,087명이므로 차지하는 비중은 $\frac{365}{1,087} \times 100 = 33.57\%$이므로 소수점 둘째 자리에서 반올림하면 33.6%이다.

16 ②

2023년 전기차 등록 대수는 4,980대이고 2018년 하이브리드 등록 대수는 3,200대이다. 따라서 그 차이는 4,980 − 3,200 = 1,780대이다.

17 ④

센터 A의 새벽배송 출고량은 30건이고 센터 B의 새벽배송 출고량은 40건이므로 10건이 적다.

[오답 체크]

① 센터C에서 당일배송 출고량은 50건으로 전체 당일배송 출고량 240건 대비 $\frac{50}{240} \times 100 = 20.83\%$으로 25% 이하이다.

② 신선식품 전체 출고량은 310건이고, 전체 출고량은 $430 + 310 + 240 + 170 + 150 = 1,300$건이다. 즉, 신선식품 전체 출고량이 차지하는 비중은 $\frac{310}{1,300} \times 100 = 23.84\%$로 30%를 초과하지 않는다.

③ 해외직구 전체 출고량은 150건이고, 센터D의 해외직구 출고량은 60건으로 차지하는 비중은 $\frac{60}{150} \times 100 = 40\%$으로 45% 미만이다.

⑤ 일반 택배 출고량이 150건 이상인 센터는 없다.

18 ①

유지보수비용은 교체 비용의 5%이므로 전체 교체 비용이 가장 적은 학교의 유지보수비만 계산하면 된다. D학교가 매년 교체 비용이 가장 적으므로 합계도 가장 적다는 것을 알 수 있다. D학교의 유지보수비는 $(300 + 310 + 320 + 330 + 340) \times 5\% = 80$(만 원)이다.

19 ④

ⓐ 6월 관광지 D의 입장객 수는 5월 대비 2,580명 더 많기 때문에 $8,700 + 2,580 = 11,280$명이다.

ⓑ 5월 관광지 B의 입장객 수는 5월 관광지 A의 절반보다 많아야 하므로, $7,080 \div 2 = 3,540$명 이상이다.

따라서 두 가지 조건을 모두 충족하는 선택지는 ④이다.

20 ③

㉠ 퀵딜의 증가율은 2022년에 2.9 → 2.5로 감소하였다.

㉡ 조사기간동안 올마켓의 평균 증가율을 구하면 $(3.8 + 5.2 + 4.6 + 6.1) \div 4 = 4.92$로 5% 이하이다.

㉢ 2023년의 모든 쇼핑앱의 사용자 수 증가율이 증가하였기 때문에 사용자 수가 감소한 쇼핑앱은 없다.

㉣ 2024년과 2023년의 증가율 차이를 구하면 올마켓 1.5, 퀵딜 0.3, 슬로우샵 0.5로 올마켓이 가장 크다.

Chapter 03 창의수리

01	02	03	04	05	06	07	08	09	10
④	④	①	④	⑤	③	③	④	②	②
11	12	13	14	15	16	17	18	19	20
①	①	④	①	④	①	③	⑤	③	③

01 ④

총 예산의 20%가 상품구입비이므로 최대 760,000원까지 구입할 수 있다. 상품의 개수를 최대한 많이 구입해야 하므로 가장 저렴한 상품을 최대로 구입해야 한다.

$(48,000 \times x) + (36,000 \times 10) + (25,000 \times 10) < 760,000$

식을 정리하면 $x < 3.125$이므로 총 23개의 상품을 구입할 수 있으며 금액은 총 754,000원이다.

02 ④

기차가 터널을 완전히 통과하려면 기차의 전 길이가 터널을 지나야 하므로 총 이동 거리는 터널 길이에 기차 길이를 더한 값이 된다.

$\frac{240(\text{기차길이}) + 360(\text{터널길이})}{30(\text{시간})} = 20\text{m/s}$, 기차의 속력은 20m/s이다.

540m인 터널을 통과하려면

$\frac{240(\text{기차길이}) + 540(\text{터널길이})}{x(\text{시간})} = 20\text{m/s}$의 공식이 성립해야 하므로 x는 39이다.

03 ①

40% 소금물에서 물 135g을 추가하여 25%의 소금물이 되었으므로 원래 소금물은 225g이다. 따라서 농도가 40%인 소금물 225g에 물 135g이 추가된 25% 소금물에 소금을 추가하여 40%의 소금물을 만들어야 한다. 총 소금은 90g, 총 용액은 360g이므로 추가하는 소금을 y라고 할 때 이를 식으로 정리하면,

$\frac{90 + y}{360 + y} \times 100 = 40$이다. 따라서 소금의 양은 90g이다.

04 ④

주머니에서 꺼낸 2개의 공에 적힌 수의 곱이 7의 배수일 확률은 9개의 공에서 2개의 공을 뽑는 경우의 수와 두 수의 곱이 7의 배수인 경우의 수를 구하여 계산할 수 있다. 9개의 공 중에서 2개의 공을 동시에 뽑는 경우의 수는 조합의 수를 구하여 구할 수 있으므로,

${}_9C_2=\frac{9\times 8}{2}=36$이다. 또한, 두 수의 곱이 7의 배수가 되려면 두 수 중 적어도 하나가 7의 배수여야 한다. 따라서 7의 배수가 되는 조합은 (1,7), (2,7), (3,7), (4,7), (5,7), (6,7), (8,7), (9,7) 총 8가지이다. 따라서,

$\frac{\text{두 수의 곱이 7의 배수인 경우의 수}}{\text{9개의 공 중에서 2개의 공을 뽑는 경우의 수}}=\frac{8}{36}=\frac{2}{9}$ 이다.

05 ⑤

A 호스 물 채움: 시간당 $\frac{1}{14}$, B 호스 물 채움: 시간당 $\frac{1}{21}$, C 배수구 물 빠짐: 시간당 $\frac{1}{42}$

A와 B는 더하고 C는 빼야한다.

$\frac{1}{14}+\frac{1}{21}-\frac{1}{42}=\frac{2}{21}$이다. 전체 작업량은 1이므로,

$\frac{2}{21}\times x=1$, $x=10.5$시간이다.

06 ③

연 이자율을 x라고 할 때, $500{,}000\times x=$세전 이자이고 여기에서 15%를 뺀 것이 세후 이자인 13,600이다. 즉 $500{,}000x\times 0.85=13{,}600$이다. 이를 계산하면

$x=\frac{13{,}600}{425{,}000}=0.032$이므로 3.2%이다.

07 ③

처음 소금물은 물 160g, 소금 40g이므로 용액의 총 양은 200g이다. 이 중 25%만 증발하므로 남은 용액은 150g이나, 소금은 증발되지 않으므로 소금의 양은 40g이 그대로 있게 된다. 총 용액의 양 150g, 소금의 양 40g에 물을 추가하여 16% 농도의 소금물을 만드는 식을 정리하면,

$\frac{40}{150+x}\times 100=16$, $x=100$이다.

따라서 100g의 물을 추가해야 한다.

08 ④

숲이 보이는 객실이 적어도 한 개 이상 포함될 확률은 전체 확률에서 숲이 보이는 객실이 하나도 포함되지 않는 확률을 빼면 된다. 숲이 보이는 객실이 하나도 포함되지 않는 경우를 A라고 하면, A^c는 숲이 보이는 객실이 적어도 하나 이상 포함되는 경우이다.
따라서,

$P(A)=\frac{\text{호수가 보이는 객실 6개 중에서 3개를 고르는 경우}}{\text{전체 10개의 객실 중에서 3개를 고르는 경우}}$

$=\frac{{}_6C_3}{{}_{10}C_3}=\frac{1}{6}$이다.

그러므로 구하고자 하는 확률은 다음과 같다.

$P(A^c)=1-P(A)=1-\frac{1}{6}=\frac{5}{6}$이다.

09 ②

연 이자는 $1{,}000{,}000\times 0.025=25{,}000$원이다.
이자에 대한 세금은 $25{,}000\times 0.154=3{,}850$원이므로 세후 이자는 $25{,}000-3{,}850=21{,}150$원이다.
동일한 방식으로 2년 반복하여 수령해야 하므로 정답은 42,300원이다.

10 ②

A의 시간당 작업량은 $\frac{1}{6}$, B의 시간당 작업량은 $\frac{1}{3}$이므로 두 사람이 함께 일할 경우 시간당 작업량은 $\frac{1}{6}+\frac{1}{3}=\frac{1}{2}$이다. 즉, A와 B가 함께 일하면 2시간에 일을 완수할 수 있다.
이 때, 문제에서 '동시에 진행하면 2배로 빠르게 할 수 있다'고 하였으므로 함께 일할 때 실제 완수하는 일의 양은 2배라는 의미이다. 따라서 A와 B가 함께 일하면 일을 완수할 때까지 걸리는 시간은 $\frac{1}{2}$배가 된다. 그러므로 함께 일할 때 소요되는 완수 시간은 $2\times\frac{1}{2}=1$시간이다.

11 ①

작년 A제품의 생산량을 x개라고 두면 작년 B제품의 생산량은 $(480-x)$개이다. A제품은 20%가 증가하였고, B제품은 10%가 감소하여 총 생산량이 21개 증가하였기 때문에 식을 세우면 다음과 같다. $0.2x-0.1(480-x)=21$이므로 $x=230$이다. 따라서 작년 A제품의 생산량은 230개이다.

12 ①

A사원과 B사원이 회사에 동시에 도착했기 때문에 두 사람의 이동거리가 같다. B사원의 이동시간을 x분이라고 두면 A사원의 이동시간은 $x+7$분이다. 따라서 식을 세우면 다음과 같다. $3\times\frac{x+7}{60}=10\times\frac{x}{60}$이다. 따라서, $x=3$이다. 즉, B는 3분 동안 움직였기 때문에 이동거리는 $10\times\frac{3}{60}=\frac{1}{2}$km이다.

13 ④

발표장 3곳을 A, B, C라고 두고 이곳에 6명을 배치한다고 하자.

그러면 6명 중 2명을 선택해 발표장 A에 배치하고, 남은 4명 중 2명을 선택하여 발표장 B에 배치하면 나머지 2명은 자동으로 발표장 C로 배치된다.

즉, ${}_6C_2\times{}_4C_2=15\times6=90$이므로 90가지이다.

14 ①

사과와 배의 수확 비율이 3:2이므로 수확한 사과의 양은 $3x$개, 배의 양은 $2x$개다. 또한 판매한 사과와 배의 비율은 4:3이므로 판매한 사과의 양은 $4y$개, 배의 양은 $3y$개다. 그러면 남아있는 사과의 양은 $3x-4y$개이고, 남아있는 배의 양은 $2x-3y$개다. 둘을 합쳐서 154개이므로 $3x-4y+2x-3y=154$이다. 이를 정리하면 $5x-7y=154$이다.

x와 y모두 정수이므로 식이 성립하는 x와 y를 찾으면, $x=42$, $y=8$이다. ($x=\frac{154+7y}{5}$이므로 y를 대입했을 때 5의 배수가 나와야 한다.) 따라서 수확된 사과의 개수는 $3\times42=126$개다.

15 ④

셰프 A는 1시간에 12개의 요리를 만들기 때문에 30분에는 6개의 요리를 만들 수 있다. 셰프 B는 1시간에 8개의 요리를 만들고 30분에는 4개의 요리를 만든다. 따라서 둘이 함께 요리를 한 1시간 30분 동안 총 30개의 요리를 완성했고, A가 혼자 1시간 동안 12개의 요리를 더 완성했기 때문에 총 42개의 요리를 만들었다.

16 ①

전자제품의 원가를 x라 하자. 그러면 정가는 $1.4x$이다. 이때 25%를 할인하여 판매하였더니 300원의 이익이 남았으므로 $1.4x\times0.75-x=300$이다. 즉, $0.05x=300$이므로, $x=6{,}000$이다. 따라서 제품의 원가는 6,000원이다.

17 ③

딸기맛 젤리 1개와 포도맛 젤리 1개를 꺼낼 수 있는 전체 확률은 다음 두 가지 경우의 확률을 더한 것과 같다.

(1) A통에서 딸기맛 젤리를 꺼내고, B통에서 포도맛 젤리를 꺼낼 확률 $\frac{4}{5}\times\frac{3}{5}=\frac{12}{25}$

(2) A통에서 포도맛 젤리를 꺼내고, B통에서 딸기맛 젤리를 꺼낼 확률 $\frac{1}{5}\times\frac{2}{5}=\frac{2}{25}$

따라서, 전체 확률은 $\frac{12}{25}+\frac{2}{25}=\frac{14}{25}$이다.

그리고, 포도맛 젤리를 B통에서 꺼낸 확률은 $\frac{12}{25}$이므로 문제에서 구하고자 하는 확률은 $\frac{\frac{12}{25}}{\frac{14}{25}}=\frac{12}{14}=\frac{6}{7}$이다.

18 ⑤

A로봇은 2시간 동안 2개의 회의실을 청소했고, B로봇은 2시간 동안 3개의 회의실을 청소가능하다. 2시간 동안 총 5개의 회의실을 청소했으며, 나머지 5개의 회의실을 B로봇이 혼자 청소해야 한다. B로봇이 5개 회의실을 청소하는 시간은 $\frac{5}{1.5}=\frac{10}{3}$시간이다. 따라서, 청소가 끝나는 데 걸린 시간은 $2+\frac{10}{3}$시간이다. 즉, 5시간 20분이 걸린다.

19 ③

남자 직원의 수를 $3x$명, 여자 직원의 수를 $2x$명이라 하면, 남자 직원 전체 나이의 합은 36 × $3x$살이고 여자 직원 전체 나이의 합은 30 × $2x$살이다. 즉, 직원 전체의 나이의 합은 $168x$살이고 평균은 $\frac{168x}{5x} = 33.6$세이다.

20 ③

65,000원의 티켓을 30명 이상 구매하면 30%가 할인되므로 할인된 가격은 45,500원이다. A팀의 인원을 x명이라고 두고 단체 관람보다 개별구매가 더 저렴하다고 하였으므로 $65{,}000x < 45{,}500 \times 30$이다. 따라서 $x < 21$이므로 A팀의 최대 인원은 20명이다.

Chapter 04 언어추리

01	02	03	04	05	06	07	08	09	10
①	④	④	⑤	③	⑤	④	③	①	①
11	**12**	**13**	**14**	**15**	**16**	**17**	**18**	**19**	**20**
②	①	③	①	④	③	②	⑤	⑤	②

01 ①

E의 말을 보면 D의 말이 거짓이라고 한다. E의 말이 진실이면 D의 말은 거짓이고 E의 말이 거짓이면 D의 말은 진실이다. E와 D의 진술은 모든 경우에서 둘 중 1명이 진실을 말하고 나머지 1명이 거짓을 말하는 모순관계다.
문제에서 1명의 말만 거짓이라고 한다. 누가 지각한 경우인지는 아직 모르지만 문제의 조건을 모두 만족하는 경우에서는 E의 말이 거짓이거나 D의 말이 거짓이다. A, B, C의 말은 진실이다.
C의 말이 진실이기에 A가 지각이거나 B가 지각이라고 알 수 있다. A의 말을 토대로 B는 지각하지 않았다고 알 수 있으니 지각한 1명은 A라고 알 수 있다.

[오답 체크]
참고로 A가 지각한 경우부터 E가 지각한 경우까지 총 5가지 경우에서 A, B, C, D, E의 말이 진실인지 거짓인지 판별하면 다음과 같다.

	A	B	C	D	E
A가 지각	진실	진실	진실	거짓	진실
B가 지각	거짓	진실	진실	진실	거짓
C가 지각	진실	진실	거짓	거짓	진실
D가 지각	진실	거짓	거짓	거짓	진실
E가 지각	진실	진실	거짓	진실	거짓

02 ④

〈보기〉의 명제를 정리하면 다음과 같다. 참고로 '∧'의 표현은 AND를 뜻한다.
[노랑 → (~주황 ∧ ~파랑)]
[노랑 → ~파랑 → 보라]
[주황 → 빨강 → ~초록]

① 초록을 고르면 파랑을 고른다.
3번째 정리를 통해 초록을 고르면 주황을 고르지 않는다고 알 수 있다. 주황을 고르지 않는다고 하여 파랑을 고르는지

아닌지 알 수 없다. 항상 참인지 거짓인지 판단할 수 없다.
② 빨강을 고르면 보라를 고른다.
③ 파랑을 고르면 빨강을 고른다.
⑤ 주황을 고르면 보라를 고른다.
②, ③, ⑤의 명제가 항상 참인지 거짓인지 판단하려면 〈보기〉의 명제를 정리한 결과들을 이어줄 수 있어야 하는데 이을 수 없다. 즉 항상 참인지 거짓인지 판단할 수 없다.

④ 노랑을 고르면 보라를 고른다.
[노랑 → ~파랑 → 보라]에 의해 항상 참이라고 알 수 있다.

03 ④

장소별로 2명씩 배정하자. A는 분당으로 출장을 간다. D와 F가 같은 곳으로 출장을 가니 D, F는 A가 이미 출장간다고 알고 있는 분당으로 출장을 가지 않는다. D, F가 이천으로 출장을 가는 경우와 청주로 출장을 가는 경우로 나눠보자.

Case 1	Case 2
분당: A	분당: A
이천: D, F	이천:
청주:	청주: D, F

B와 C는 서로 다른 곳으로 출장을 간다. 둘 중 1명은 반드시 분당으로 출장을 간다. B와 C가 자리를 바꿀 수 있으니 B/C 또는 C/B로 표기하면 다음과 같다.

Case 1	Case 2
분당: A, B/C	분당: A, B/C
이천: D, F	이천: C/B
청주: C/B	청주: D, F

E는 Case 1에서 청주로 출장을 가고 Case 2에서는 이천으로 출장을 간다. 두 경우 모두 E는 분당으로 출장을 가지 않는다.

04 ⑤

C와 D의 진술을 확인해보자. C와 D의 진술은 엄밀하게 모순관계는 아니지만 4명 중 1명만 거짓을 말하고 나머지 3명은 진실을 말한다는 조건을 만족하는 경우에서는 모순관계처럼 쓸 수 있다.

1) C와 D의 진술이 둘 다 진실이 아닌 이유
C의 진술이 진실이면 A의 전공계열이 공학계열인 경우와 B의 전공계열이 공학계열인 경우로 나뉜다. 두 경우 모두 본인의 전공계열이 공학계열이라는 D의 진술이 거짓이다.
D의 진술이 진실이면 D의 전공계열은 공학계열이다. A 또는 B의 전공계열이 공학계열이라 말하는 C의 진술이 거짓이다.

2) C와 D의 진술이 둘 다 거짓이 아닌 이유
C와 D가 언급한 A, B, D가 아닌 C가 공학계열인 경우 C, D의 진술은 둘 다 거짓이다. 하지만 이 경우는 문제에서 4명 중 1명만 거짓을 말하고 나머지 3명은 진실을 말한다는 조건을 만족하지 않는다.

문제의 조건을 모두 만족하는 경우에서는 C만 거짓을 말하거나 D만 거짓을 말한다. 이 경우에서 A, B의 진술은 진실이다. A, B의 진술에서 얻을 수 있는 정보를 정리하면 다음과 같이 하나의 경우를 도출할 수 있다.

A	B	C	D
공학	자연	인문	어학

C와 D 중 D의 진술이 거짓이다. 선택지의 내용은 AND 조건이기에 둘 다 만족해야 항상 참이다. 전공계열과 진술의 진실/거짓 여부를 만족하는 내용은 '⑤ D의 전공계열은 어학계열이고 D의 진술은 거짓이다.'뿐이다.

05 ③

E와 D 사이에 2명이 줄을 선다. 이를 토대로 경우를 나누면 다음과 같다. E와 D는 줄을 서는 순서를 바꿀 수 있기에 편의상 E/D 또는 D/E로 표기했다.

Case	1	2	3	4	5
1	E/D			D/E	
2		E/D			D/E

A와 B 사이에 1명이 줄을 선다. 그러면서 C는 B보다 앞에 줄을 선다. Case 2에서 A와 B가 1, 3번째로 줄을 서게 되면 C는 B보다 앞에 줄을 선다는 조건을 만족하지 않는다. Case 2는 소거하자. Case 1에서 A와 B 사이에 1명이 줄을 선다는 조건과 C는 B보다 앞에 줄을 선다는 조건을 만족하려면 C는 2번째로 줄을 설 수밖에 없다.

[오답 체크]
가능한 경우를 정리하면 다음과 같다. A와 B는 줄서는 순서를 바꿀 수 있기에 A/B 또는 B/A로 표기했다.

Case	1	2	3	4	5
1	E/D	C	A/B	D/E	B/A

06 ⑤

〈보기〉의 명제를 정리하면 다음과 같다. 풀이의 편이를 위해 가볍다, 무겁다의 표현을 '>'로 통일했다.

[C > A > B > F]

[E > D > F]

F보다 무거운 사람은 C, A, B, E, D로 5명이다.

07 ④

B는 E가 진실을 말한다고 한다. B의 진술이 진실이면 E의 진술도 진실이고 B의 진술이 거짓이면 E의 진술도 거짓이다. B와 E는 모든 경우에서 둘 다 진실을 말하거나 둘 다 거짓을 말하는 동일관계다. 문제에서 1명만 거짓을 말한다고 했으니 A가 결혼하는 경우부터 E가 결혼하는 경우까지 5가지 경우 중 조건을 모두 만족하는 경우에서 B와 E의 진술은 진실이다.

D는 E가 결혼한다고 한다. 결혼하는 1명은 거짓을 말하고 나머지 4명은 진실을 말한다는 조건을 고려하자. D가 진술이 진실이면 E는 결혼한다. 결혼하는 사람은 거짓을 말한다는 조건에 따라 E는 거짓으로 진술한다. D의 진술이 거짓이면 E는 결혼하지 않는다. 결혼하지 않는 사람은 진실을 말한다는 조건을 토대로 E의 진술은 진실이라고 알 수 있다. D와 E는 엄밀하게 모순관계라 할 수 없지만 결혼하는 1명은 거짓을 말하고 나머지 4명은 진실을 말한다는 조건을 만족하는 경우에서는 모순관계처럼 쓸 수 있다. 앞서 B와 E의 진술이 정답인 경우에서 진실이라고 알 수 있었다. D와 E의 진술은 모순관계처럼 쓸 수 있다. D의 진술은 거짓이다. 즉 결혼하는 1명은 D이다.

[다른 풀이]
B, E의 진술이 동일관계인 점과 A, B의 진술은 동일관계처럼 쓸 수 있으며 C와 A의 진술도 동일관계처럼 쓸 수 있다는 점을 토대로 B, E, A, C가 같은 편이라고 알 수 있다. 즉 4명이 모두 진실을 말하거나 4명이 모두 거짓을 말한다고 알 수 있다. 문제에서 거짓을 말하는 사람이 1명이라고 했으니 B, E, A, C는 진실을 말하고 D는 거짓을 말한다.

[오답 체크]
A가 결혼하는 경우부터 E가 결혼하는 경우까지 5가지 경우에서 A, B, C, D, E의 진술이 진실인지 거짓인지 판별하면 다음과 같다.

결혼 \ 진술	A	B	C	D	E	거짓
A	진실	거짓	거짓	거짓	거짓	4명
B	거짓	진실	진실	거짓	진실	2명
C	진실	거짓	진실	거짓	거짓	3명
D	진실	진실	진실	거짓	진실	1명
E	진실	진실	진실	진실	진실	0명

08 ③

경우의 수를 묻는다. 만족하는 모든 경우를 찾아보자. B와 인접하며 우측인 자리에 D가 앉는다. 이를 먼저 반영하자. 소속팀이 같은 사람끼리 인접하게 앉지 않는다. A, B, C는 소속이 같다. 이들이 인접하게 앉지 않으려면 색을 칠한 자리에 A와 C가 앉아야 한다.

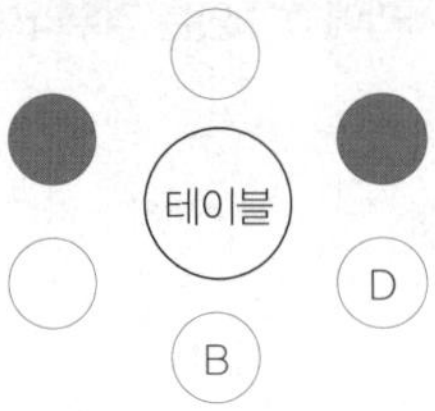

A와 C가 앉는 자리를 바꿀 수 있다. 이를 토대로 경우를 나누면 다음과 같다.

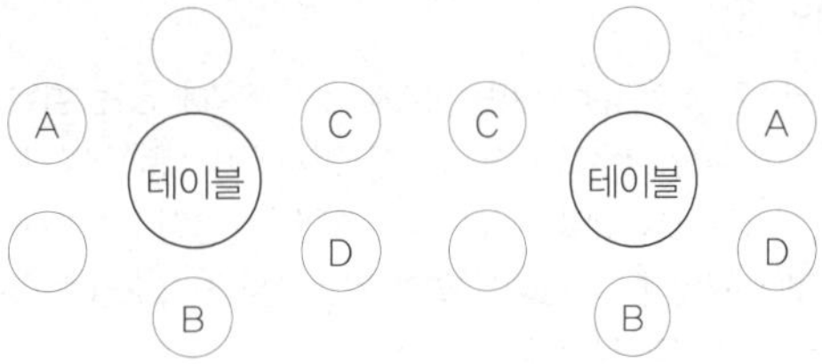

Case 1 Case 2

F는 C와 마주 보고 앉지 않는다. Case 1에서 F는 A와 인접하며 B와 인접한 자리에 앉지 않는다. Case 2에서는 F가 남은 자리 중 어디에 앉든 F는 C와 마주 보고 앉지 않는다. 채우지 않은 자리는 E의 자리이며 6명이 자리를 앉는 경우는 모두 3가지이다.

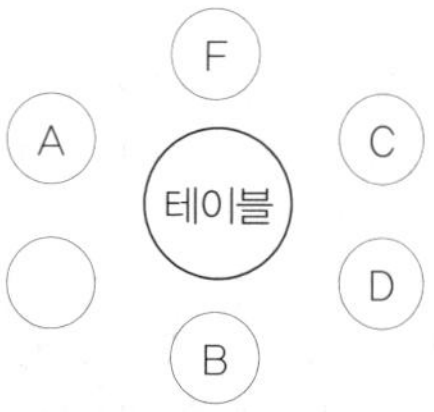

Case 1

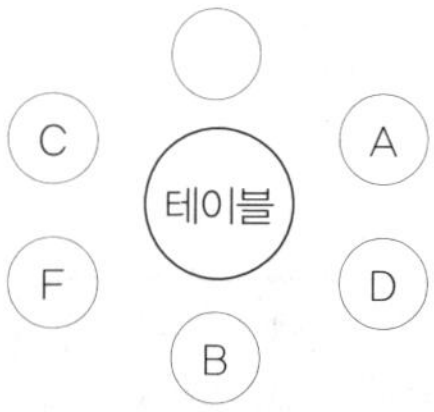

Case 2.1

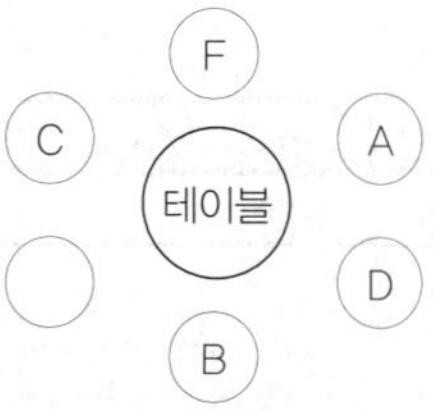

Case 2.2

[오답 체크]
B와 인접하며 우측인 자리에 D가 앉는다는 조건을 아래와 같이 반영하지 않았으면 한다. 아래의 경우는 B와 인접하며 왼쪽인 자리에 D가 앉는 경우다. B를 기준으로 생각하자.

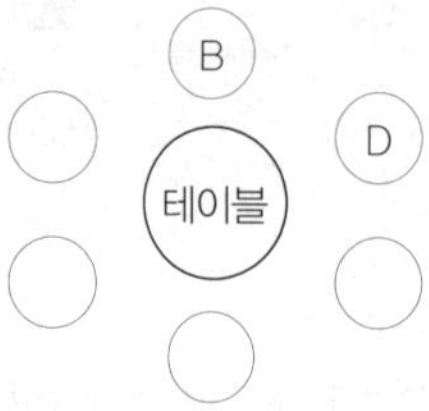

09 ①

D와 B는 같은 열에 앉는다. D와 B가 2열에 앉는 경우와 3열에 앉는 경우로 나뉜다. 그러면서 F는 1열에 앉지 않는다. D와 B가 2열에 앉는 경우 2열에 2명이 앉으니 F는 3열에 앉는다. D와 B가 3열에 앉는 경우 F가 2열에 앉는 경우와 3열에 앉는 경우로 나뉜다.

Case 1	Case 2	Case 3
1열:	1열:	1열:
2열: D, B	2열: F	2열:
3열: F	3열: D, B	3열: D, B, F

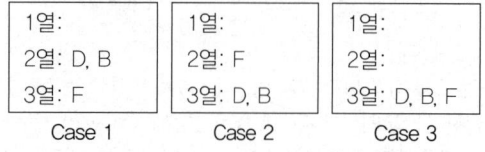

E와 A는 같은 열에 앉지 않는다. 둘이 자리를 바꿀 수 있기에 E/A 또는 A/E로 표기하여 경우를 더 나누면 다음과 같다.

Case 1	Case 2.1	Case 2.2	Case 2.3	Case 3
1열: E/A	1열: E/A	1열: E/A	1열: C	1열: E/A
2열: D, B	2열: F, A/E	2열: F, C	2열: F, E/A	2열: A/E, C
3열: F, A/E, C	3열: D, B, C	3열: D, B, A/E	3열: D, B, A/E	3열: D, B, F

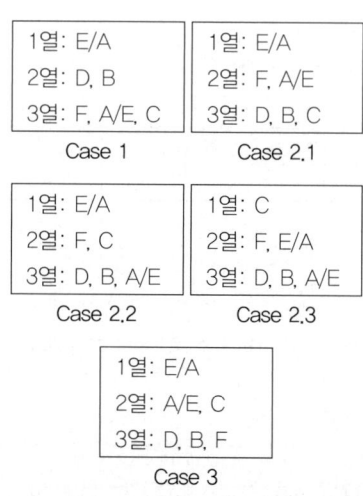

C와 F가 같은 열에 앉는다면 B는 1열에 앉는다. 조건의 앞부분(= 전건)이 가리키는 경우는 Case 1, 2.2이다. 두 경우 모두 B는 1열에 앉을 수 없다. 이미 E나 A 중 1명이 E열에 앉기 때문이다. Case 1, 2.2를 소거하자.

Case 2.1	Case 2.3	Case 3
1열: E/A	1열: C	1열: E/A
2열: F, A/E	2열: F, E/A	2열: A/E, C
3열: D, B, C	3열: D, B, A/E	3열: D, B, F

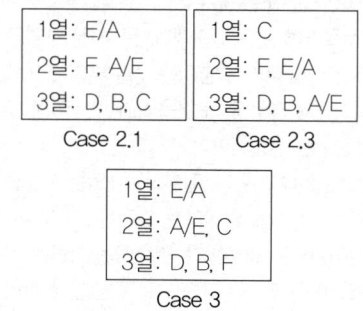

*참고
D와 B는 같은 열에 앉는다는 조건을 토대로 D와 B는 1열에 앉지 않는다고 알 수 있다. 여기서 C와 F가 같은 열에 앉는다면 B는 1열에 앉는다는 조건을 보고 B가 1열에 앉으면 안 되니 앞부분인 'C와 F가 같은 열에 앉는다면'을 만족하면 안 되겠다고 생각할 수 있다. (이 사고 과정은 'C와 F가 같은 열에 앉는다면 B는 1열에 앉는다'를 대우하여 활용하는 과정과 비슷하다.) 'C와 F가 같은 열에 앉는다면'을 만족하면 안 되니 C와 F가 서로 다른 열에 앉는다는 정보를 얻을 수 있다. 이 정보를 먼저 얻었다면 해설의 풀이보다 더 쉽게 풀 수 있다.

10 ①

2번의 진술 중 1번의 진술이 진실이고 1번의 진술이 거짓이다. A, B, C의 진술에서 1번의 진술이 진실이고 1번의 진술이 거짓이 아닌 경우를 찾아보자.
A의 두 진술 중 첫 진술인 '나와 B는 승진하지 않았다.'는 'C가 승진했다.'로 이해할 수 있다. 이는 A의 두 번째 진술과 모순관계를 형성한다. A의 두 진술은 A가 승진하든, B가 승진하든, C가 승진하든 모든 경우에서 두 진술 중 하나는 진실이고 나머지 하나는 거짓인 모순관계를 보인다.
B의 두 진술은 드모르간의 법칙을 생각하면 모순관계를 보인다는 점을 바로 알 수 있다.
C의 두 진술이 진실인 경우는 없다. 두 진실이 거짓인 경우는 A가 승진한 경우이다. 즉 A가 승진한 경우는 2번의 진술 중 1번의 진술이 진실이고 1번의 진술이 거짓이라는 조건을 만족하지 않는다.
B가 승진한 경우와 C가 승진한 경우 둘 다 2번의 진술 중 1번의 진술이 진실이고 1번의 진술이 거짓이라는 조건을 만족한다. 두 경우 모두 공통적으로 A가 승진하지 않았다는 정보를 내포한다.

[오답 체크]
A, B, C 중 1명이 승진하는 3가지 경우에서 6개 진술의 진실/거짓을 판단하면 다음과 같다. A의 첫 진술을 A1, 두 번째 진술을 A2와 같이 간략히 표현했다. B, C도 마찬가지다.

진술 / 승진	A1	A2	B1	B2	C1	C2
A	거짓	진실	진실	거짓	거짓	거짓
B	거짓	진실	거짓	진실	거짓	진실
C	진실	거짓	진실	거짓	진실	거짓

11 ②

5명 모두 최소 1마리에서 최대 3마리의 강아지를 키운다. A는 C보다 강아지를 많이 키운다. 가능한 경우는 (A: 3마리, C: 2마리), (A: 3마리, C: 1마리), (A: 2마리, C: 1마리)이다. 이를 반영하자.

Case	A	C	B	D	E
1	3	2			
2	3	1			
3	2	1			

보기 편하게 가로축의 기준으로 A, B, C, D, E가 아닌 A, C, B, D, E의 순서로 설정했다. 5명이 키우는 강아지는 총 8마리이고 B가 키우는 강아지의 마릿수는 D가 키우는 강아지의 마릿수와 같다. 이를 반영하면 다음과 같다.

Case	A	C	B	D	E
1	3	2	1	1	1
2	3	1	1	1	2
3.1	2	1	1	1	3
3.2	2	1	2	2	1

12 ①

기획팀이면서 영업팀인 사원이 존재한다는 명제를 통해 기획팀과 영업팀이라는 개념이 교집합을 이룬다고 알 수 있다.
나머지 두 명제를 정리하면 [영업팀 → 추진력 → 분석력]이다. 이는 부분집합을 의미한다.
이를 토대로 기획팀인 어떤 사원이 분석력이 뛰어나다고 알 수 있다. 이해를 돕기 위해 벤 다이어그램으로 정리 후 정답이 되는 부분이면서 항상 존재하는 부분을 색칠하면 다음과 같다.

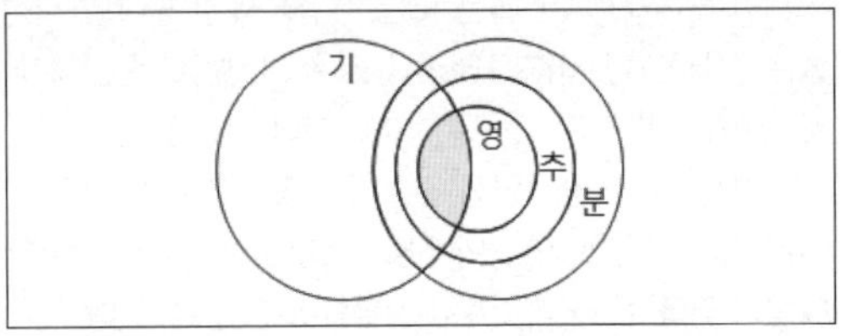

[오답 체크]
항상 참이라고 할 수 없는 이유를 정리하면 다음과 같다.

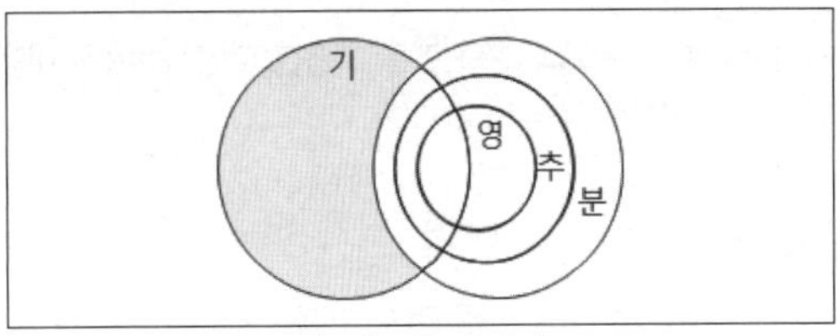

②, ③, ⑤의 반례

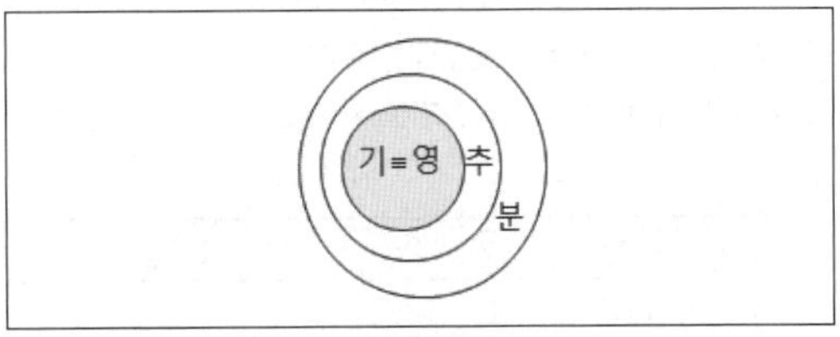

④의 반례

*참고
⑤의 반례는 분석력으로 표현한 벤 다이어그램의 밖을 의미하지만 반례를 간단히 제시하기 위해 분석력이 아니며 기획팀인 벤 다이어그램에만 색을 칠했다.

[다른 풀이]
SKCT에서는 잘 설명하지 않지만 참고를 위해 GSAT에서 자주 다루는 '삼단논법, 어모어'로 해설하겠다. 상세하게 설명하지 않고 어모어를 알고 있다는 가정하에 간략히 정리하겠다.
[기획팀이면서 영업팀인 사원이 존재]: 기획/어떤/영업
[영업팀 → 추진력 → 분석력]: 영업 → 분석
작: 영업
큰: 분석
거: 기획
결론: '분석/어떤/기획' 또는 '기획/어떤/분석'

13 ③

C는 E의 진술이 거짓이라고 한다. C의 진술이 진실이면 E의 진술은 거짓이고 C의 진술이 거짓이면 E의 진술은 진실이다. C와 E의 진술은 모든 경우에서 둘 중 1명의 진술은 진실이고 나머지 1명의 진술은 거짓인 모순관계다. 문제에서 1명만 거짓을 말한다고 한다. 조건을 만족하는 경우에서 C와 E 중 1명의 진술이 거짓이고 A, B, D의 진술은 진실이다. A, B, D의 진술을 토대로 경우를 나누면 다음과 같다. 운 좋게 1가지 경우를 도출할 수 있다.

1	2	3	4	5
D	B	E	A	C

B의 등수는 2등이다. C와 E 중 거짓으로 진술하는 사람은 E이다. E의 등수는 3등이다.

14 ①

E는 2층에 거주한다. 이를 먼저 고정하자. C와 D가 거주하는 층 사이에 1명이 거주한다. C와 D가 1층과 3층에 거주하는 경우, 3층과 5층에 거주하는 경우로 나뉜다. C와 D는 자리를 바꿀 수 있기에 편의상 C/D 또는 D/C로 표기했다.

Case	1	2	3	4	5
1	C/D	E	D/C		
2		E	C/D		D/C

A는 E와 서로 이웃한 층에 거주하지 않는다. Case 1은 A가 4층에 거주하는 경우와 5층에 거주하는 경우로 나뉜다. Case 2에서 A는 4층에 거주한다.
C는 B보다 높은 층에 거주한다. Case 1에서 B는 4층에 거주하거나 5층에 거주하는데 두 경우 모두 C보다 B가 높은 층에 거주한다. 조건을 만족하지 않으니 소거하자. Case 2는 아래와 같이 정리할 수 있다.

Case	1	2	3	4	5
2	B	E	C/D	A	D/C

Case 2는 3층에 C가 거주하는 경우와 D가 거주하는 두 경우를 의미하는데 두 경우 모두 C는 B보다 높은 층에 거주한다는 조건을 만족한다. 두 경우 모두 B는 1층에 거주한다.

15 ④

F는 부서 이동을 신청하지 않는다. A 또는 B가 부서 이동을 신청하지 않는다면 F는 부서 이동을 신청한다. 앞부분(=전건)인 'A 또는 B가 부서 이동을 신청하지 않는다면'을 만족하면 F는 부서 이동을 신청해야 하는데 F는 부서 이동을 신청하지 않는다는 조건과 상반된다. 즉 'A 또는 B가 부서 이동을 신청하지 않는다면'을 만족하지 않는다. 'OR'는 둘 다 만족하지 않을 때 전체를 만족하지 않는다. 이에 따라 A와 B가 부서 이동을 신청한다고 알 수 있다. 이 과정은 'A 또는 B가 부서 이동을 신청하지 않는다면 F는 부서 이동을 신청한다.'를 대우하여 정보를 얻는 과정과 비슷하다. 참고로 'A 또는 B가 부서 이동을 신청하지 않는다면 F는 부서 이동을 신청한다.'를 대우하면 'F가 부서 이동을 신청하지 않는다면 A와 B는 부서 이동을 신청한다.'이다.

A	B	C	D	E	F
○	○				×

A가 부서 이동을 신청한다. E가 부서 이동을 신청하지 않는다면 A는 부서 이동을 신청하지 않는다는 조건을 토대로 E가 부서 이동을 신청한다고 알 수 있다. 'E가 부서 이동을 신청하지 않는다면 A는 부서 이동을 신청하지 않는다.'를 대우하여 활용해도 되고 뒷부분(=후건)인 'A는 부서 이동을 신청하지 않는다.'가 A가 부서 이동을 한다는 이미 알고 있는 정보와 상반되어 앞부분인 'E가 부서 이동을 신청하지 않는다면'을 만족하지 않으니 E가 부서 이동을 신청한다고 확인해도 된다.

A	B	C	D	E	F
○	○			○	×

B가 부서 이동을 신청한다면 C 또는 D가 부서 이동을 신청한다는 조건을 살펴보자. 이미 B가 부서 이동을 신청한다고 알고 있다. C 또는 D가 부서 이동을 신청한다. 이는 총 3가지 경우로 나뉜다. 1) C가 부서 이동을 신청하고 D가 부서 이동을 신청하지 않는 경우, 2) C가 부서 이동을 신청하지 않고 D가 부서 이동을 신청하는 경우, 3) C와 D 모두 부서 이동을 신청하는 경우인데 문제에서 묻는 건 부서 이동을 신청하는 최소 인원이다. 1), 2)에 의해 최소 인원은 A, B, E와 C 또는 D 중 1명으로 4명이라고 알 수 있다.

16 ③

D는 A의 진술이 거짓이라고 한다. D의 진술이 진실이면 A의 진술은 거짓이고 D의 진술이 거짓이면 A의 진술은 진실이다. D와 A의 진술은 모든 경우에서 둘 다 진실을 말하지 않고 둘 다 거짓을 말하지 않는 모순관계다.
5명 중 2명의 진술이 진실이다. 진실을 말하는 2명 중 1명은 A이거나 D이다. 나머지 1명은 B, C, E 중 1명이다.
B와 C의 진술이 동일관계다. B가 C의 진술이 진실이라고 하기에 B와 C는 모든 경우에서 둘 다 진실을 말하거나 둘 다 거짓을 말한다. B, C, E 중 1명이 진실을 말한다는 점을 토대로 B와 C의 진술은 거짓이고 E의 진술이 진실이라고 알 수 있다.
C의 진술이 거짓이니 C 또는 E가 결근했다는 정보를 얻을 수 있다. E의 진술이 진실이니 B 또는 C가 결근했다는 정보를 얻을 수 있다. 두 정보를 취합하면 결근한 사람이 C라고 알 수 있다.

[오답 체크]
참고로 A가 결근한 경우부터 E가 결근한 경우까지 총 5가지 경우에서 A, B, C, D, E의 진술이 진실인지 거짓인지를 정리하면 다음과 같다.

결근 \ 진술	A	B	C	D	E
A	거짓	진실	진실	진실	거짓
B	진실	진실	진실	거짓	진실
C	진실	거짓	거짓	거짓	진실
D	진실	진실	진실	거짓	거짓
E	거짓	거짓	거짓	진실	거짓

17 ②

변수가 사람, 학년, 전공으로 3가지이다. 사람을 기준으로 전공도 하나, 학년도 하나이니 각 행에 학년, 전공, 사람의 값을 넣으며 풀어보자. 〈보기〉의 조건에서 학년이 높다/낮다를 제시하니 학년을 기준으로 삼아보자.
2학년에 물리학, 3학년에 A를 고정하자. 생물학을 전공하는 사람보다 한 학년 높은 사람은 수학을 전공한다. 이를 토대로 3학년이 생물학, 4학년이 수학을 전공한다고 알 수 있다. 자연스럽게 1학년은 화학을 전공한다.

학년	1	2	3	4
전공	화학	물리학	생물학	수학
사람			A	

B는 화학을 전공하지 않는다. B가 2학년인 경우와 4학년인 경우로 나뉜다. B를 기준으로 경우를 나누면 C, D가 남는다. D는 C보다 학년이 높다. 이를 정리하면 다음과 같다. 두 경우에서 학년과 전공은 같으니 공통으로 사용하고 사람을 Case 1, 2로 대체하여 표기했다.

학년	1	2	3	4
전공	화학	물리학	생물학	수학
Case 1	C	B	A	D
Case 2	C	D	A	B

18 ⑤

〈보기〉의 명제를 정리하면 다음과 같다. 참고로 'V'의 표현은 OR를 뜻한다.
[(수박 V 참외) → 사과 → ~배]
[(수박 V 참외) → 사과 → ~자두]
[망고 → 수박]

① 참외를 고르면 배를 고르지 않는다.
[(수박 V 참외) → 사과 → ~배]를 확인하자. 1) 수박만 고르는 경우, 2) 참외만 고르는 경우, 3) 수박과 사과를 고르는 세 가지 경우에서는 사과를 고른다. 참외를 고른다는 전건은 2)의 경우를 항상 만족하는 정보다. 사과를 고르니 배를 고르지 않는다. 항상 참이다.

② 수박을 고르지 않으면 자두를 고른다.
수박을 고르지 않는다고 하여 참외를 고르는지 아닌지 알 수 없다. 이에 따라 사과를 고르는지(= 자두를 고르지 않는지) 사과를 고르지 않는지(= 자두를 고르는지)를 알 수 없다. 항상 참인지 거짓인지 판단할 수 없다.

③ 배를 고르면 자두를 고른다.

명제를 정리한 결과 중 첫 번째와 두 번째의 끝이 '~배'와 '~자두'인데 두 결과를 연결할 고리가 보이지 않는다. 항상 참인지 거짓인지 판단할 수 없다.

④ 망고를 고르면 참외를 고른다.

망고를 고르면 수박을 고른다. 수박을 고른다고 하여 참외를 고르는지 아닌지는 알 수 없다. 항상 참인지 거짓인지 판단할 수 없다.

⑤ 자두를 고르면 수박을 고른다.

[(수박 ∨ 참외) → 사과 → ~자두]의 각 명제에 대우를 취한 후 이어주면 다음과 같다. [자두 → ~사과 → (~수박 ∧ ~참외)] 참고로 '∧'는 AND를 뜻한다.
자두를 고르면 사과를 고르지 않는다. 사과를 고르지 않으니 수박과 참외를 고르지 않는다. 따라서 자두를 고르면 수박을 고르지 않는다. 항상 거짓이다.

19 ⑤

D의 진술을 보면 D는 B가 하는 말이 거짓이라고 한다. D의 진술이 진실이면 B의 진술은 거짓이고 D의 진술이 거짓이면 B의 진술은 진실이다. D와 B는 4명 중 1명이 기혼인 모든 경우에서 둘 중 1명은 진실을 말하고 나머지 1명은 거짓을 말하는 모순관계다.
문제에서 1명만 거짓을 말한다고 한다. 문제의 조건을 모두 만족하는 경우에서 D가 거짓을 말하거나 B가 거짓을 말한다. A와 C는 진실을 말한다.
A와 C의 진술을 종합하면 A 또는 D가 기혼인데 A와 C는 미혼이기에 D가 기혼이라고 알 수 있다.
D가 거짓을 말하거나 B가 거짓을 말한다. D가 기혼이기에 B의 진술은 진실이고 D의 진술이 거짓이라고 알 수 있다.

[오답 체크]
4명 중 1명이 기혼인 모든 경우에서 A, B, C, D의 진술이 진실인지 거짓인지 정리하면 다음과 같다.

진술 / 기혼	A	B	C	D
A	거짓	진실	진실	거짓
B	진실	진실	거짓	거짓
C	거짓	거짓	거짓	진실
D	진실	진실	진실	거짓

20 ②

마주 보고 앉는다는 조건이 2가지다. 마주 보고 앉는다는 조건이 여러 가지일 때 1가지만 고정조건처럼 쓸 수 있다. C, E가 서로 마주 보고 앉는다는 조건을 먼저 활용해도 되지만 A는 F와 서로 마주 보는 자리에 앉는다는 조건이 우선순위가 더 높다. A를 활용한 조건이 하나 더 있기 때문이다. A와 F를 서로 마주 보도록 앉히자. 이후 A와 인접한 두 자리 중 왼쪽 자리에 B가 앉는 경우와 오른쪽 자리에 B가 앉는 경우로 나눠보자.

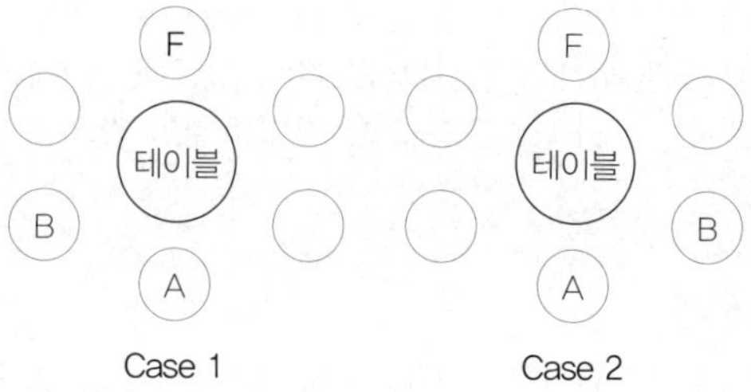

C와 E를 마주 보는 자리에 앉히자. C와 E가 앉는 자리를 바꿀 수 있으니 편의상 CE 또는 EC로 정리했다. 이후 남은 자리에 D를 앉히면 다음과 같다.

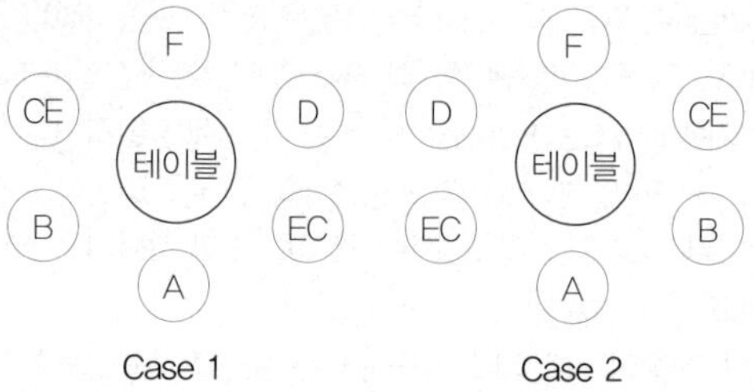

Chapter 05 수열추리

01	02	03	04	05	06	07	08	09	10
④	③	④	③	④	①	⑤	③	②	④
11	**12**	**13**	**14**	**15**	**16**	**17**	**18**	**19**	**20**
②	⑤	③	①	④	④	①	②	③	④

01 ④

제시된 수열은 공비가 $\frac{2}{3}$인 등비수열이다. 따라서 A = $\frac{64}{486} \times \frac{2}{3} = \frac{128}{1,458}$, B = $\frac{256}{4,374} \times \frac{2}{3} = \frac{512}{13,122}$이다. A = $\frac{128}{1,458} = \frac{1,152}{13,122}$이므로 A + B = $\frac{1,664}{13,122}$이다.

02 ③

제시된 수열은 ÷ 5를 반복하는 수열이다. 따라서 빈 칸에 들어갈 값은 8.004 ÷ 5 = 1.6008이다.

03 ④

제시된 수열은 n항이 짝수일 경우 ÷ 2를 하고, 홀수일 경우 × 3 + 1을 하여 n + 1항을 도출하는 수열이다. 따라서 10번째 항은 58 ÷ 2 = 29, 11번째 항은 29 × 3 + 1 = 88이다.

04 ③

제시된 수열은 세 개의 항씩 묶어서 규칙을 가지는 군수열로, a × b = c인 규칙을 가지고 있다. 따라서 빈 칸에 들어갈 값은 42 × 8 = 336이다.

05 ④

제시된 수열은 아래와 같이 분모를 20으로 통분했을 경우 규칙이 보이는 수열이다.

$\frac{7}{20}$ $\frac{14}{20}$ $\frac{21}{20}$ $\frac{28}{20}$ $\frac{35}{20}$ $\frac{42}{20}$

분자가 7의 배수로 커지는 규칙을 가지고 있으므로 10번째 항의 값은 $\frac{70}{20} = \frac{7}{2}$이다.

06 ①

제시된 수열은 '× (− 2)'와 '+ 1'이 반복되는 규칙을 가지는 수열이다.

A = 99.4 × (− 2) = − 198.8, B = 395.6 + 1 = 396.6

∴ A + B = − 198.8 + 396.6 = 197.8

07 ⑤

제시된 수열의 1항 분모와 분자에 × 9, 4항 분모와 분자에 × 15를 하면 규칙이 보인다.

$\frac{45}{99}$ $\frac{50}{101}$ $\frac{55}{103}$ $\frac{60}{105}$ $\frac{65}{107}$

분모는 + 2씩, 분자는 + 5씩 증가하는 규칙이므로 9번째 항은 $\frac{45 + 5 \times 8}{99 + 2 \times 8} = \frac{85}{115} = \frac{17}{23}$

08 ③

제시된 수열은 ' × 2 + 1'이 반복되는 수열이다. 따라서 빈 칸에 들어갈 값은 169.8 × 2 + 1 = 340.6

09 ②

제시된 수열은 홀수 항과 짝수 항에 각기 다른 규칙이 적용되는 수열로, 홀수 항은 '× $\frac{2}{3}$', 짝수 항은 ' × $\frac{3}{4}$'이 적용된다. 따라서 9번째 항은 $\frac{56}{270} \times \frac{2}{3} = \frac{112}{810}$

10 ④

주어진 수열은 인접한 항의 차이가 일정한 규칙을 갖는 계차수열로, 인접한 항의 차이가 초항이 11, 공차가 11인 규칙을 가진다. 즉 (n + 1)항 = (n)항 + 11 × n의 규칙으로 정리할 수 있다. 따라서 13항 = 12항 + 11 × 12이므로 13항 − 12항 = 11 × 12 = 132이다.

11 ②

주어진 수열은 × 0.5와 + 1.1을 반복하는 수열이다.

A = 1.6 + 1.1 = 2.7

B = 2.45 × 0.5 = 1.225

따라서 A − B = 1.475이다.

12 ⑤

주어진 숫자들의 분모를 4로 통분하면 규칙을 발견할 수 있다.

$\frac{10}{4}$ $\frac{7}{4}$ $\frac{4}{4}$ $\frac{1}{4}$ $-\frac{2}{4}$

공차가 $-\frac{3}{4}$인 수열이므로 10번째 항은

$-(\frac{2+3\times 5}{4})=-\frac{17}{4}$

13 ③

주어진 수열은 세 개의 항씩 묶어 규칙을 가지는 군수열로 '1항 × 2항 = 3항'인 규칙을 가진다. 따라서 빈 칸에 들어갈 값은 $\frac{8}{25}\div\frac{2}{5}=\frac{4}{5}$이다.

14 ①

주어진 수열은 '(n)항 + (n + 1)항 = (n + 2)항'의 규칙을 가지는 피보나치수열이다. 따라서 빈 칸에 들어갈 값은 11,068 + 17,931 = 28,999이다.

15 ④

주어진 숫자들의 분모와 분자를 뒤집은 후 분모를 10으로 통분하면 규칙을 발견할 수 있다.

예를 들어 첫 번째 항은 2의 경우 분모와 분자를 뒤집으면 $\frac{1}{2}$이고, 분모를 10으로 통분하면 $\frac{5}{10}$이다. 이런 식으로 모든 항을 바꿔보면 아래와 같다.

$\frac{5}{10}$ $\frac{4}{10}$ $\frac{3}{10}$ $\frac{2}{10}$ $\frac{1}{10}$ ( ) $-\frac{1}{10}$

공차가 $-\frac{1}{10}$인 수열이므로 빈 칸에 들어갈 값은 0이다.

16 ④

주어진 수열은 정수 부분은 × 2, 소수 부분은 -0.06를 계산하는 규칙을 가진다. 따라서 9항의 정수 부분은 176 × 2 × 2 × 2 × 2 = 2,816이며, 소수 부분은 48 - 6 - 6 - 6 - 6 = 24이다.

17 ①

주어진 수열은 홀수 항과 짝수 항에 각기 다른 규칙이 적용되는 수열로, 홀수 항은 × 2, 짝수 항은 × 3이 적용된다.

따라서 9항 = 7항 × 2 = 192 × 2 = 384

10항 = 8항 × 3 = 1,080 × 3 = 3,240

∴ 9항 + 10항 = 384 + 3,240 = 3,624

18 ②

주어진 수열은 인접한 항의 차이가 일정한 규칙을 갖는 계차수열로, 인접한 항의 차이가 초항이 15, 공차가 15인 규칙을 가진다. 즉 (n + 1)항 = (n)항 + 15 × n의 규칙으로 정리할 수 있다.

8항 = 7항 + 15 × 7 = 6항 + 15 × 6 + 15 × 7 = 5항 + 15 × 5 + 15 × 6 + 15 × 7 = 462

19 ③

주어진 수열은 +5 ×5 +4 ×4 +3 ×3 … 의 규칙을 가지는 수열이다.

8항 = 1,317 + 2 = 1,319

9항 = 1,319 × 2 = 2,638

10항 = 2,638 + 1 = 2,639

11항 = 2,639 × 1 = 2,639

따라서 11항 - 10항 = 0이다.

20 ④

주어진 수열은 세 개의 항씩 묶어서 규칙을 가지는 군수열로, a × b = c인 규칙을 가지고 있다. 따라서 빈 칸에 들어갈 값은 135 × 74 = 9,990이다.

제 03 회 기출동형 모의고사 정답 및 해설

Chapter 01 언어이해

01	02	03	04	05	06	07	08	09	10
⑤	④	⑤	③	③	③	②	④	②	③
11	12	13	14	15	16	17	18	19	20
④	②	⑤	②	⑤	①	③	④	③	③

01 ⑤

프로타고라스의 상대주의적 인식론이 현대 포스트모던 철학에 이르기까지 '진로의 절대성 해체'라는 계보적 흐름을 형성했다고 해석할 수 있으며 철학적 연속성을 주제로 삼고 있으므로 정답은 ⑤이다.

[오답 체크]

① 프로타고라스는 진리의 보편성이 아닌 상대성에 대해 이야기한다.

② 프로타고라스는 소피스트의 대표적인 철학자이지만 소피스트의 전통에 대해서는 지문에서 다루지 않았다.

③ 프로타고라스적 해석과 비판을 포괄하는 내용은 지문에서 찾을 수 없다.

④ 상대주의의 윤리적 한계와 고전 철학의 딜레마에 관한 내용 모두 지문에서 찾을 수 없다.

02 ④

개발도상국이 어떤 구조적·불균형적 어려움을 겪는지를 요약하는 표현이어야 하며 다음 문단에서 그 불균형이 산업 성장과 에너지 접근을 어떤 식으로 제약하는지 설명이 이어져야 하므로 정답은 ④이다.

[오답 체크]

① 동일한 기준 적용으로 인한 불균형이 생기게 되는 것이므로 지문의 내용과 반대이다.

② 온실가스 감축 의무에 대한 자국민들의 반응은 지문에서 찾아볼 수 없다.

③ 지문 뒷부분에서 언급되긴 하지만, 빈칸 바로 다음 문장의 인과관계와 연결되기엔 맞지 않다.

⑤ 개발도상국의 부담을 나타내는 표현은 맞지만, '신설'은 법적·제도적 조치를 의미하는 반면 본문에서는 비용 부담과 성장 제한에 더 초점이 맞춰져 있다.

03 ⑤

항암제는 빠르게 분열하는 세포를 표적으로 작동하여 건강한 세포도 함께 손상되는 부작용이 발생한다고 하였으므로, 건강한 세포에는 영향을 주지 않는다는 ⑤의 설명은 옳지 않다.

[오답 체크]

① 주어진 지문에 의하면 암 치료는 점점 더 개별 환자의 특성과 질환의 유전적 정보에 기반한 정밀한 접근으로 나아가고 있다.

② 정밀의학과 표적치료 기술이 발전하면서 부작용을 최소화하고 암세포만을 정밀 타격하는 방법이 연구되고 있다.

③ 유전자 특성에 기반한 맞춤형 치료는 암세포의 분자 구조만을 식별하여 선택적으로 공격할 수 있을 것이다.

④ 기존 항암제는 빠르게 분열하는 세포를 표적으로 작동하므로 소화기관의 점막세포나 골수세포, 모낭세포 등에도 영향을 준다.

04 ③

지문의 주제는 문화적 도용 사례와 이를 막기 위한 방법이다. 첫 번째 문단은 문화 전파 과정에서 발생하는 맥락 없는 문화 차용과 지배 문화의 일방적 소비를 설명하고 있고, 두 번째 문단은 이러한 예시로 나바호족 문양의 상업적 사용 사례를 보여주었다. 세 번째 문단은 분위기를 바꿔서 문화 차용의 긍정적 대안을 설명하고, 네 번째 문단은 이러한 긍정적 대안을 위해 나아가야 할 길을 보여준다.

〈보기〉의 내용은 문화 간 권력 불균형 사례를 좀 더 자세하게 설명하고 있으므로 〈보기〉 앞에는 사례가 서술되어야 한다. 두 번째 문단에서 나바호족 전통 문양의 사례가 서술되었으므로 〈보기〉를 통해 이를 좀 더 자세하게 설명하도록 (C)에 들어가는 것이 가장 적합하다.

05 ③

관측과 측량을 중시하는 실용적 지도 제작은 지문 내용과 상반된다. 프톨레마이오스의 지도에 대해 '실제 거리나 방향보다 계산상의 일관성을 우선시했다'라고 설명하고 있으므로 실용성보다는 이론성과 형식적 정밀성에 초점을 맞췄다는 것을 유추할 수 있다.

[오답 체크]

① 프톨레마이오스는 좌표를 통해 공간을 정리했으나, 실제 거리나 방향과는 차이가 있었다.
② 콜럼버스는 프톨레마이오스의 지리학에 기반한 지도를 믿고 항해를 시도하였고, 유럽과 아시아 사이의 거리를 실제보다 짧게 판단했다.
④ 프톨레마이오스의 지리학은 실제 세계와 차이가 있었지만 좌표 체계와 수량화 방식은 지리학을 체계적인 학문으로 발전시키는 데 기여했다.
⑤ 마르티넬리우스 지도는 프톨레마이오스의 지도를 바탕으로 제작되었으며 콜럼버스가 항해 계획 수립 시 참고한 지도였다.

06 ③

지문의 중심내용은 안드로메다 은하와 우리 은하가 약 40~50억 년 후 충돌 및 병합할 것이라는 예측이다. 두 은하 간 중력 상호작용과 병합 과정의 구체적 양상(조석력, 항성 형성, 타원은하 수렴)과 이 현상이 ΛCDM 우주론에서 은하 진화와 구조 형성의 대표적 사례로 간주된다는 점을 설명하고 있다. 따라서 국부은하군 내 병합 시나리오와 우주론적 의미를 함께 포괄한 ③이 가장 적절한 제목이다.

[오답 체크]

① 은하 충돌에 관한 내용을 담을 제목으로는 적절하지 않다.
② 지문에서는 파괴적 결과나 항성 소멸보다는 새로운 은하의 탄생과 항성 형성을 이야기하고 있다.
④ 나선은하 간 중력 상호작용과 전면 충돌 예측도 주어진 지문에 포함되어 있긴 하지만, 첫 번째 문단에 국한되는 내용이다. 두 번째 문단까지 포함하는 전체 지문의 제목으로는 부적절하다.
⑤ 은하 충돌의 결과로 타원은하 형태의 안정된 구조가 나타날 수 있다고 하였으므로 지문과 맞지 않다.

07 ②

지문에서는 나일강 분쟁을 식민지 시기 법제의 한계, 주권의 재구성, 그리고 GERD를 통한 지리적·법적 질서 변화라는 관점에서 분석하고 있다. ②는 식민지 시대의 협정, 상류에 위치한 국가의 권리 회복 시도, 하천의 관리가 고정된 국가 경계가 아닌 새로운 질서로 이동하는 과정을 잘 포괄하고 있다.

[오답 체크]

① 이집트 – 에티오피아 간 갈등은 지문을 통해 유추할 수 있지만, 외교사적 변천에 대해 설명하고 있지 않다.
③ 이집트나 에티오피아와 같은 국가들의 정책에 대해서는 지문에서 다루지 않았다.
④ 지문에서 나타나는 초국경 자원은 나일강인데 나일강 자원의 한계에 대해서는 지문에서 다루지 않았다.
⑤ 문제 해결 사례나 전략은 지문에서 찾을 수 없다.

08 ④

영화는 언어를 통해 미래를 바꾸는 것이 아니라 미래를 인식하고도 그 삶을 수용하는 태도에 초점을 맞추고 있다. 게다가 주인공 루이스는 새로운 언어를 통해 미래를 알게 되지만 삶을 바꾸지 않고 받아들이는 선택을 하므로 '미래를 바꾼다'는 관점과는 전혀 다르다.

[오답 체크]

① 표면적 주제는 외계 존재와의 접촉이며 중심 서사는 사피어 – 워프 가설이다. 사피어 – 워프 가설은 언어가 인간의 사고를 규정한다는 것이다.
② 주인공은 시간의 비선형 구조를 경험하므로 순차적 구조가 아닌 새로운 구조를 경험한다.
③ 주인공은 딸의 죽음을 알면서도 선택하고 내면으로 수용해야 한다는 것을 깨닫는다.
⑤ 각국은 정보를 공유하지 않고 독점하려 하지만 루이스는 의미의 공유가 곧 위기의 해소임을 보여주었다.

09 ②

2022년 포항시의 경우 재난 경고 시스템이 있었음에도 종합 상황실의 실시간 판단 체계의 부재로 인한 기관 간 통신 지연으로 구조 인력의 현장 투입이 늦어졌다. 즉 종합 상황실이 지시하지 않을 경우 현장에서 대응할 수 없는 구조임을 말하고 있다. 일본의 경우 지역별 방재 조직의 초기 대응과 중앙지휘가 동시에 작동되도록 설계되어 있다. 이를 고려하였을 때 효율적인 재난관리 프로토콜은

위급한 상황에서 현장에 권한이 부여되는 것이 핵심임을 알 수 있다.

[오답 체크]

① 종합 상황실과 하위 기간 간 통신이 지연되었다는 내용이 언급되긴 했지만, 이를 개선하는 것이 재난관리 프로토콜의 핵심이라고 보기는 힘들다.
③ 주어진 지문에서는 재난 문자 발송 시스템보다 현장에서의 즉각적인 대응을 재난관리의 핵심 사항으로 강조하고 있다.
④ 초기 대응에 성공하는 것은 이상적인 결과물일 뿐 재난관리 프로토콜의 핵심으로 보기는 어렵다.
⑤ 실시간으로 위험을 판단하는 데 성공하더라도 현장에 권한이 없다면 중앙에서 전파되는 지시를 기다려야 한다. 따라서 효율적인 재난관리 프로토콜이라 볼 수 없다.

10 ③

지문의 주제는 수면 시간이 비만에 미치는 영향에 대한 것이다. 첫 번째 문단은 수면 시간과 체중 조절과의 관계를 간략히 설명하고 있으며, 두 번째 문단은 수면 시간 감소로 인한 호르몬의 변화에 대해 말하고 있다. 세 번째 문단은 반대로 충분한 수면으로 인한 신체의 변화를 설명하고 있고, 네 번째 문단은 위에서 설명한 근거를 바탕으로 수면 관리의 중요성을 역설한다.
〈보기〉의 내용은 수면 시간 감소로 인한 신체의 변화를 다루고 있으므로, 충분한 수면으로 인한 신체의 변화를 언급하는 세 번째 문단보다는 앞쪽에 위치해야 한다. 그런데 〈보기〉 문단의 맨 앞부분에 '또한'이라는 접속어가 등장했으므로 〈보기〉 문단 바로 앞에도 수면 시간 감소로 인한 신체의 변화가 있어야 한다. 따라서 두 번째 문단과 세 번째 문단 사이인 (C)에 위치하는 것이 가장 적절하다.

11 ④

구글세의 장점과 기대효과에 대해 말하고 있으므로 지문의 주장과 일치한다.

[오답 체크]

① 조세 회피의 원인이 조세 자체에 있기보다는 글로벌 기업 간 경쟁에 따른 구조적 문제라는 주장은 단순히 조세 제도를 개편하는 것으로는 문제를 해결할 수 없다는 말이기에 지문을 비판하는 것으로 적절하다.
② 구글세의 실무적 부작용을 지적하는 비판이다.
③ 구글세 도입에 따른 보호무역주의 강화를 우려하는 것으로 적절한 비판이다.
⑤ 과세권 충돌을 유발할 수 있다는 의견은 지문과의 대조가 분명하므로 적절한 비판이다.

12 ②

지문의 주제는 3급 가격차별의 개념과 효과, 그리고 경제적 의미이다. 첫 번째 문단은 영화관 티켓 가격 사례를 통한 3급 가격차별의 개념을 설명하고 있고, 두 번째 문단은 3급 가격차별의 예시를 다루고 있다. 세 번째 문단은 가격차별에 대한 비판과 반론을 말하고 있고, 네 번째 문단은 가격차별의 긍정적 효과를 설명하고 있다.
〈보기〉에서는 가격차별을 위한 조건을 말하고 있다. 또한 지문 내에 가격에 대한 민감도가 달라야 한다는 것을 말하고 있는데, 이는 두 번째 문단에서 실질적인 예시로 설명된다. 따라서 〈보기〉 문단은 첫 번째 문단과 두 번째 문단의 사이인 (B)에 위치하는 것이 가장 적절하다.

13 ⑤

기본소득은 고용 여부와 관계없이 모든 국민에게 지급되는 제도로 직업이 있는 사람도 수혜 대상이 된다. 또한, 기술 실업이나 고용 불안정 문제에 대응하는 방안으로 제시되는 것이 기본소득의 핵심 논지다. 따라서 해당 선택지는 비판으로서 부적절하다.

[오답 체크]

① 기본소득은 보편지급 방식이기 때문에 선별적 복지보다 비효율적일 수 있다는 현실적 비판이다.
② 보편 지급으로 인해 오히려 사회적 약자에 대한 선별적 집중 지원이 약화될 수 있다는 우려는 합리적 비판이다.
③ 기본소득을 지급하기 위한 행정 비용 증가로 인해 해당 시스템을 장기적으로 지속하지 못한다는 우려는 합리적 비판이다.
④ 노동 유인의 약화, 재정 부담 등은 기본소득 도입 시 발생할 수 있는 단점이므로 적절한 비판이다.

14 ②

주어진 지문은 뉴런 간 정보 전달이 시냅스를 통해 이루어진다는 사실을 중심으로 전기적 시냅스와 화학적 시냅스의 구조적 차이, 각각의 정보 전달 방식, 신경전달물질의 다양성과 특이적 작용을 설명하고 있다. 따라서 정답은 ②이다.

[오답 체크]
① 전기적 시냅스에서 이온 이동은 언급되었지만, 정보 전달은 선택적이고 정밀하다고 하였으므로 지문의 내용과 맞지 않다.
③ 주어진 지문에서 시냅스의 기원에 대해서는 다루고 있지 않다.
④ 주어진 지문에서 신경전달물질의 재흡수 메커니즘에 대해서는 다루고 있지 않다.
⑤ 화학적 시냅스의 핵심은 신경전달물질의 방출과 작용이므로 지문의 내용과 맞지 않다.

15 ⑤

주어진 지문에서는 응결이 일어나기 위해서는 단순히 포화 상태만으로는 부족하다고 언급했다. 따라서 자연스럽게 일어나는 과정이라는 설명은 옳지 않다.

[오답 체크]
① 구름 형성의 주요 동인은 상승 기류이며, 이것이 결과적으로 대기 대순환의 일부로 작용한다고 하였으므로 일치하는 내용이다.
② 응결핵 위에서 수증기가 액화되어 구름입자가 형성된다는 설명은 지문과 일치한다.
③ 상승 기류는 구름 형성의 주요 동인으로 대류적 불안정, 지형성 상승, 정면성 상승, 수렴성 상승 등 다양한 조건에서 발생한다.
④ 습윤한 공기괴가 상승하여 외부와의 열 교환 없이 팽창할 때 발생한다.

16 ①

불확실성 회피는 운전자가 앞차의 감속에 대응해 더 천천히 가거나 멈추는 보수적 운전 행동을 의미한다. 이로 인해 정체가 쉽게 풀리지 않고 지속된다는 지문의 주장을 정확히 반영하므로 빈칸에 들어갈 문장으로 적절하다. 또한 앞 문장과의 인과관계도 명확하게 일치한다.

[오답 체크]
② 관성의 법칙과 순간적으로 인지가 지연되는 것은 논리적으로 연결되지 않는다.
③ 지문 전체에서 차선 변경이나 그에 따른 반응은 전혀 언급되지 않는다.
④ 지문에 의하면 운전자는 속도를 유지하는 것이 아니라 더 천천히 움직여야 한다.
⑤ 지문에서는 앞차가 속도를 줄이면 뒷차는 속도를 더욱 줄이는 현상을 설명하고 있다. 따라서 정지 상태를 유지하고자 한다는 설명은 문맥에 맞지 않다.

17 ③

라섹은 절편을 생성하지도 않고 각막 상피를 유지하지도 않는다.

[오답 체크]
① 라식은 각막 절편 하부의 실질층에 엑시머레이저를 조사해 굴절력을 재조정하고 절편을 원위치에 복원한다고 하였고, 상대적으로 낮은 통증과 빠른 시력 회복을 유도한다고 하였다.
② 세 번째 문단을 요약한 내용으로 모든 내용이 일치한다.
④ 라식과 라섹 모두 안구의 굴절력을 변화시켜 시력을 교정하는 수술로, 공통적으로 각막 전면부의 곡률을 조절한다.
⑤ 라식과 라섹 모두 엑시머레이저를 조사하여 굴절력을 재조정하지만 조직 접근 방식과 상피 또는 절편의 처리 방식에서 상이하다.

18 ④

지문의 전체적인 주제는 비행기가 공중에 뜨는 현상인 양력이 어떻게 작용하는지에 관한 것이다. 우선 문단 시작 부분에 접속사가 위치한 (C)와 (D)는 가장 첫 번째로 올 수 없다. (A)와 (B) 중에서 양력에 관한 포괄적인 내용을 다루는 (B)가 첫 번째 문단으로 적합하다. (B)의 마지막 부분에서 날개를 흐르는 공기의 속도와 압력이 비행을 결정짓는다고 하였는데, (A)에서 날개에 대한 설명을 계속해서 이어가므로 두 번째 문단으로는 (A)가 적절하다. (C)에서는 양력 외에 비행에 영향을 주는 요소를 언급하고, (D)에서는 양력에 대한 보충 설명을 하고 있다. 흐름상 양력에 대한 보충설명 이후에 양력 외에 비행에 영향을 주는 요소를 말하는 것이 자연스러우므로, (D) – (C) 순서로 위치하는 것이 바람직하다.

19 ③

지문에서는 AI가 사법 체계의 '보조 도구'로 활용될 때 기대되는 장점에 대해 설명하고 있다. 따라서 적절한 비판의 경우 AI를 사용하여 발생하는 문제나 AI의 단점에 대해 언급해야 하지만, ③은 AI의 법적 책임이라는 논지에 맞지 않는 주장을 하고 있다.

[오답 체크]
① AI의 맥락 파악 및 감정적 판단의 한계를 지적한 현실적인 비판이다.
② AI가 보조 수단이더라도 인간의 자율성, 존엄성, 주체성이 약화될 수 있다는 주장으로 옳은 비판이다.
④ AI의 데이터 기반 학습 과정에서 기존의 편향이 재생산될 수 있다는 주장으로 옳은 비판이다.
⑤ AI의 오류로 인해 피해를 받은 사람이 존재할 경우, 이를 해결하기 위한 책임 소재를 파악하는 것이 어렵다는 주장으로 옳은 비판이다.

20 ③

여기서 말하는 예외란 에너지가 낮은 곳에서 높은 곳으로 흐르는 일시적인 현상을 뜻한다. 이는 지문의 앞부분에서 말한 일반적인 에너지 흐름(높은 곳 → 낮은 곳)과 정반대 방향이다. 따라서 정확히 그 상황을 묘사하는 ③이 정답이다.

[오답 체크]
① 시간의 방향성은 에너지 흐름과 연결되긴 하지만 여기서 말하는 예외는 '시간 역행'수준의 비약적인 사건이 아니다.
② 본문 전체가 설명하는 것이 오히려 비대칭성이므로 정답이 될 수 없다.
④ 위치에너지와 운동에너지는 지문에서 언급되지 않았다.
⑤ 외부와 단절된 조건은 예외가 발생할 수 있는 상황 조건이며 빈 칸에 들어갈 관측되는 현상이 아니다.

Chapter 02 자료해석

01	02	03	04	05	06	07	08	09	10
②	④	①	④	③	②	①	②	②	②
11	**12**	**13**	**14**	**15**	**16**	**17**	**18**	**19**	**20**
⑤	③	④	⑤	③	③	④	①	①	③

01 ②

2023년 조사된 8개의 분야 중 부스 수가 100개 이상인 분야는 산업장비, 식음료, 교육, 헬스케어, 모빌리티로 5개이다.

[오답 체크]
① 2023년의 만족도 점수가 70점 이상인 분야는 문화콘텐츠, 스포츠 2곳을 제외한 6곳이다.
③ 2021년부터 2023년까지 매년 만족도 점수가 상승한 분야는 산업장비, 식음료, 교육으로 3개이다.
④ 산업장비 분야의 만족도가 매년 가장 높으므로 굳이 계산하지 않아도 평균 역시 가장 높을 것임을 알 수 있다.
⑤ 모빌리티 분야의 부스 수는 2021년 50개, 2022년 75개, 2023년 100개로 2023년에 처음으로 부스 수가 100개 이상 설치되었다.

02 ④

눈대중으로 계산해 봤을 때 2017년과 2020년 B2C 기업 수가 많이 증가하였다. 2017년의 경우 1,342 − 538 = 804, 2020년의 경우 3,054 − 2,124 = 930이므로 전년 대비 가장 많이 증가한 해는 2020년이다. 2020년의 B2B 기업 수는 1,874개이다.

03 ①

눈대중으로 계산해봐도 D사의 투자액이 전년 대비 가장 많이 증가하였음을 알 수 있다. 따라서 모두 계산할 필요 없이 D사의 증가율만 계산하자.
210 ÷ 125 = 1.68이므로 증가율은 68%이다.

04 ④

투자액이 2,000억 원 이상인 플랫폼은 A, F, G 총 3곳이다.

03 기출동형 모의고사

[오답 체크]

① B의 개설 강의 수 1개당 수강자 수는 $\frac{310}{1,050}=0.29$이고, D의 개설 강의 수 1개당 수강자 수는 $\frac{121}{510}=0.23$이므로, B가 더 많다.

② 콘텐츠 투자액이 가장 많은 플랫폼은 F이고, 강사 수가 가장 많은 플랫폼은 A이다.

③ G의 강사 수는 32,500명이고 E의 강사 수는 7,450명이므로 $\frac{32,500}{7,450}=4.36$배이다.

⑤ 개설 강의 수가 1,000개 이상인 플랫폼은 A, B, F이고 연간 수강자 수가 500만 명 미만인 플랫폼은 B뿐이다.

05 ③

각 대학의 수강 완료율을 구하면 다음과 같다.

A: (900 ÷ 1,300) × 100 ≒ 69%
B: (700 ÷ 1,050) × 100 ≒ 66.7%
C: (1,050 ÷ 1,400) × 100 = 75%
D: (770 ÷ 1,100) × 100 = 70%
E: (780 ÷ 1,300) × 100 = 60%

수강 완료율이 가장 낮은 대학은 E이고 가장 높은 대학은 C대학이다. 두 대학의 완료율 차이를 구하면 75% − 60% = 15%p이다.

06 ②

㉠ 2024년 전자책 대출 건수 12,700건이고 2022년 전자책 대출 건수는 9,500건으로 3,200건 증가하였고, 증가율은 $\frac{3,200}{9,500}\times 100=33.68\%$이므로, 35%보다 적게 증가하였다.

㉡ 오디오북은 2022년부터 2024년까지 매년 대출 건수가 증가하였다.(3,800 → 4,600 → 5,400)

㉢ 잡지/정기간행물은 2022년 → 2023년 → 2024년 동안 대출 건수가 지속 감소하였다.

㉣ 2023년의 전체 자료의 대출 건수의 합은 74,900건이고, 이 중 아동도서의 대출 건수는 20,000건이므로 차지하는 비중은 $\frac{20,000}{74,900}\times 100=26.70\%$이고, 30% 이하이다.

07 ①

2022년 신형 항공기 개발에 사용된 금액은 2,000억 원 × 0.25 = 500억 원이고, 2023년 신형 항공기 개발에 사용된 금액은 3,000억 원 × 0.32 = 960억 원이므로 460억 원 더 많다.

[오답 체크]

② 2022년의 탄소 저감 기술에 사용된 연구비는 2,000억 원 × 0.25 = 500억 원이고 2023년 탄소 저감 기술에 사용된 연구비는 3,000억 원 × 0.22 = 660억 원이므로 모두 500억 원 이상이다.

③ 2022년과 2023년 모두 엔진 성능 개선이 차지하는 비중이 기내 서비스 개선보다 높기 때문에 사용된 금액도 많다.

④ 2022년 기내 서비스 개선에 사용된 금액은 2,000억 원 × 0.2 = 400억 원이고 2023년 기내 서비스 개선에 사용된 금액은 3,000억 원 × 0.18 = 540억 원이다. 따라서 증가율은 $\frac{140}{400}\times 100=35\%$이다.

⑤ 2023년 기내 서비스 개선이 차지하는 비중은 18%이고 신형 항공기 개발이 차지하는 비중이 32% 이므로 약 1.7배이다.

08 ②

세트별 수익금을 계산하면 아래와 같다.

A세트: (3,500 × 4 × 0.12) + (2,400 × 6 × 0.18) = 4,272원
B세트: (3,500 × 5 × 0.12) + (2,400 × 5 × 0.18) = 4,260원
C세트: (3,500 × 2 × 0.12) + (2,400 × 10 × 0.18) = 5,160원

A세트는 3개가 팔렸으므로 총 수익금은
4,272 × 3 = 12,816원
B세트는 4개가 팔렸으므로 수익금은
4,260 × 4 = 17,040원
C세트는 3개가 팔렸으므로 수익금은
5,160 × 3 = 15,480원이다.

따라서 수익금이 17,040원인 B세트가 가장 높다.

09 ②

B항공의 2020년 운항 편수는 6,200편이고 2011년의 운항편수는 3,100편이므로 3,100편 증가하였다.

[오답 체크]

① A항공은 2016년, 2017년, 2018년까지 3년 연속 운항 편수가 감소하였지만, 4년 연속 감소한 기간은 없다.

③ B항공의 운항 편수는 2011년부터 2019년까지 증가하다가 2020년에 감소하였다.

④ A, B 항공사 모두 2012년보다 2011년의 운항 편수가 적으므로, 굳이 계산하지 않아도 2011년의 운항 편수 합계가 더 적을 것임을 알 수 있다.

⑤ A항공과 B항공 모두 운항 편수가 동시에 감소한 해는 2020년이다.

10 ②

정부 지원 연구의 건당 평균 인건비는 [인건비 총액 ÷ 연구 건수]이므로 160,000 ÷ 800 = 200(백만 원)이다.

11 ⑤

눈대중으로 계산해봐도 2021년 혹은 2022년이 전년 대비 많이 증가했음을 알 수 있다. 2021년의 증가값은 1,420 − 1,050 = 370이고, 2022년의 증가값은 1,800 − 1,420 = 380이므로 2022년이 가장 많이 증가했다.
2022년의 AI 기술 특허 수는 1,540건이다.

12 ③

2023년 대비 2024년 도입 수 증가 폭은 A 지역 5건, B 지역 20건, C 지역 20건, D 지역 10건, E 지역 10건으로 증가 폭이 가장 큰 지역은 B 지역과 C 지역이다.

[오답 체크]

① 2024년 스마트팜 도입 수가 가장 많은 지역은 185건인 A 지역이고, 가장 적은 지역은 75건인 E 지역이다.

② C 지역의 매년 전년 대비 증가량은 2021년 15건, 2022년 25건, 2023년 40건, 2024년 20건이므로 매년 15건 이상 증가하였다.

④ E 지역의 도입 수는 매년 10건씩 증가하였다.

⑤ 2022년 대비 2023년 도입 수 증가량은 A 지역 10건, B 지역 20건, C 지역 40건, D지역 5건, E 지역 10건으로 도입 수 증가량이 가장 작은 지역은 D 지역이다.

13 ④

2023년 대비 2024년의 X 기관의 기술 개발 증감률은 2%이고 설비 구축 증감률은 2.5%이므로 2023년의 기술 개발 투자액은 630억 ÷ 1.02 = 617.65억 원이고, 설비 구축 투자액은 740억 ÷ 1.025 = 721.95억 원이다. 두 투자액의 합은 1,339.6억 원이다. 2023년의 Y 기관의 기술 개발 투자액은 600억 ÷ 1.015 = 591.13억 원이고, 설비 구축 투자액은 780억 ÷ 1.02 = 764.7억 원이므로 두 투자액의 합은 1,355.83억 원으로 X기관보다 약 16억 원 많다.

[오답 체크]

① Z 기관의 설비 구축 투자액은 720억 원으로 가장 크며, 기술 개발 투자액과 설비 구축 투자액과의 차이는 720억 원 − 650억 원 = 70억 원이다.

② 인력 교육 부문에서 증감률이 가장 높은 기관은 1.2%로 Z 기관이며, 가장 낮은 기관은 0.5%로 Y 기관이다.

③ 품질 검사 부문은 세 기관 모두 전년 대비 증감률이 마이너스이므로 감소한 것을 알 수 있다.

⑤ Y 기관의 기술 개발 투자액은 600억 원이고, Z 기관의 투자액은 650억 원으로 50억 원이 적으며, 두 기관의 증감률 차이는 2.2% − 1.5% = 0.7%p다.

14 ⑤

전체 설치 수가 가장 많은 해는 2021년, 두 번째로 많은 해는 2019년이다. 2019년 기준으로 주거지역 설치 수는 1,400개이고 공공기관 설치 수는 480개이다. 따라서 1,400 ÷ 480 = 2.9배이다.

15 ③

영남권 2분기 증가폭은 5, 3분기 증가폭은 6, 4분기 증가폭은 5로 3분기에서 가장 크다.

[오답 체크]

① 수도권 1분기 지수는 102이고 4분기는 117로 15가 증가하였으므로 증가율은 $\frac{15}{102} \times 100 = 14.7\%$이다.

② 중부권의 1분기 소비자심리지수는 98로 100 미만이다.

④ 1분기 대비 4분기의 수도권 상승폭은 15, 중부권 상승폭은 15, 영남권 상승폭은 16으로 영남권이 가장 크다.

⑤ 3분기 수도권 소비자심리지수는 중부권보다 5 높다.

16 ③

장비 A의 구입비는 3,000이고 유지비 비율은 5%이다. (유지비 ÷ 3,000) = 0.05이므로 구입비는 150(천 원)이다. 장비 C의 유지비는 210이고 유지비 비율은 7%이다. (210 ÷ 구입비) = 0.07이므로 구입비는 3,000(천 원)이다. 따라서 장비 A의 구입비와 장비 C의 유지비의 합은 150 + 3,000 = 3,150(천 원)이다.

17 ④

각 회의실별 '예약 시간 미준수'로 인한 제한 건수는 다음과 같다.

A: 520 × 0.1 = 52건
B: 610 × 0.2 = 122건
C: 480 × 0.15 = 72건
D: 550 × 0.1 = 55건

따라서 총합은 52 + 122 + 72 + 55 = 301이다.

18 ①

㉠ A형 기관 수는 2020년부터 2023년까지 매년 증가하였다. (4,280 → 4,460 → 4,655 → 4,725)
㉡ 2020년 A형 기관 수에 1.1을 곱했을 때 4,725보다 작으면 10% 이상 증가한 것이다. 4,280 × 1.1 = 4,708이므로 2023년의 4,725는 2020년 대비 10% 이상 증가하였다.
㉢ B형 기관 수는 2022년에 감소하였다가 2023년에 다시 증가하였다.
㉣ 2023년 두 유형을 합친 총 기관 수는 4,725 + 1,493 = 6,218개이므로 6,100개 이상이다.

19 ①

2022년 대비 2023년의 평균 장학금 수령액의 증가금액이 가장 큰 학년은 3학년이다.

3학년의 증가율을 구하면 $\frac{439}{410} \times 100 = 107.07\%$이므로, 소수점 첫째자리에서 반올림하면 정답은 7%이다.

20 ③

㉠ 3월 생산량이 2월 대비 45% 이상이라면 2월 생산량 900에 1.45를 곱했을 때 1,300 미만이 나와야 한다. 900 × 1.45 = 1,305이므로 2월 대비 3월의 생산량 증가율은 45% 미만이다.
㉡ 불량률이 가장 높은 달은 6월이며, 6월의 생산량은 2월에 이어 두 번째로 적다.
㉢ 1월의 불량률은 3%이고 2월의 불량률은 2.5%로 1월의 불량률이 더 높으며, 1월의 생산량은 1,200이고 2월의 생산량은 900으로 1월의 생산량이 더 많다.
㉣ 3월 생산량 1,300에 0.75를 곱했을 때 나오는 값이 6월 생산량인 950보다 크면 25% 이상 감소한 것이다. 1,300 × 0.75 = 975이므로 25% 이상 감소하였다.

Chapter 03 창의수리

01	02	03	04	05	06	07	08	09	10
①	①	①	③	②	①	④	①	④	②
11	**12**	**13**	**14**	**15**	**16**	**17**	**18**	**19**	**20**
②	③	②	④	③	④	⑤	③	①	⑤

01 ①

책장의 수를 x개라고 두면 $7x+6=9(x-1)+30$이고, $x=6$이다. 따라서, 도서관이 구입한 책은 총 $7\times6+6=48$권이다.

02 ①

넣은 식초 원액의 양을 xg이라 두자. 12%의 식초물 300g에 들어있는 식초 원액의 양은 $\frac{12}{100}\times300=36$g이다. 또, 여기에 물을 더 넣어서 12% 농도가 되었으므로 $(520+x)$g의 식초물에 들어있는 식초 원액의 양은 $\frac{12}{100}(520+x)$이다. 즉, $\frac{12}{100}(520+x)=36+x$이므로, x는 30g이다.

03 ①

(1) 해설사는 A, B, C 세 전시관에 1명씩 배치해야 하므로 4명 중 3명을 뽑아서 배치하는 경우의 수는 다음과 같다.
$_4P_3=4\times3\times2=24$가지

(2) 관리요원은 A, B, C 세 전시관에 1명씩 배치해야 하므로 3명 중 3명을 뽑아서 배치하는 경우의 수는 다음과 같다.
$_3P_3=3\times2\times1=6$가지

따라서, 해설사와 관리요원을 배치하는 경우의 수는 $24\times6=144$가지이다.

04 ③

원금이 2,400,000원이고 중도해지 이율이 연 1.5%, 예치기간이 8개월 즉 $\frac{2}{3}$년이다. 따라서 세전 이자는

$2{,}400{,}000\times0.015\times\frac{8}{12}=24{,}000$원이다.

세전 이자이므로 이자 소득세인 $24{,}000\times0.15=3{,}600$원을 24,000원에서 제하면, 세후 이자는 20,400원이다.

05 ②

제빵사 A는 1시간 동안 100개의 케이크를 만들고 제빵사 B는 1시간 동안 150개의 케이크를 만들 수 있다. A와 B가 함께 3시간을 일했으므로, 총 750개의 케이크를 만들었으며, 나머지 450개의 케이크를 B가 혼자 만들었다. 이때 B는 3시간이 소요되므로 1,200개의 케이크를 만들기 위해 소요된 시간은 6시간이다.

06 ①

A와 B가 만날 때까지 이동시간은 15분으로 같으며 이는 $\frac{1}{4}$시간이다.

같은 지점에서 같은 방향으로 출발하여 15분 뒤에 다시 만났다고 하면 두 사람의 이동 거리의 차이가 호수의 둘레의 길이만큼 나기 때문에 이를 식으로 표현하면 다음과 같다.

A가 속력이 더 빠르기 때문에 A의 이동거리 − B의 이동거리 = 호수의 둘레이다.

즉, $2.2\times\frac{1}{4}-1.8\times\frac{1}{4}=0.4\times\frac{1}{4}=0.1$이다.

따라서 호수의 둘레는 0.1km = 100m이다.

07 ④

입장료 인상 전의 수익은 $15{,}000\times320=4{,}800{,}000$원이다.

입장료 인상 후 수익은 다음과 같다.

입장료를 20%를 인상했으므로 $15{,}000\times1.2=18{,}000$원이고, 관람객은 25%가 감소하였으므로 $320\times0.75=240$명이다.

따라서 예상 수익은 $18{,}000\times240=4{,}320{,}000$원이다.

이는 기존의 수익보다 480,000원이 감소한 것이다.

08 ①

1시간 동안 A는 물통의 $\frac{1}{20}$만큼, B는 물통의 $\frac{1}{30}$만큼 채울 수 있다. 하수구 C는 1시간 동안 물통의 $\frac{1}{60}$만큼을 비운다. 물통을 A와 B로 동시에 채우면서 C로 빠지도록

설정했을 때, 물통이 가득차기 위한 시간을 x시간이라 두면 $x\left(\frac{1}{20}+\frac{1}{30}-\frac{1}{60}\right)=1$이다. 따라서, $x=15$이다.

09 ④

일반 좌석의 단품 가격을 x원이라 두면, 프리미엄 좌석은 $2{,}000+x$원이다. 팝콘 세트와 함께 구매할 경우 각 좌석에 6,000원이 추가되므로, 일반 세트의 가격은 $6{,}000+x$원, 프리미엄 세트의 가격은 $8{,}000+x$원이다. 따라서 일반 세트 4개와 프리미엄 세트 1개를 구입하면 $4(6{,}000+x)+8{,}000+x=54{,}000$이다. 이를 계산하면 $x=4{,}400$이다. 일반 좌석의 단품 가격은 4,400원이다.

10 ②

두 사람이 이동한 시간을 x시간이라 두고, A의 이동거리와 B의 이동거리를 더했을 때 3.2km가 된다. A의 이동거리는 $4.8\times x$이고 B의 이동거리는 $3.2\times x$이다.

따라서, $4.8x+3.2x=3.2$이고, $x=0.4=\frac{2}{5}$이다.

즉, 두 사람은 $\frac{2}{5}$시간 후에 만난다.

11 ②

10%의 소금물 500g에 들어있는 소금의 양은 50g이다. 처음 덜어낸 소금물의 양을 xg이라 두면 여기에 포함된 소금의 양은 $\frac{1}{10}x$이다. 이 때 xg의 물을 다시 넣었더니 8%의 농도가 되었으므로 $50-\frac{1}{10}x=\frac{8}{100}\times 500$이다.

즉, x는 100g이다.

12 ③

A가 B를 두 번째로 추월한다는 것은 A가 B보다 두 바퀴를 빠르게 이동했다는 것이다. A가 B를 만났을 때의 시간을 x시간이라 두면 $6x-4.5x=6$이고 $x=4$이다. 따라서 4시간 후에 두 번째로 추월한다.

13 ②

비누를 낱개로 구입할 경우 개당 1,500원, 박스 단위로 구입할 경우 박스당 7,200원이다. 개별로 구입한 비누의 개수를 x개라고 두고, 박스 단위로 비누를 구입했을 때 박스의 수를 y개라고 두자. 총 28개의 비누를 구입했으므로 $x+6y=28$이다. 총 38,400원을 지불했으므로 $1{,}500x+7{,}200y=38{,}400$이다. 이를 정리하면 $y=2$, $x=16$이 나온다. 따라서 개별 구입한 비누의 개수는 16개이다.

14 ④

첫째 주에 고장이 발생할 확률은 25%, 즉 $\frac{1}{4}$이고, 고장이 발생하지 않을 확률은 $\frac{3}{4}$이다.

둘째 주에 고장이 발생할 확률은 20%, 즉 $\frac{1}{5}$이고, 고장이 발생하지 않을 확률은 $\frac{4}{5}$이다.

2주 동안 단 한 번만 고장날 수 있는 경우는 (1) 첫째 주에 고장, 둘째 주에 정상 작동하는 경우 (2) 첫째 주에 정상 작동, 둘째 주에 고장나는 경우로 총 2가지 경우이다.
각각의 확률을 구하면 다음과 같다.

(1) 첫째 주에 고장, 둘째 주에 정상 작동하는 경우의 확률

$$\frac{1}{4}\times\frac{4}{5}=\frac{1}{5}$$

(2) 첫째 주에 정상 작동, 둘째 주에 고장나는 경우의 확률

$$\frac{3}{4}\times\frac{1}{5}=\frac{3}{20}$$

따라서, 2주 동안 관수 시스템이 단 한 번만 고장날 총 확률은 $\frac{1}{5}+\frac{3}{20}=\frac{7}{20}$이다.

15 ③

A관은 1시간에 $\frac{1}{20}$만큼 물탱크를 채우고, B관은 1시간에 $\frac{1}{15}$만큼 물탱크를 채운다. C관은 1시간에 $\frac{1}{60}$만큼 물탱크를 비우기 때문에 3개의 관을 동시에 작동하여 물탱크의 $\frac{2}{3}$만 채웠을 때 시간을 x라고 두면,

$x\left(\frac{1}{20}+\frac{1}{15}-\frac{1}{60}\right)=\frac{2}{3}$이고 $x=\frac{20}{3}$이다.

즉, 6시간 40분이 소요된다.

16 ④

정가는 $18,000 \times 1.4 = 25,200$원이고, 여기서 20%를 할인하여 판매한 금액은 $25,200 \times 0.8 = 20,160$원이다. 개당 이익은 판매가에서 원가를 뺀 가격이므로 $20,160 - 18,000 = 2,160$원이다. 총 1,200개를 판매하였기 때문에 총 순이익은 $2,160 \times 1,200 = 2,592,000$원이다.

17 ⑤

A와 B가 반드시 붙어 앉아야 하므로 한 사람으로 생각하고 총 3명이 4개의 자리에 앉는 경우의 수를 구하면 된다. ${}_4P_3 = 24$가지인데 여기서 A와 B가 자리를 바꿔서 앉는 경우의 수 2가지를 고려하면 $24 \times 2 = 48$가지이다.

18 ③

세후 이자는 세전 이자의 85%이므로 세전 이자를 x라고 하면 $x \times 0.85 = 21,250$으로 $x = 25,000$이다. 즉 세전 이자는 25,000원이다.

이때 문제에서 구하는 이자율을 r%라고 하면 $800,000 \times r = 25,000$이고 $r = 25,000 \div 800,000 = 0.03125$ 즉 3.125%이다. 소수점 이하 둘째자리에서 반올림하면 연 이자율은 3.1%이다.

19 ①

농도가 20%인 소금물 4L에 들어있는 소금의 양은 $\frac{20}{100} \times 4 = \frac{4}{5}$L이고, 농도가 30%인 소금물에 들어있는 소금의 양은 $\frac{30}{100} \times 2 = \frac{3}{5}$L이다. 따라서 20%인 소금물 $(6+r)$L에 들어있는 소금의 양은 $\frac{20}{100} \times (6+r)$이므로, $\frac{3}{5} + \frac{4}{5} = \frac{120+20r}{100}$이다. $r = 1$이다.

즉 추가한 물의 양은 1L이다.

20 ⑤

집과 회사 사이 거리를 $r$km라고 두자. 회사로 갈 때와 올 때 왕복 54분이 걸렸으므로 $\frac{54}{60}$시간이 소요되었다. $\frac{r}{4} + \frac{r}{8} = \frac{54}{60}$이고, $r = 2.4$이다. 따라서 집과 회사의 거리는 2.4km이다.

Chapter 04 언어추리

01	02	03	04	05	06	07	08	09	10
⑤	⑤	③	①	⑤	①	④	②	⑤	④
11	**12**	**13**	**14**	**15**	**16**	**17**	**18**	**19**	**20**
③	②	④	①	②	④	③	①	③	②

01 ⑤

〈보기〉의 명제를 정리하면 다음과 같다. 정리한 결과와 각 명제를 대우 후 이어준 결과를 정리하면 다음과 같다. 표현을 정확히 하기 위해 각 명제를 대우했다고 하지만 결과 전체를 대우한다고 생각해도 무방하다.

[조끼 → ~점퍼 → 스타킹 → ~원피스 → 청바지 → ~넥타이]
[넥타이 → ~청바지 → 원피스 → ~스타킹 → 점퍼 → ~조끼]

① 조끼를 고르면 청바지를 고르지 않는다.
[조끼 → ~점퍼 → 스타킹 → ~원피스 → 청바지 → ~넥타이]에서 [조끼 → ~점퍼 → 스타킹 → ~원피스 → 청바지]에 의해 항상 거짓이라고 알 수 있다.

② 점퍼를 고르면 원피스를 고른다.
[넥타이 → ~청바지 → 원피스 → ~스타킹 → 점퍼 → ~조끼]에서 [점퍼 → ~조끼]만 알 수 있다. 점퍼를 고른다는 가정 아래에 원피스를 고르는지는 알 수 없다. 항상 참인지 거짓인지 알 수 없다.

③ 스타킹을 고르면 넥타이를 고른다.
[조끼 → ~점퍼 → 스타킹 → ~원피스 → 청바지 → ~넥타이]에서 [스타킹 → ~원피스 → 청바지 → ~넥타이]에 의해 항상 거짓이라고 알 수 있다.

④ 넥타이를 고르면 조끼를 고른다.
[넥타이 → ~청바지 → 원피스 → ~스타킹 → 점퍼 → ~조끼]에 의해 항상 거짓이라고 알 수 있다.

⑤ 청바지를 고르지 않으면 점퍼를 고른다.
[넥타이 → ~청바지 → 원피스 → ~스타킹 → 점퍼 → ~조끼]에서 [~청바지 → 원피스 → ~스타킹 → 점퍼]에 의해 항상 참이라고 알 수 있다.

03 기출동형 모의고사

02 ⑤

B는 D가 하는 말이 거짓이라고 한다. B의 말이 진실이면 D의 말은 거짓이고 B의 말이 거짓이면 D의 말은 진실이다. B와 D의 진술은 모든 경우에서 둘 중 1명이 진실을 말하고 나머지 1명이 거짓을 말하는 모순관계다.

C의 말이 거짓인 경우는 A와 D 둘 다 성과급을 받지 않는 경우다. 이는 D가 하는 말과 같다. 즉 C와 D의 진술은 모순관계이고 이는 드모르간의 법칙을 생각하면 바로 이해할 수 있다.

B vs D, C vs D의 구도다. 이를 종합하면 B와 C는 A부터 D까지 성과급을 받는 모든 경우에서 둘 다 진실을 말하거나 둘 다 거짓을 말한다고 알 수 있다. 둘 다 거짓을 말하는 경우는 문제에서 제시한 1명만 거짓을 말한다는 조건을 만족하지 않는다. 이에 따라 B, C는 정답인 경우에서 진실을 말하고 D는 거짓을 말한다.

D가 거짓이기에 A, B, C의 진술이 진실이다. A, C의 진술을 둘 다 진실로 만드는 경우는 D가 성과급을 받는 경우뿐이다.

[오답 체크]

A부터 D까지 성과급을 받는 모든 경우에서 A, B, C, D의 진술이 진실인지 거짓인지 정리하면 다음과 같다.

성과급 \ 진술	A	B	C	D
A	거짓	진실	진실	거짓
B	거짓	거짓	거짓	진실
C	진실	거짓	거짓	진실
D	진실	진실	진실	거짓

03 ③

C는 이어폰을 사고 헤드셋을 사지 않는다는 정보를 고정하고 시작하자.

D와 E는 같은 종류의 제품을 사지 않는다. 5명 모두 한 가지 이상을 사기 때문에 D가 2가지 종류의 제품을 사는 경우와 E가 2가지 종류의 제품을 사는 경우는 없다. D와 E는 각기 다른 제품을 1가지씩 산다. 단 D가 이어폰을 사는지 E가 이어폰을 사는지는 확정할 수 없다. 다시 말해 경우가 나뉜다.

헤드셋을 사는 사람이 이어폰을 사는 사람보다 많다. C, D, E 중 이어폰을 사는 사람은 2명이고 헤드셋을 사는 사람은 1명이다. A, B가 헤드셋을 사야지만 헤드셋을 사는 사람이 이어폰을 사는 사람보다 많다는 조건을 만족한다.

또한 A, B 중 1명 이상이 이어폰을 사게 되면 이어폰을 사는 사람의 수가 헤드셋을 사는 3명과 같거나 많다. 따라서 A, B는 이어폰을 사지 않는다.

[오답 체크]

아래와 같이 정리해도 되지만 사지 않는다는 정보를 확인하기 어렵다. 사지 않아서 정리하지 않은 것인지 아직 정보를 알지 못해서 정리하지 않은 것인지 헷갈리 십상이다.

이어폰: C, D/F

헤드셋: A, B, F/D

~A와 같이 사지 않는다는 정보를 표현하거나 다음과 같이 X 등으로 확실하게 표기하여 실수를 줄였으면 한다.

구분	A	B	C	D	E
이어폰	×	×	○		
헤드셋	○	○	×		

04 ①

D의 진술을 보면 D는 C의 진술이 진실이라고 한다. D의 진술이 진실이면 C의 진술도 진실이고 D의 진술이 거짓이면 C의 진술도 거짓이다. D와 C의 진술은 모든 경우에서 둘 다 진실로 진술하거나 둘 다 거짓으로 진술하는 동일관계다.

문제에서 1명만 진실을 말한다고 하니 D와 C는 A가 진급한 경우부터 E가 진급한 경우까지 5가지 경우 중 어떤 경우가 정답인지는 모르겠지만 정답인 경우에서 D와 C의 진술은 거짓이다.

여기서 풀이법은 2가지로 나뉜다. 1) A, B, E 중 1명만 진실인 경우로 나누어 풀기, 2) C의 진술이 거짓이기에 B 또는 C가 진급했다는 정보를 알 수 있으니 B가 진급한 경우와 C가 진급한 경우로 나누어 풀기이다. 진실/거짓으로 경우를 나누면 Action 기준의 경우(=A가 진급한 경우부터 E가 진급한 경우까지 5가지 경우)를 여러 번 검토하는 비효율이 있을 수 있으니 2)안으로 접근하겠다. 2)안으로 접근할 때 D, C의 진술은 정답인 경우에서 거짓이라고 알고 있으니 A, B, E 중 1명만 진실을 말하는지를 판별하면 되겠다.

1) B가 진급한 경우

A의 진술은 진실이고 B, E의 진술은 거짓이다. 조건을 만족한다. A가 진실로 진술하는 1명이다. 풀이를 마치자.

[오답 체크]

참고로 C가 진급한 경우 A, E의 진술이 진실이 되어 1명의 진술이 진실이라는 조건을 만족하지 않는다.

A가 진급한 경우부터 E가 진급한 경우까지 5가지 경우에서 A, B, C, D, E 진술의 진실/거짓 여부를 판별하면 다음과 같다.

진급 \ 진술	A	B	C	D	E
A	진실	진실	진실	진실	진실
B	진실	거짓	거짓	거짓	거짓
C	진실	진실	거짓	거짓	진실
D	진실	거짓	진실	진실	거짓
E	거짓	진실	진실	진실	거짓

05 ⑤

A와 D 사이에 1명이 산다. 그러면서 D보다 한 층 높은 층에 E가 산다. 이를 토대로 경우를 나누면 다음과 같다.

Case	1	2	3	4	5
1	A		D	E	
2	D	E	A		
3		A		D	E
4		D	E	A	
5			D	E	A

C는 B와 이웃한 층에 살지 않는다. 이를 토대로 Case 2, 5를 소거할 수 있다.

Case	1	2	3	4	5
1	A		D	E	
3		A		D	E
4		D	E	A	

B는 E보다 높은 층에 산다. Case 3을 소거하자. Case 1, 4 모두 5층에는 B가 산다.

[오답 체크]

문제에서 묻는 것은 항상 참이고 선택지에서는 각 층에 누가 사는지를 묻는다. 이를 토대로 문제의 상황과 〈보기〉의 조건을 만족하는 경우가 2가지 이상일 것이라 예상된다. 그래야만 오답이 존재한다. Case 1, 4 모두 5층에는 B가 산다는 점을 알고 풀이를 멈춘 이유다.

참고로 Case 1, 4를 끝까지 정리하면 다음과 같다.

Case	1	2	3	4	5
1	A	C	D	E	B
4	C	D	E	A	B

06 ①

A와 D를 마주 보는 자리에 앉히자. D와 E는 소속팀이 같다. B와 이웃한 오른쪽 자리에 C가 앉는다. 이를 기준으로 Case 1, 2를 나누면 다음과 같다.

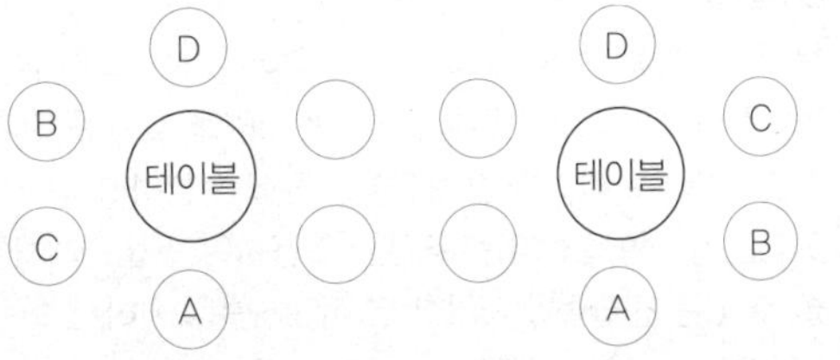

Case 1　　Case 2

남은 자리에 앉는 사람은 E와 F이다. F가 소속된 팀의 인원은 2명이다. Case 1, 2에서 F가 D와 인접한 자리에 앉는 경우 F가 소속된 팀의 인원은 2명이라는 조건에 의해 D, F가 같은 팀인 경우와 E, F가 같은 팀인 경우로 나뉜다. 그런데 이렇게 경우가 나뉘게 되면 D와 E의 소속팀이 같다는 조건을 만족하지 않는다. F는 남은 두 자리 중 D와 인접하지 않는 자리에 앉는다.

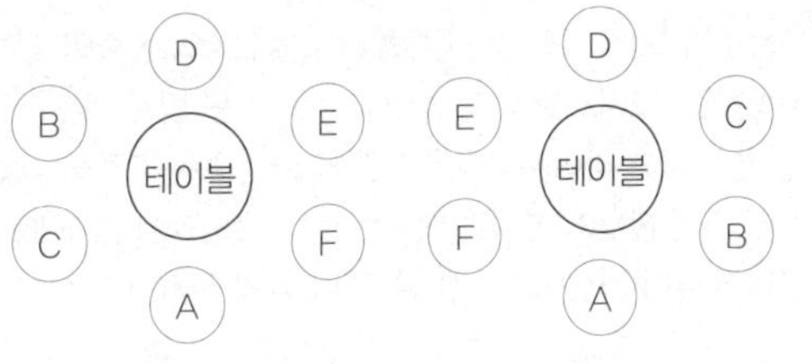

Case 1　　Case 2

선택지에서 묻는 건 특정 인물이 소속된 팀의 인원이다. F가 소속된 팀의 인원은 2명이다. Case 1, 2 모두 F와 이웃하게 앉는 사람은 A와 E이다. F와 A가 같은 팀일 수도 있고 F와 E가 같은 팀일 수도 있다. 이미 F와 E가 같은 팀일 수 없다는 것을 알고 있으니 F는 A와 같은 팀이라고 알 수 있다.

[오답 체크]
두 경우에서 3명인 팀, 2명인 팀, 1명인 팀에 속하는 사람이 누구인지 정리하면 다음과 같다.

Case 1	Case 2
3명: B, D, E 2명: F, A 1명: C	3명: E, D, C 2명: F, A 1명: B

07 ④

[치트키]
문제에서 묻는 건 보너스를 받은 2명이다. 보너스를 받은 2명은 진실을 말하니 진실을 말하는 2명을 찾는 문제다. 진술관계와 보너스를 받은 2명은 진실을 말하고 나머지 3명은 거짓을 말한다는 조건을 활용하여 진술관계처럼 쓸 수 있는 진술들을 파악한 뒤 선택지를 소거하자.
C와 D의 진술이 동일관계 → ①, ③번 소거
A와 E의 진술을 모순관계처럼 → ②, ③, ⑤번 소거
E와 C의 진술을 모순관계처럼 → ③번 소거

[일반풀이]
C는 D가 진실을 말한다고 한다. C의 진술이 진실이면 D의 진술도 진실이고 C의 진술이 거짓이면 D의 진술도 거짓이다. C와 D의 진술은 5명 중 2명이 보너스를 받은 10가지 경우 모두에서 둘 다 진실을 말하거나 둘 다 거짓을 말한다.
A는 E가 보너스를 받지 않았다고 한다. A의 진술이 진실이면 E는 보너스를 받지 않았다. 보너스를 받은 2명은 진실을 말하고 나머지 3명은 거짓을 말한다는 조건을 고려하면 A의 진술이 진실일 때 E는 보너스를 받지 않게 되어 E의 진술이 거짓이라고 알 수 있다. A의 진술이 거짓이면 E는 보너스를 받았고 보너스를 받았기에 E의 진술이 진실이라고 알 수 있다. A와 E는 엄밀하게 모순관계는 아니지만 보너스를 받은 2명은 진실을 말하고 나머지 3명은 거짓을 말한다는 조건에서는 모순관계처럼 쓸 수 있다.
A의 진술을 토대로 A와 E의 진술을 모순관계처럼 쓸 수 있다는 점을 파악한 과정처럼 E의 진술을 토대로 E와 C의 진술을 모순관계처럼 쓸 수 있다고 알 수 있다.
진술의 상태가 진실과 거짓으로 나뉜다. 상태가 이분법적이니 진술관계 및 진술관계처럼 쓸 수 있는 진술을 토대로 편을 나눠보면 다음과 같다.
C, D, A vs E
C, D, A는 문제에서 제시한 조건을 모두 만족하는 경우에서 셋 다 진실을 말하거나 셋 다 거짓을 말한다. 문제에서 2명이 진실을 말한다고 했으니 C, D, A의 진술은 거짓이고 B, E의 진술이 진실이라고 알 수 있다.

[오답 체크]
선택지에서 제시한 5가지 경우에서 A, B, C, D, E의 진술이 진실인지 거짓인지 정리하면 다음과 같다.

진술 \ 보너스	A	B	C	D	E	진실
① A, C	진실	거짓	거짓	거짓	거짓	1명
② A, E	거짓	진실	거짓	거짓	진실	2명
③ B, D	진실	거짓	진실	진실	진실	4명
④ B, E	거짓	진실	거짓	거짓	진실	2명
⑤ C, D	진실	거짓	거짓	거짓	거짓	1명

② A, E가 보너스를 받은 경우와 ④ B, E가 보너스를 받은 경우 모두 진실을 말하는 사람이 2명이다. ② A, E가 보너스를 받은 경우를 보면 진실을 말하는 2명은 B와 E이다. 보너스를 받은 2명은 진실을 말하고 나머지 3명은 거짓을 말한다는 조건을 만족하지 않는다.

08 ②

세상엔 먹을 게 참 많다. 〈보기〉의 명제를 정리하면 다음과 같다. 참고로 'V'의 표현은 OR를 뜻한다.
[~쿠키 → 도넛 → (타르트 V 스무디)]
[스무디 → ~랑그드샤]
[타르트 → 케이크 → ~마카롱]

① 마카롱을 먹으면 쿠키를 먹지 않는다.
[마카롱 → ~케이크 → ~타르트]까지는 확인할 수 있다. 그런데 타르트를 먹지 않는다고 하여 도넛을 먹지 않는지는 알 수 없다. [도넛을 먹으면 타르트 또는 스무디를 먹는다]를 대우하면 [스무디를 먹지 않고 타르트를 먹지 않으면 도넛을 먹지 않는다]인데 스무디를 먹는지 먹지 않는지를 알 수 없다. 항상 참인지 거짓인지 알 수 없다.

② 마카롱과 랑그드샤를 먹으면 쿠키를 먹지 않는다.
[스무디 → ~랑그드샤]에 의해 스무디를 먹지 않는다고 알 수 있다. 또한 [타르트 → 케이크 → ~마카롱]에 의해 타르트도 먹지 않는다고 알 수 있다.

[~쿠키 → 도넛 → (타르트 ∨ 스무디)]를 주목하자. [도넛을 먹으면 타르트 또는 스무디를 먹는다]를 대우하면 [스무디를 먹지 않고 타르트를 먹지 않으면 도넛을 먹지 않는다]이다. 이미 스무디와 타르트를 먹지 않는다고 알고 있다. 이에 따라 도넛을 먹지 않으니 쿠키를 먹는다고 알 수 있다.

③ 랑그드샤를 먹으면 마카롱을 먹는다.
명제를 정리한 두 결과를 이어줄 수 있는 명제가 없다. 랑그드샤를 먹는지 먹지 않는지에 따라 마카롱을 먹는지 먹지 않는지를 알 수 없다. 항상 참인지 거짓인지 판단할 수 없다.

④ 타르트를 먹지 않으면 랑그드샤를 먹지 않는다.
타르트를 먹지 않는다고 하여 스무디를 먹는지 아닌지를 알 수 없다. 이에 따라 랑그드샤를 먹는지 먹지 않는지도 판단할 수 없다. 항상 참인지 거짓인지 알 수 없다.

⑤ 도넛을 먹으면 타르트를 먹는다.
도넛을 먹으면 타르트 또는 스무디를 먹는다. 도넛을 먹는다는 가정 아래에 3가지 경우로 나뉜다. 1) 타르트를 먹고 스무디를 먹지 않는 경우 2) 타르트를 먹지 않고 스무디를 먹는 경우 3) 타르트와 스무디를 먹는 경우이다. 따라서 항상 참인지 거짓인지 알 수 없다.

09 ⑤

변수가 사람, 학년, 전공으로 3가지이다. 사람을 기준으로 전공도 하나, 학년도 하나이니 각 행에 학년, 전공, 사람의 값을 넣으며 풀어보자. 〈보기〉의 조건에서 학년이 높다/낮다를 제시하니 학년을 기준으로 삼아보자.
C를 3학년에 고정하자. 이후 국문학을 전공하는 사람보다 두 학년이 높은 사람은 영문학을 전공한다는 조건을 토대로 경우를 나누면 다음과 같다.

학년	1	2	3	4
전공	국문		영문	
사람			C	

Case 1

학년	1	2	3	4
전공		국문		영문
사람			C	

Case 2

A는 중문학을 전공한다. Case 1은 A가 2학년인 경우와 4학년인 경우로 나뉜다. Case 2에서 A는 1학년이다. A를 정리 후 남은 전공에 일문학을 채우자.

학년	1	2	3	4
전공	국문	중문	영문	일문
사람		A	C	

Case 1.1

학년	1	2	3	4
전공	국문	일문	영문	중문
사람			C	A

Case 1.2

학년	1	2	3	4
전공	중문	국문	일문	영문
사람	A		C	

Case 2

B는 D보다 학년이 높다는 정보를 정리하면 D는 모든 경우에서 국문학을 전공한다고 알 수 있다. 세 경우 모두 D는 국문학을 전공한다.

10 ④

한 인물을 기준으로 2번의 진술을 토대로 두 진술이 진실인 경우와 두 진술이 거짓인 경우를 찾으며 풀이해도 되지만 A, B, C가 상품을 구매하는 경우가 (A:가, B:나, C:다), (A:가, B:다, C:나), (A:나, B:가, C:다), (A:나, B:다, C:가), (A:다, B:가, C:나), (A:다, B:나, C:가)로 다소 복잡하다. 모순관계 등을 찾으며 실수하기 십상이다. 선택지에서 제시한 5가지 경우를 토대로 한 인물의 2번의 진술 중 하나의 진술은 참이고 나머지 진술은 거짓인지 확인하자.
참고로 '① A는 (다)를 구매한다.'는 (A:다, B:가, C:나), (A:다, B:나, C:가)를 둘 다 가리키는 표현이다. 문제에서 항상 참인 것을 고르라고 했으니 성립하지 않는 반례를 찾아 소거하자. 해설에서 제시한 반례는 풀이하며 찾은 반례와 다를 수 있다.

① A는 (다)를 구매한다.
(A:다, B:가, C:나)의 경우 B의 두 진술이 진실이다. 소거하자.

② B는 (가)를 구매한다.
①번을 검토하며 확인한 (A:다, B:가, C:나)의 경우 덕분에 바로 소거할 수 있다.

③ B는 (나)를 구매한다.
(A:가, B:나, C:다)의 경우 B의 두 진술이 거짓이다. 소거하자.

⑤ C는 (다)를 구매한다.
③번을 검토하며 확인한 (A:가, B:나, C:다)의 경우 덕분에 바로 소거할 수 있다.

[오답 체크]
A, B, C가 각자 물건을 서로 겹치지 않게 구입하는 6가지 경우에서 6개의 진술이 진실인지 거짓인지 정리하면 다음과 같다. A의 첫 번째 진술을 A1, 두 번째 진술을 A2와 같이 간략히 표현했다. B, C도 마찬가지다.

진술 / Case	A1	A2	B1	B2	C1	C2
A:가, B:나, C:다	참	거짓	거짓	거짓	거짓	거짓
A:가, B:다, C:나	참	거짓	참	거짓	참	참
A:나, B:가, C:다	거짓	거짓	참	거짓	거짓	거짓
A:나, B:다, C:가	참	거짓	참	거짓	거짓	참
A:다, B:가, C:나	거짓	참	참	참	거짓	참
A:다, B:나, C:가	참	거짓	거짓	참	거짓	참

11 ③

B는 관악산을 오르거나 삼악산을 오른다. 그러면서 C는 설악산을 오르지 않는다. C가 오를 수 있는 산은 관악산, 치악산, 삼악산이다. 두 정보를 종합하여 경우를 나누면 다음과 같다.

Case	A	B	C	D
1		관	치	
2		관	삼	
3		삼	관	
4		삼	치	

C가 치악산을 오른다면 D는 관악산을 오른다. Case 1, 4에서 D는 관악산을 오른다. 그런데 Case 1에서 관악산을 오르는 사람이 B와 D로 2명이다. 같은 산을 오르는 사람은 없다는 조건을 만족하지 않는다. 소거하자. Case 4에서 D가 관악산을 오르니 A는 설악산을 오른다.

Case	A	B	C	D
2		관	삼	
3		삼	관	
4	설	삼	치	관

D가 설악산을 오른다면 A는 삼악산을 오른다. Case 2와 3 모두 D가 설악산을 오르는 경우와 치악산을 오르는 경우로 나뉜다. D가 설악산을 오르는 경우 A는 삼악산을 오른다는 조건에 의해 A가 삼악산을 오르게 되는데 삼악산을 오르는 사람이 A, C 혹은 B, C로 2명이 된다. 따라서 Case 2, 3의 D는 치악산을 오른다.

Case	A	B	C	D
2	설	관	삼	치
3	설	삼	관	치
4	설	삼	치	관

12 ②

[치트키]
여자 1명, 남자 1명이 짝을 지어 구성하고 인원은 총 6명이다. 조는 총 3개라고 알 수 있다. E와 D가 여자다. A와 B의 성별이 다르다. A와 B 중 1명이 여자다. 누가 여자인지는 알 수 없으니 A/B로 표기하겠다. 여자는 E, D, A/B이다. 이에 따라 남자는 C, F, B/A라고 알 수 있다. C와 F는 같은 조를 구성할 수 없다.

[일반풀이]
[치트키]에서 여자와 남자를 정리한 뒤의 풀이이다. 각 조에 E, D, A/B를 고정하자 이후 C와 E가 같은 조가 아니라는 조건을 토대로 D와 C가 같은 조인 경우와 A/B와 C가 같은 조인 경우로 나눠보자.
이후 남은 인원을 토대로 경우를 나누면 다음과 같다.

E, B/A
D, C
A/B, F

Case 1.1

E, F
D, C
A/B, B/A

Case 1.2

E, B/A
D, F
A/B, C

Case 2.1

E, F
D, B/A
A/B, C

Case 2.2

13 ④

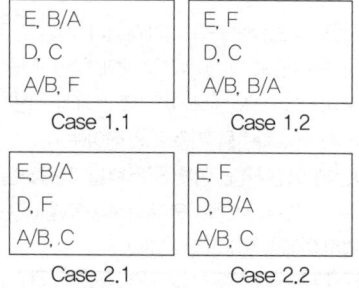

B와 C의 진술은 엄밀하게 모순관계는 아니지만 모순관계처럼 쓸 수 있다. B의 진술이 진실이면 E의 등수가 4등이다. 이에 A의 등수가 4등이라 말하는 C의 진술이 거짓이다. C의 진술이 진실이면 A의 등수가 4등이기에 B의 진술이 거짓이다. B와 C의 진술은 둘 다 진실일 수 없다.

A, E가 아닌 다른 사람의 등수가 4등인 경우와 같이 B, C 둘 다 거짓을 말하는 경우도 있지만 문제에서 제시한 5명 중 1명의 진술만 거짓이라는 조건을 만족하지 않는다.

B와 C의 진술은 문제에서 5명 중 1명의 진술만 거짓이라는 조건을 만족하는 경우에서 모순관계처럼 둘 중 1명의 진술은 진실이고 나머지 1명의 진술은 거짓이다.

조건을 만족하는 경우에서 B, C 중 1명의 진술이 거짓이다. A, D, E의 진술은 진실이다. A, D, E의 진술을 종합하면 다음과 같다.

1	2	3	4	5
	C	B		E

E의 등수는 5등이다. B의 진술이 거짓이고 C의 진술이 진실이다. A는 4등이고 D는 1등이다.

1	2	3	4	5
D	C	B	A	E

14 ①

〈보기〉의 명제를 정리하면 다음과 같다.

[F > D > C > B]

[F > D > A]

[E > C > B]

[F > D > C > B]에 의해 F는 B보다 성적이 높다고 알 수 있다.

[오답 체크]

반례를 들면 다음과 같다. 여러 반례가 있기에 해설에서 제시한 반례가 문제를 풀이하며 찾은 반례와 다를 수 있다. 참고로 ④의 반례가 여럿인 이유는 [F > D > C > B]에 의해 항상 거짓이기 때문이다.

②, ④, ⑤의 반례: [F > E > D > A > C > B]

③, ④의 반례: [E > F > D > C > B > A]

15 ②

B를 2호에 고정하자. 이후 A와 이웃한 우측 호실에 묵는 직원이 D라는 조건을 토대로 경우를 나누면 다음과 같다.

Case	1호	2호	3호	4호	5호	6호
1		B	A	D		
2		B		A	D	
3		B			A	D

C와 E의 소속팀이 같다. 각 팀의 인원은 3명, 2명, 1명이고 F와 같은 팀인 직원은 없다. C, E가 소속된 팀의 인원이 3명인 경우와 2명인 경우로 나뉜다. 또한 C와 E가 소속된 팀의 인원이 2명이라면 C와 E는 반드시 이웃한 호실에 묵겠지만 C와 E가 소속된 팀의 인원이 3명이라면 C와 E가 이웃한 호실에 묵을 수도 있지만 C, X, E와 같이 C와 E 사이에 1명이 묵을 수도 있다. 이를 고려하여 C와 E를 배치하고 남은 1개 호실에 F를 배치하면 다음과 같다. C와 E가 묵는 호실을 바꿀 수 있기에 C/E 또는 E/C로 표기했다.

Case	1호	2호	3호	4호	5호	6호
1	F	B	A	D	C/E	E/C
2	C/E	B	E/C	A	D	F
3.1	C/E	B	E/C	F	A	D
3.2	F	B	C/E	E/C	A	D

Case 1에서 C와 E가 소속된 팀의 인원이 2명인 경우와 3명인 경우로 나뉜다. Case 2, 3.1에서는 C, E, B가 같은 팀으로 C와 E가 소속된 팀의 인원이 3명일 수밖에 없다. Case 3.2에서 C와 E가 소속된 팀의 인원이 2명이라면 A, D, B가 같은 팀 소속이어야 하는데 소속팀이 같은 직원끼리 이웃한 호실에 묵는다는 조건을 만족하지 않는다. Case 3.2에서도 Case 2, 3.1과 같이 C, E, B가 같은 팀이다.

Case	1호	2호	3호	4호	5호	6호
1.1	F 1명	B 2명	A 2명	D 3명	C/E 3명	E/C 3명
1.2	F 1명	B 3명	A 3명	D 3명	C/E 2명	E/C 2명
2	C/E 3명	B 3명	E/C 3명	A 2명	D 2명	F 1명
3.1	C/E 3명	B 3명	E/C 3명	F 1명	A 2명	D 2명
3.2	F 1명	B 3명	C/E 3명	E/C 3명	A 2명	D 2명

16 ④

A는 B가 거짓말을 하지 않는다고 한다. A의 말이 진실이면 B의 말도 진실이고 A의 말이 거짓이면 B의 말도 거짓이다. Action 기준 모든 경우(=5명 중 2명이 퇴사자인 10가지 경우)에서 A, B의 진술은 둘 다 거짓이거나 둘 다 진실인 동일관계다.

D는 C가 퇴사하지 않았다고 한다. 문제에서 퇴사한 2명은 거짓을 말하고 퇴사하지 않은 3명은 진실을 말한다고 한다. D의 진술이 진실이면 C는 퇴사하지 않았고 퇴사하지 않았으니 진실을 말한다. D의 진술이 거짓이면 C는 퇴사했고 퇴사했으니 거짓을 말한다. D와 C의 진술은 퇴사한 2명은 거짓을 말하고 퇴사하지 않은 3명은 진실을 말한다는 조건을 만족하는 경우 안에서 둘 다 진실을 말하거나 둘 다 거짓을 말한다. 엄밀하게 동일관계는 아니지만 동일관계처럼 쓸 수 있다.
문제에서 거짓말을 하는 사람은 퇴사자가 2명이기에 2명이다. A, B가 거짓을 말하거나 C, D가 거짓을 말하는 경우로 나뉜다. 두 경우 모두 E는 진실을 말한다.
E의 진술이 진실이니 D가 거짓을 말한다고 알 수 있다. 더불어 동일관계처럼 쓸 수 있는 C도 거짓이다.

[오답 체크]
5명 중 2명이 퇴사자인 10가지 경우는 너무 많다. 선택지에서 제시한 5가지 경우를 토대로 A, B, C, D, E 진술의 진실/거짓 여부를 판별하면 다음과 같다.

퇴사 \ 진술	A	B	C	D	E	거짓
① A, B	거짓	거짓	진실	진실	거짓	3명
② A, E	거짓	거짓	거짓	진실	거짓	4명
③ B, C	거짓	거짓	거짓	거짓	진실	4명
④ C, D	진실	진실	거짓	거짓	진실	2명
⑤ D, E	진실	진실	거짓	진실	거짓	2명

④ C, D가 퇴사한 경우와 ⑤ D, E가 퇴사한 경우 둘 다 거짓을 말하는 사람이 2명이다. 그런데 ⑤ D, E의 경우에서는 거짓을 말하는 2명이 C와 E이다. 퇴사한 2명은 거짓을 말하고 퇴사하지 않은 3명은 진실을 말한다는 조건을 만족하지 않는다.

17 ③

문제에서 묻는 건 1층에서 근무하는 사람이다. A보다 높은 층이며 B보다 낮은 층에 근무하는 직원이 2명이라는 조건을 토대로 A가 1층, B가 4층에 근무하는 경우와 A가 2층, B가 5층에 근무하는 경우로 나뉜다.
C는 A보다 낮은 층에서 근무한다. A가 1층, B가 4층에 근무하는 경우는 C는 A보다 낮은 층에서 근무한다는 조건을 만족하지 않는다. 따라서 1층에서 근무하는 사람은 C이다.

[오답 체크]
5명이 빌딩에서 근무하는 경우를 모두 정리하면 다음과 같다.

1층	2층	3층	4층	5층
C	A	D	E	B
C	A	E	D	B

18 ①

재무팀이면서 홍보팀인 사원이 존재한다는 명제를 통해 재무팀과 홍보팀이라는 개념이 교집합을 이룬다고 알 수 있다. 나머지 두 명제를 정리하면 [홍보팀 → 창의력 → 실행력]이다. 이는 부분집합을 의미한다.
이를 토대로 재무팀인 어떤 사원이 실행력이 뛰어나다고 알 수 있다. 이해를 돕기 위해 벤 다이어그램으로 정리 후 정답이 되는 부분이면서 항상 존재하는 부분을 색칠하면 다음과 같다.

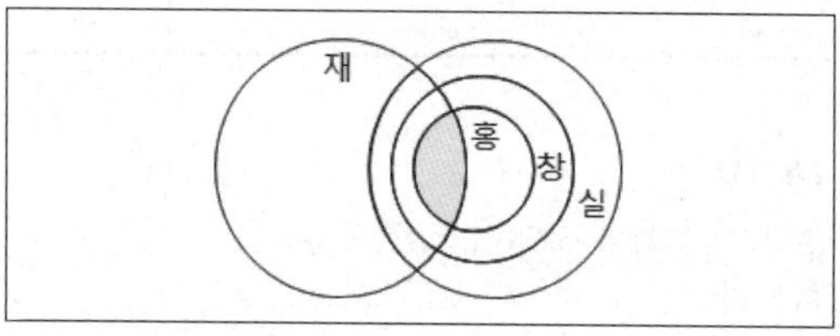

[오답 체크]
항상 참이라고 할 수 없는 이유를 정리하면 다음과 같다.

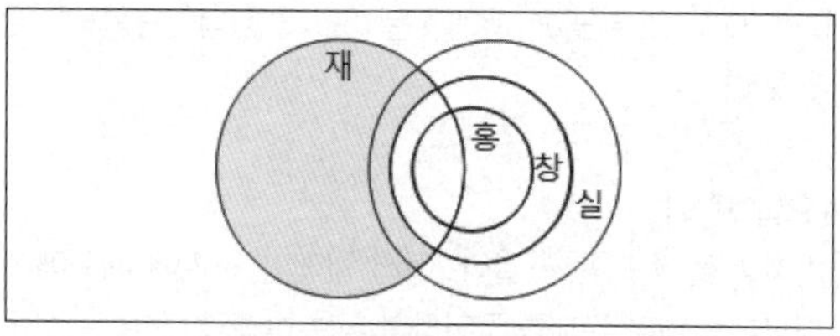

②의 반례

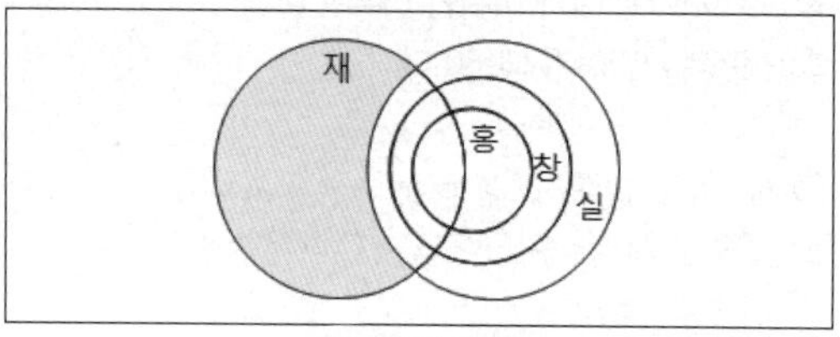

③, ⑤의 반례

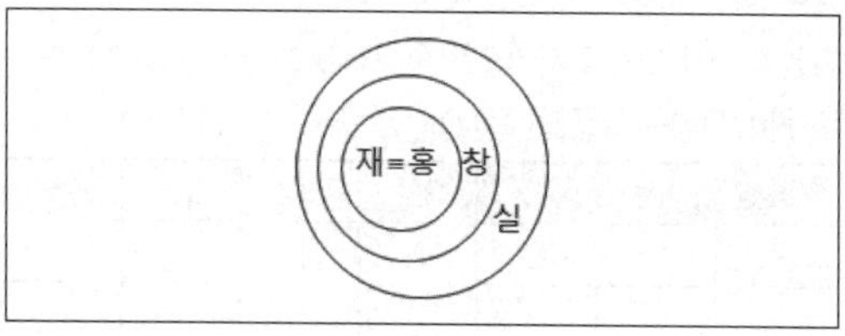

④의 반례

[다른 풀이]

SKCT에서는 잘 설명하지 않지만 참고를 위해 GSAT에서 자주 다루는 '삼단논법, 어모어'로 해설하겠다. 상세하게 설명하지 않고 어모어를 알고 있다는 가정하에 간략히 정리하겠다.

[재무팀이면서 홍보팀인 사원이 존재]: 재무/어떤/홍보
[홍보팀 → 창의력 → 실행력]: 홍보 → 실행

작: 홍보
큰: 실행
거: 재무

결론: '실행/어떤/재무' 또는 '재무/어떤/실행'

19 ③

2번의 진술 중 1번의 진술이 진실이고 1번의 진술이 거짓이다. A, B, C의 2번의 진술에서 1번의 진술이 진실이고 1번의 진술이 거짓이 아닌 경우를 찾아보자.
A의 두 진술은 B가 30대인 경우 두 진술 모두 진실이다. A의 두 진술은 A가 30대인 경우 모두 거짓이다. (가), (나), (다)로 제시한 보기와 선택지를 보면 A, B, C 중 1명이 30대이며 조건을 만족하는 경우는 1가지 이상이어야 하는데 A가 30대인 경우와 B가 30대인 경우 둘 다 조건을 만족하지 않는다. 즉 C가 30대인 경우만 조건을 만족한다고 알 수 있다.

[오답 체크]

A, B, C 중 1명이 30대인 3가지 경우에서 6개의 진술이 진실인지 거짓인지 정리하면 다음과 같다. A의 첫 진술을 A1, 두 번째 진술을 A2와 같이 간략히 표현했다. B, C도 마찬가지다.

30대 \ 진술	A1	A2	B1	B2	C1	C2
A	거짓	거짓	거짓	거짓	거짓	진실
B	진실	진실	진실	진실	거짓	거짓
C	진실	거짓	진실	거짓	진실	거짓

20 ②

2행 2열의 사물함에 5를 부여한다. 같은 열이며 아래쪽인 사물함이 위쪽인 사물함보다 번호가 크다. 이 조건을 토대로 3행 2열의 사물함의 번호가 6이라고 알 수 있다.
3번을 부여한 사물함과 4번을 부여한 사물함은 서로 다른 열에 있다. 2열에 있는 3개의 사물함 중 2개 사물함을 알고 있다. 1행 2열의 사물함이 3번을 부여한 사물함인 경우와 4번을 부여한 사물함인 경우로 나뉜다.

	3/4
	5
	6

남는 사물함 번호는 1번, 2번과 4/3번 중 하나로 셋이다. 같은 열이며 아래쪽인 사물함이 위쪽인 사물함보다 번호가 크다는 조건에 의해 1행 1열의 사물함이 1번이고 2행 1열의 사물함이 2번이라고 알 수 있다.

1	3/4
2	5
4/3	6

Chapter 05 수열추리

01	02	03	04	05	06	07	08	09	10
②	①	③	⑤	④	③	③	⑤	④	①
11	**12**	**13**	**14**	**15**	**16**	**17**	**18**	**19**	**20**
②	③	⑤	①	③	②	⑤	④	⑤	③

01 ②

주어진 수열은 홀수 항과 짝수 항에 각기 다른 규칙이 적용되는 수열로, 홀수 항은 공차가 + 2인 등차수열이고 짝수 항은 공차가 + 4인 등차수열이다. 따라서 A = 11 + 4 = 15, B = 8 + 2 = 10이므로 A + B = 25이다.

02 ①

주어진 수열은 공비가 × 3인 등비수열이다. 따라서 A = 54 × 3 = 162, B = 486 × 3 = 1,458이므로 B − A = 1,296이다.

03 ③

주어진 수열은 분자가 + 1, 분모가 + 2씩 증가하는 수열이다. 따라서 8번째 항의 분자는 1 + (1 × 7) = 8이고 분모는 3 + (2 × 7) = 17이다.

04 ⑤

주어진 수열은 ÷ 2와 × 3이 교대로 반복되는 수열이다. 따라서 빈 칸에 들어갈 숫자는 12.375 ÷ 2 = 6.1875이다.

05 ④

주어진 수열은 세 개의 항씩 묶어 규칙을 가지는 군수열로 '1항 × 2항 = 3항'인 규칙을 가진다. 따라서 빈 칸에 들어갈 값은 17 × 5.5 = 93.5이다.

06 ③

주어진 수열은 홀수 항과 짝수 항이 각각 공비가 6인 등비수열이다. 9번째 항은 홀수 항이므로 216 × 6 = 1,296이다.

07 ③

주어진 수열은 주어진 수열은 '(n)항 + (n + 1)항 = (n + 2)항'의 규칙을 가지는 피보나치수열이다. 따라서 빈 칸에 들어갈 값은 $\frac{17}{14}+\frac{27}{14}=\frac{44}{14}$ 즉, $\frac{22}{7}$이다.

08 ⑤

주어진 수열은 제곱과 ÷ 2를 교대로 반복하는 수열이다. 따라서 A = 512 × 512 = 262,144, B = 262,144 ÷ 2 = 131,072이므로 A + B = 393,216이다.

09 ④

주어진 수열은 공비가 − 2인 등비수열이다. 따라서 빈 칸에 들어갈 값은 224 × (− 2) = − 448이다.

10 ①

주어진 수열은 홀수 항과 짝수 항에 각기 다른 규칙이 적용되는 수열로, 홀수 항은 공비가 ×3인 등비수열이고 짝수 항은 공차가 + 1인 등차수열이다. 따라서 10번째 항의 값은 8번째 항인 44에 1을 더한 45이다.

11 ②

주어진 수열은 분모가 + 1, 분자가 ×2씩 증가하는 수열이다. 따라서 빈 칸에 들어갈 값은 $\frac{32 \times 2}{6+1}=\frac{64}{7}$이다.

12 ③

주어진 수열은 − 5와 + 15를 교대로 반복하는 수열이다. 따라서 9번째 항의 값은 165 + 15 − 5 + 15 = 190이다.

13 ⑤

주어진 수열의 각 항은 n = 2(n − 1) − 1이다. 따라서 A = (2 × 17) − 1 = 33, B = (2 × 65) − 1 = 129이므로 A + B = 162이다.

14 ①

주어진 수열은 공비가 ×0.5인 등비수열이다. 따라서 6번째 항의 값은 0.03125 × 0.5 = 0.015625이다.

15 ③

주어진 수열은 $\pm n^2$이 교대로 등장한다. 즉 1번째 항은 $+(1^2)=1$이고 2번째 항은 $-(2^2)=-4$이다. 따라서 8번째 항은 $-(8^2)=-64$이다.

16 ②

주어진 수열은 공차가 -24인 등차수열이다. 따라서 9번째 항은 $456-(24\times 8)=264$이다.

17 ⑤

주어진 수열은 $\times(-2)$와 $+6$을 교대로 반복하는 수열이다. 따라서 빈 칸에 들어갈 값은 $12+6=18$이다.

18 ④

주어진 수열은 세 개의 항씩 묶어 규칙을 가지는 군수열로 '1항 × 3항 = 2항'인 규칙을 가진다. 따라서 빈 칸에 들어갈 값은 $41\times 6=246$이다.

19 ⑤

주어진 수열은 분모를 20으로 통분하면 분자가 계차수열의 형태를 보인다.

$\frac{5}{20}\quad \frac{6}{20}\quad \frac{8}{20}\quad \frac{11}{20}\quad \frac{15}{20}$

인접한 분자간 차이가 초항이 1, 공차가 1인 계차수열이므로 8번째 항의 분자는 33, 분모는 20이다.

20 ③

주어진 수열은 공비가 $\times 4$인 등비수열이다. 따라서 8번째 항은 $2.1\times 4^7=34{,}406.4$이다.

03

기출동형 모의고사

M·E·M·O

2025 하반기 SKCT 봉투모의고사

PACK-SKCT-DZ64-C51W

본 쿠폰은 도서 구매자 본인만 사용하도록 발급된 것으로
이를 무단으로 배포하거나 공유할 경우 저작권법 제136조 및
관련 법령에 따라 민형사상 책임을 물을 수 있습니다.

• 도서 구매 혜택 쿠폰 패키지 등록 방법
– 렛유인 홈페이지(www.letuin.com) 접속 → 로그인 → 메인 페이지 상단 [닉네임 → 할인쿠폰] 클릭 → 쿠폰번호 입력
※ 쿠폰번호는 대소문자를 구별하고, 하이픈(–)을 포함하여 입력
※ 쿠폰 사용은 등록 후 6개월까지 가능

• 온라인 모의고사 응시 방법
– 쿠폰 등록 → 메인 페이지 상단 [내 강의실] → [온라인 시험관] → 시험 응시
※ 모의고사 응시와 관련하여 문의사항이 있으신 경우, 렛유인 사이트 1:1문의 게시판으로 문의 부탁드립니다.

• 도서 정오표 확인 방법
– 렛유인 홈페이지 접속(www.letuin.com) → [렛–Book] → [도서 정오표 확인] 클릭 → 카페에서 정오표 파일 다운로드

• 도서 오류 제보 방법
– 아래 QR코드를 통해 구글폼 접속 → 제보할 오류 위치 및 상세내용 기재 후 전달 → 담당자 확인 후 개별 안내 진행

2025 하반기

렛유인 | SKCT Final 봉투모의고사

초판 1쇄 발행

발 행 일 2025년 9월 10일
지 은 이 주영훈, 렛유인연구소
펴 낸 곳 렛유인에듀
총 괄 김근동
편 집 김혜림
표지디자인 김나희
홈 페 이 지 https://letuin.com
이공계 커뮤니티 이공모아
인스타그램 @letuin_official
유 튜 브 취업사이다
이 메 일 letuin@naver.com
대 표 전 화 1668-1362

LEtuin

2025
하반기

SK그룹 종합역량검사

제03회

기출동형 모의고사

영역	문항 수	시간
언어이해	20	15분
자료해석	20	15분
창의수리	20	15분
언어추리	20	15분
수열추리	20	15분

※ 2025년 상반기 기준 출제 문항 수와 시험 응시 시간입니다.

SK 취업은 렛유인

Chapter 01 언어이해

문항수 20문항 | 제한시간 15분

해설 p.43

01 다음 글의 제목으로 가장 적절한 것은?

서구 문화에서 '진리'에 대한 논의는 끊임없는 중심의 해체와 재구성의 변증법 속에서 진화해왔다. 고대 그리스의 대표적인 철학자 프로타고라스는 흔히 '소피스트'라는 낙인 아래 급진적 상대주의의 원류로 재해석될 수 있는 인물이다. "인간은 만물의 척도다"라는 그의 유명한 선언은 인식의 보편적 기준을 해체하며 주체의 경험을 중심으로 세계가 구성된다는 존재론적 전제를 암시한다.

이러한 사유는 데카르트적 자아의 투명한 주체성과도 구별되며 칸트가 주장한 인식론적 구성주의와도 본질적으로 구분된다. 프로타고라스에게 있어 인식은 결코 하나의 절대적 표준을 가리키지 않으며 다수성과 관점적 상대성을 통해 진리의 영속적 불확실성을 지지한다.

프로타고라스의 이론은 현대에 이르러 리처드 로티와 같은 네오프래그머티스트들에 의해 수평적 다원주의의 철학으로 계승되었으며 포스트모던 철학의 존재론적 불확정성을 이론적으로 정당화하는 데 기여했다. 결국 프로타고라스는 진리의 절대적 구조를 해체하고 차이와 다원성을 존재론적 기반으로 끌어들인 원형적 기획자로서 재평가될 필요가 있다.

① 진리의 보편성에 대한 철학적 분석과 고대 사유의 계보학
② 소피스트 전통과 계몽주의의 인식론적 분석
③ 근대 인식론에 대한 프로타고라스적 해석과 비판
④ 상대주의의 윤리적 한계와 고전철학의 딜레마
⑤ 프로타고라스에서 포스트모더니즘까지의 계보적 흐름

02 **다음 글의 빈 칸 ⓐ에 들어갈 문장으로 가장 적절한 것은?**

> 기후변화 대응을 위한 국제 협약은 전 지구적 환경 보호를 목표로 하지만 이행 과정에서 개발도상국은 (　　　　ⓐ　　　　). 선진국 중심으로 이루어진 탄소 감축 합의는 산업화 초기부터 대규모 온실가스를 배출해 온 국가들의 책임을 강조하지만, 개발도상국에도 동일한 감축 의무를 요구할 경우 그들의 산업 성장과 에너지 접근에 제약이 생길 수밖에 없다.
>
> 개발도상국은 여전히 인프라 확충과 경제 성장을 우선 과제로 삼고 있으며 많은 지역에서는 석탄과 같은 전통적인 에너지원이 여전히 주요한 역할을 하고 있다. 이러한 상황에서 탄소 배출을 제한하라는 요구는 개발의 기회를 박탈하는 결과로 이어질 수 있다. 실제로 아프리카와 동남아시아 일부 국가에서는 재생에너지 전환 비용과 기술 부족으로 인해 국제 기준을 충족하기 어려운 경우가 많다.
>
> 이에 따라 최근 기후협약은 감축 목표의 차등 적용과 기술 지원, 재정 이전 같은 유연한 접근을 시도하고 있다. 그러나 선진국의 공약 이행률은 기대에 미치지 못하고 있어 개발도상국의 신뢰를 얻지 못하고 있다. 따라서 기후 정의를 실현하기 위해서는 환경 보호와 함께 개발 권리 역시 보장하는 균형 있는 국제 질서가 필요하다.

① 선진국과는 다른 기준을 적용받게 된다.
② 자국민들의 반발에 휩싸이게 된다.
③ 산업 성장 인프라를 새롭게 구성해야 한다.
④ 종종 재정적인 부담을 안게 된다.
⑤ 새로운 환경 규제를 신설해야 한다.

03 다음 글의 내용과 일치하지 않는 것은?

> 현대 의학에서 항암치료는 암세포의 증식을 억제하고 파괴하는 가장 일반적인 치료 방식 중 하나이다. 항암제는 빠르게 분열하는 세포를 표적으로 작동하며 이로 인해 암세포뿐 아니라 건강한 세포도 함께 손상되는 부작용이 발생한다. 특히 소화기관의 점막세포나 골수세포, 모낭세포 등도 빠르게 분열하는 세포에 해당하므로 탈모, 면역력 저하, 소화 장애 등의 부작용이 흔히 나타난다. 이러한 부작용은 치료의 피할 수 없는 대가로 간주되기도 하지만 점차 정밀의학과 표적치료 기술이 발전하면서 부작용을 최소화하고 암세포만을 정밀 타격하는 방법이 활발히 연구되고 있다. 일부 연구에서는 유전자 특성에 기반한 맞춤형 치료가 암세포의 분자 구조만을 식별하여 선택적으로 공격할 가능성도 제시된다. 이에 따라 암 치료는 점점 더 개별 환자의 특성과 질환의 유전적 정보에 기반한 정밀한 접근으로 나아가고 있다.

① 암 치료는 환자의 개별 특성 및 유전적 정보를 활용한 정밀한 접근법이 증가하고 있다.

② 표적치료제와 정밀의학의 발전으로 부작용을 줄이고 암세포만을 정밀하게 공격하는 연구가 이루어지고 있다.

③ 맞춤형 치료는 환자의 유전자 특성에 기반해 선택적으로 암세포를 공격할 수 있는 가능성을 제시한다.

④ 기존 항암치료는 암세포뿐 아니라 소화기관 점막세포, 골수세포, 모낭세포 등 정상세포에도 손상을 줄 수 있다.

⑤ 항암제는 주로 빠르게 분열하는 세포만을 선택적으로 공격하고 건강한 세포에는 영향을 주지 않는다.

04 **다음 글을 읽고 문맥상 (A)~(E) 중 〈보기〉가 들어갈 문단으로 적절한 것은?**

(A)

문화는 전 세계적으로 빠르게 전파되며 다양한 집단의 전통과 상징이 섞인다. 하지만, 이 과정에서 문화적 도용은 중요한 논쟁이 된다. 이는 특정 문화가 다른 문화의 요소를 맥락 없이 차용하거나 상업적으로 활용하면서 지배적 위치에서 소수 문화를 일방적으로 소비하는 행위다.

(B)

예를 들어 속옷 브랜드인 빅토리아 시크릿은 나바호족의 전통 문양을 자사 속옷 디자인에 사용하였다. 종교적인 상징이었던 해당 문양이 속옷의 장식에 사용되자 논란이 발생했고, 이후 제품은 폐기되었지만 이는 문화가 맥락 없이 소비될 수 있는 대표 사례로 자리 잡았다.

(C)

하지만 모든 문화 차용이 문제 되는 것은 아니며 맥락과 존중이 있다면 협력이 가능하다. 공동체와의 협업이나 수익 공유는 긍정적 대안이 될 수 있으며 중요한 것은 문화의 의미를 유지하며 차용하는 방식이다.

(D)

문화적 도용은 단순한 표현이나 유행이 아니라 역사와 권력을 함께 고려해야 하는 윤리적 문제다. 문화를 활용할 때는 그것이 누구의 것이고 어떤 과정을 거쳐 지금에 이르렀는지를 함께 고민해야 한다.

(E)

〈 보 기 〉

이런 현상은 문화 간 권력 불균형을 보여준다. 지배 문화는 타 문화를 자유롭게 해석하지만 소수 문화는 그것을 지킬 힘이 부족하다. 문화는 단순한 외형이 아닌 정체성과 기억의 일부이기 때문에 무분별한 차용은 깊은 손상을 남긴다.

① (A) ② (B) ③ (C)
④ (D) ⑤ (E)

05 다음 글의 내용과 일치하지 않는 것은?

프톨레마이오스의 지리학은 고대 이후 오랜 시간 동안 공간을 이해하는 기준이 되었다. 그는 지구를 구형으로 보고 위도와 경도 좌표를 사용해 위치를 수치화하려 했다. 그러나 그의 좌표 목록은 실제 거리나 방향보다 계산상의 일관성을 우선시했다. 이로 인해 아시아의 크기는 실제보다 크게 나타났고 유라시아 대륙 전체가 과도하게 확장되었다.

이 오류는 1492년 콜럼버스의 항해 계획에 중요한 영향을 주었다. 그는 서쪽으로 항해해 인도로 가는 길을 찾으려 했고 프톨레마이오스의 지도를 바탕으로 제작된 마르티넬리우스의 지도를 참고하였다. 이 지도는 유럽과 아시아 사이의 거리를 실제보다 짧게 표현했는데, 콜럼버스는 그 거리를 그대로 믿었고 유럽 서쪽에 다른 대륙이 있을 가능성은 고려하지 않았다.

프톨레마이오스의 지리 체계는 수학적으로는 정밀했지만 실제 세계와는 차이가 있었다. 관측에 의한 보정 없이 사용될 경우 오차가 커질 수 있었던 것이다. 그럼에도 그의 좌표 체계와 공간 구획 방식은 이후 지도 제작의 기준이 되었고 지리학을 수량화된 학문으로 발전시키는 데 중요한 역할을 했다.

① 프톨레마이오스는 좌표 체계를 통해 공간을 수학적으로 정리했지만 실제 거리와는 차이가 있었다.

② 콜럼버스는 아시아가 실제보다 가깝다는 판단 아래 새로운 항로를 개척하려 했고 이는 지도상의 오류에서 비롯되었다.

③ 프톨레마이오스의 지도는 항해나 행정 목적보다는 관측과 측량을 중시하는 실용적 지도 제작에서 큰 영향을 주었다.

④ 프톨레마이오스의 지리학은 오류가 있었음에도 이후 지리학을 숫자 중심의 학문으로 정립하는 데 기여했다.

⑤ 프톨레마이오스의 지리 체계는 마르티넬리우스 지도에 반영되었고 콜럼버스 항해의 배경이 되었다.

06 다음 글의 제목으로 가장 적절한 것은?

> 현재 약 250만 광년 떨어진 안드로메다 은하는 태양계가 속한 우리 은하를 향해 초속 약 110km의 상대 속도로 접근하고 있다. 두 은하 모두 질량이 수십억 태양질량에 달하는 거대 나선은하로 이들의 중력 상호작용은 약 40~50억 년 후 본격적인 전면 충돌 및 병합을 유도할 것으로 예측된다. 안드로메다 은하와 우리 은하의 충돌은 개별 성간 충돌보다는 조석력에 의한 별들의 궤도 교란 및 가스 구름의 충돌에 의한 항성 형성을 야기하기 때문에 궁극적으로는 타원은하 형태의 안정된 구조로 수렴할 가능성이 높다.
>
> 이 과정은 ΛCDM 우주론*하에서의 구조 형성과 은하 진화 시나리오의 대표적 사례로 간주되며 우주론적 시간 척도에서 본 국부은하군의 동역학과 장기적 진화를 이해하는 데 있어 핵심적인 역할을 한다. 하지만 항성 간 거리가 워낙 멀기 때문에 태양계는 이 충돌 시기에도 여전히 항성 내부 궤도에 머물 가능성이 높다. 따라서 태양계는 직접적인 물리적 충돌보다는 동역학적인 변화를 겪을 것으로 예상된다.

* ΛCDM 우주론: 표준 우주 모형으로 암흑에너지의 상태방정식을 가변항으로 치환한 형태의 우주론

① 은하 간 동역학적 변화에 따른 주요 양상
② 나선은하 간 충돌의 파괴적 결과와 항성 소멸 메커니즘
③ 은하 병합 시나리오와 우주론적 진화의 사례
④ 나선은하 간 중력 상호작용과 전면 충돌 예측
⑤ 은하 충돌로 야기되는 항성 형성과 새로운 나선은하의 탄생

07 **다음 글의 제목으로 가장 적절한 것은?**

> 나일강 유역에서 벌어지는 수자원 분쟁은 단순한 물을 둘러싼 갈등이 아니라 식민지 기원의 법적 틀과 탈식민적 주권 재구성의 충돌이라는 심층적 구조를 드러낸다. 1929년과 1959년에 체결된 이집트 중심의 나일강 이용 협정은 나일강 상류에 위치한 국가들의 정치적 불가시성과 기술적 침묵을 제도화하였으며, 수자원을 둘러싼 공간적 통제권이 영국의 식민지였던 이집트에 사실상 위임되었다. 이 협정은 하천을 주권의 고정된 선분 위에 올려놓은 고전적 영토주의의 전형이며 이로 인해 상류국들의 개발 권리는 오랫동안 '비가시적 흐름'으로 취급되었다.
>
> 그러나 에티오피아가 추진 중인 GERD(Grand Ethiopian Renaissance Dam)는 이 지리적・법적 침묵을 종식시키는 사건이다. GERD는 단순한 수력 발전 시설이 아니라 식민 유산을 해체하고 새로운 기술 – 주권 복합체를 구축하려는 공간적 선언이다. 동시에 하천을 '정치적 기술물'로 재구성하려는 시도로 해석된다. 이 과정에서 수문학적 계산과 모델링은 중립적 데이터가 아니라 국제적 설득의 수단이자 권력 담론의 구성 요소가 된다.

① GERD 개발 이후 이집트 – 에티오피아 간 갈등의 외교사적 변천
② 식민 법제의 해체와 초국경 하천의 탈영토화된 주권 재편
③ 나일강 분쟁에서 드러나는 지배 국가들의 정책적 맹점
④ 국가 정책이 다루지 않는 사각지대적 초국경 자원의 한계
⑤ 에티오피아 GERD로 바라보는 초국경 자원 문제 해결 사례 및 전략

08 다음 글의 내용과 일치하지 않는 것은?

> 드니 빌뇌브 감독의 영화 컨택트의 표면적 주제는 '외계 존재와의 접촉'이다. 하지만 중심 서사는 사피어 – 워프 가설을 극단적으로 확장하여 전개된다. 이 가설은 언어가 단순한 소통 도구가 아니라 사고 체계와 세계 인식의 조건이라는 점을 강조한다. 주인공 루이스는 외계 언어인 헵타포드어를 습득한다. 이를 통해 시간의 비선형 구조를 경험하고 인간이 시간 속에서 어떻게 자신을 위치시킬 수 있는지를 고민하게 된다.
>
> 영화는 예정된 고통을 수용하는 태도를 핵심 질문으로 던진다. 루이스는 딸의 죽음을 미리 알면서도 그 삶을 선택한다. 이는 시간의 방향성이 외부의 필연이 아니라 내면의 수용 문제임을 드러낸다. 이렇게 비선형적인 시간성은 결정론과 자유의지에 대한 근대적 구도를 무너뜨린다. 결국 인간은 고통을 예견하면서도 그 길을 선택할 수 있는 존재로 재정의된다.
>
> 한편, 외계 언어의 파편적 해석을 둘러싼 국가 간의 단절과 불신은 탈냉전 이후 국제질서의 문화정치학적 구조를 상징적으로 재현한다. 각국은 정보를 공유하지 않고 독점하려 하지만 루이스는 의미의 공유가 곧 위기의 해소임을 보여준다. 이는 언어가 코드의 해석을 넘어서 타자와의 윤리적 관계 맺기를 가능하게 한다는 소통 윤리에 닿아 있다.

① 영화 컨택트의 표면적 주제와 중심 주제는 다르며 핵심 서사는 언어가 인간의 사고를 규정한다는 가설을 전제로 한다.

② 주인공은 시간의 순차적 구조를 따르는 인간의 일반적 시간 인식에서 벗어나 새로운 구조를 경험한다.

③ 영화의 주인공은 미래의 고통을 인식하면서도 그 삶을 받아들이며 고통을 수용하는 태도를 보인다.

④ 헵타포드어를 학습함으로써 영화의 주인공은 미래를 바꿀 수 있었다.

⑤ 각국의 정보 독점과 불신은 위기를 심화시키지만 영화의 주인공은 언어의 공유가 문제 해결의 열쇠임을 보여준다.

09 **다음 글의 빈 칸 ⓐ에 들어갈 문장으로 가장 적절한 것은?**

> 2022년 9월 태풍 힌남노가 경북 포항지역에 상륙했을 당시 집중호우로 인해 반지하 주택과 아파트 지하주차장이 순식간에 침수되었다. 다수의 사상자를 낸 이 사건은 재난관리 프로토콜이 단지 존재하는 것만으로는 충분하지 않다는 점을 분명히 드러냈다. 포항시는 재난 문자 발송 시스템과 재난 관리 매뉴얼을 보유하고 있었지만 상황 인지와 실행 사이의 시간차를 줄이지 못했다. 재난 경고 시스템이 작동했음에도 불구하고 종합 상황실의 실시간 판단 체계가 부재했고, 이에 따라 하위 기관 간 통신이 지연되며 구조 인력의 현장 투입이 늦어져 결국 구조 실패로 이어졌다.
>
> 효율적인 재난관리 프로토콜은 (ⓐ)이 핵심이다. 위기 상황에서 중앙 통제만을 고수하면 현장의 판단권이 축소되고 대응 속도는 느려진다. 일본은 지역별 훈련된 자율방재 조직이 초기 대응을 실행할 수 있도록 하고 이를 통해 중앙지휘와 지역대응이 동시에 작동하도록 설계되어 있다. 대한민국 정부는 재난 시 '실시간 위험 판단을 통한 즉시 행동 지침'을 포함하는 새로운 프로토콜을 마련하겠다고 발표했다. 그러나 전문가들은 구조적 개편이 병행되어야 한다고 지적한다.

① 상황실과 하위 기관 간 통신체계를 개편하는 것
② 위급한 상황에서 현장에 권한이 부여되는 것
③ 재난 문자 발송 시스템을 점검하는 것
④ 초기 대응에 성공하는 것
⑤ 실시간으로 위험을 판단하는 것

10 **다음 글을 읽고 문맥상 (A)~(E) 중 〈보기〉가 들어갈 문단으로 적절한 것은?**

(A)

최근 연구들은 수면 시간이 체중 조절과 밀접하게 연관된다는 사실을 보여준다. 활동 시간이 늘어나는 단순한 문제를 넘어서 수면 부족은 인체의 생리적 조절 체계를 변화시켜 체중 증가를 유발한다.

(B)

수면이 줄면 식욕을 억제하는 렙틴 분비가 감소하고 식욕을 촉진하는 그렐린은 증가한다. 이로 인해 과식 가능성이 높아지고 인슐린 민감도 저하로 지방 축적이 쉬워진다. 대사 기능도 저하되어 체중 관리가 어려워진다.

(C)

충분한 수면은 에너지 소비 효율을 높이며 일상 활동량도 증가시킨다. 하루 7시간 이상의 규칙적인 수면을 취하는 사람은 그렇지 않은 사람보다 체지방률이 낮게 나타난다. 충분한 수면으로 인해 신체 기능 회복과 체중 유지가 동시에 가능해진다.

(D)

연구 결과에서도 증명하듯 비만 예방을 위해 식이 조절과 운동 외에도 수면 관리가 필요하다. 안정된 수면 리듬은 대사와 정서 모두에 긍정적 영향을 미치기 때문이다. 건강한 체중 유지를 위한 핵심 요소로 수면이 점점 더 강조되고 있다.

(E)

〈 보 기 〉

또한 수면 시간이 짧은 사람은 고열량 음식에 대한 선호도가 높으며 야식 섭취도 잦아진다. 즉 호르몬이나 생체 리듬의 교란뿐만 아니라 스트레스와 보상 심리에도 영향을 미치는 것이다. 수면 부족은 단순한 생활 습관이 아닌 복합적 요인의 결과다.

① (A)
② (B)
③ (C)
④ (D)
⑤ (E)

11 다음 글을 비판하는 내용으로 가장 적절하지 않은 것은?

> 구글세는 다국적 IT기업들이 조세 회피를 위해 법인세율이 낮은 국가에 본사를 두거나 수익을 이전하는 행위를 방지하기 위해 도입된 디지털세의 일종이다. 전통적인 조세 시스템이 물리적 고정 사업장을 기준으로 과세 기준을 설정하는 반면, 구글세는 사용자의 활동이 이루어지는 '시장 국가'에 과세권을 부여하는 새로운 접근을 시도한다. 이로써 플랫폼 기업들이 사용자 기반만을 활용하면서도 세금을 회피하는 구조에 제동을 걸 수 있다.
>
> 이는 기존의 물리적 사업장 중심 과세 체계가 가진 한계를 보완하며 디지털 경제의 특성을 반영한 새로운 조세 원칙을 제시한다. 특히 조세 회피를 억제할 수 있다는 점에서 실효성이 있고 각국이 자국 내에서 창출된 부가가치에 정당하게 과세할 수 있다는 측면에서 조세 정의 실현에도 기여할 수 있다.
>
> 또한 구글세는 글로벌 디지털 기업과 전통 산업 간에 존재하는 조세 불균형 문제도 완화한다. 일정한 기준 아래 시장 국가에 과세권을 부여함으로써 경쟁 환경의 공정성을 높이고 국가 간 조세 형평성 역시 개선될 수 있다. 이러한 제도가 국제 공조 아래 정착된다면 조세 주권의 회복과 재정 기반의 강화라는 측면에서도 긍정적인 효과를 기대할 수 있다.

① 다국적 IT기업의 조세 회피 문제는 조세 자체보다는 글로벌 기업 간 경쟁 격차에서 비롯된 구조적 문제로 해석해야 한다.
② 디지털세는 각국의 자의적인 해석에 따라 운영될 경우 기업의 이중 과세와 조세 혼란을 유발할 수 있다.
③ 조세 정의를 실현하기 위한 수단이라 해도 외국 기업에 대한 집중 과세는 보호무역주의를 강화시킬 수 있다는 점에서 재검토가 필요하다.
④ 구글세는 사용자 기반을 과세의 기준으로 삼아 디지털 경제에 맞는 새로운 과세 체계를 지향한다는 점에서 기존 세제보다 진일보한 접근이다.
⑤ 구글세는 기술 기업의 실제 가치 창출 구조를 왜곡하고 국가 간 과세권 충돌을 유발할 수 있다.

12 **다음 글을 읽고 문맥상 (A)~(E) 중 〈보기〉가 들어갈 문단으로 적절한 것은?**

(A)

영화관에서는 동일한 영화를 보더라도 학생과 성인, 노인에게 서로 다른 티켓 가격이 적용된다. 이는 단순한 할인 정책이 아니라 수요 탄력성의 차이를 반영한 3급 가격차별의 사례다. 기업은 각 소비자 집단의 지불 의사에 따라 가격을 적용해 이윤을 극대화한다.

(B)

예를 들어 대학생은 소득이 낮고 시간적 여유가 있어 가격 변화에 민감하게 반응하는 반면 직장인은 소득이 일정하고 시간 제약이 있어 가격에 둔감한 편이다. 기업은 민감한 집단에는 낮은 가격을 제시하고 둔감한 집단에는 높은 가격을 유지함으로써 총수입을 높인다.

(C)

3급 가격차별은 소비자 간 부담이 다르다는 점에서 후생의 형평성을 해친다는 비판을 받는다. 그러나 1급 가격차별처럼 소비자 잉여를 완전히 제거하지 않으며 가격 인하를 통해 새로운 소비자의 시장 진입을 유도할 수 있다.

(D)

결국 가격차별은 기업의 이윤 극대화 전략이면서 동시에 다양한 수요를 반영한 자원 배분 방식으로 해석될 수 있다. 특히 독점적 시장처럼 가격 결정력이 존재하는 환경에서 가격차별은 시장 규모 확대와 소비 기회 제공이라는 긍정적 효과를 갖는다.

(E)

〈 보 기 〉

가격차별을 위해선 조건이 필요하다. 기업은 시장을 하위 집단으로 나눌 수 있어야 하고 각 집단 간 재판매가 어려워야 한다. 또 소비자마다 가격에 대한 민감도가 달라야 하며 이를 통해 기업은 동일한 재화를 다른 가격에 제공하면서 추가 수익을 확보해야 한다.

① (A) ② (B) ③ (C)
④ (D) ⑤ (E)

13 다음 글을 비판하는 내용으로 가장 적절하지 않은 것은?

기본소득은 일정한 금액을 조건 없이 모든 국민에게 정기적으로 지급하는 소득 보장 제도다. 이는 노동 여부나 소득 수준같은 자격 기준에 따라 선별적으로 급여를 지급하는 전통적인 복지제도와 대조된다. 기본소득은 행정 효율성을 높이고 복지제도의 사각지대를 줄일 수 있다. 이를 통해 사회 구성원 모두에게 최소한의 경제적 자율성을 부여하고 존엄한 삶의 기초를 보장한다.

특히 기술 발전과 AI 혁명으로 인한 자동화로 일자리 감소 현상이 장기화되면서, 기본소득은 급변하는 미래 노동 시장에서 대안적 모델로 주목받고 있다. 일정 수준 이상의 기본소득은 창의적 활동을 장려하고 자발적 복지를 가능하게 하며 불안정한 노동 환경 속에서 사회적 안정망을 구축하는 수단으로도 작용할 수 있다. 이에 따라 일부 국가는 실험적 형태의 기본소득 제도를 도입하거나 시범사업을 진행하고 있으며 정책적 실현 가능성을 검토하고 있다.

① 기본소득은 소득 수준과 무관하므로 긴급한 도움이 필요한 계층에게 충분한 지원이 돌아가지 않는다는 점에서 비효율적일 수 있다.

② 기본소득은 소득 재분배를 강화하는 방식이 아니라 사회적 약자에 대한 선별적 지원을 오히려 축소하는 결과로 이어질 수밖에 없다.

③ 기본소득 도입을 위해 전 국민 지급 대상 확인 절차, 부정 수급 방지를 위한 체계 구축 등 지속적인 행정 비용 증가를 고려하면 장기적으로 지속 불가능한 시스템이다.

④ 기본소득은 노동 동기를 약화시키고 국가 재정에 장기적인 부담을 주기 때문에 현실적인 대안으로 고려하기 어렵다.

⑤ 직업이 있는 국민의 경우 고용 불안정, 일자리 감소, 불안정한 노동 환경과 관련이 없으므로 기본소득으로 인한 혜택을 누릴 수 없다.

14 **다음 글의 제목으로 가장 적절한 것은?**

> 신경계에서 정보는 한 뉴런에서 다른 뉴런이나 표적 세포로 전달되며 항상 일정한 방향성을 따른다. 이 단방향 흐름은 감각 자극의 수용과 반응 기억의 형성에 이르기까지 연속된 신경 활동을 가능하게 하며 뉴런 간 연결 구조인 시냅스를 통해 이루어진다. 시냅스는 개별 뉴런이 자극에 대해 선택적으로 반응하고 정보를 정밀하게 전달할 수 있도록 돕는 핵심 구조로 작용한다.
>
> 시냅스는 그 기능과 전달 방식에 따라 전기적 시냅스와 화학적 시냅스로 나뉜다. 전기적 시냅스는 두 뉴런 사이에 직접적인 이온 이동이 가능하여 양방향 흐름이 이루어지며 구조가 단순하다. 반면 화학적 시냅스는 시냅스 전 뉴런에서 방출된 신경전달물질이 시냅스 후 뉴런의 수용체에 작용하여 단방향으로 정보가 전달된다. 이때 아세틸콜린, 도파민, 세로토닌, 글루탐산 등의 다양한 전달물질은 각각 특정 반응을 매개하며 뉴런 간 정보 흐름의 정밀성과 특이성을 결정한다.

① 신경계에서의 자유로운 이온 이동과 무작위 정보 전달
② 뉴런 간 결합 방식의 구조적 비교와 정보 흐름의 방향성
③ 감각 자극과 기억을 형성하기 위한 시냅스의 기원
④ 신경전달물질의 합성과 재흡수 메커니즘
⑤ 신경전달물질이 필요하지 않은 전기적・화학적 시냅스의 작동 구조

15 다음 글의 내용과 일치하지 않는 것은?

> 대기권 내에서 구름의 생성은 단순한 수증기 응결 현상을 넘어 공기의 열역학적 변화와 에어로졸 입자의 물리・화학적 특성이 상호작용하는 복합적인 과정이다. 습윤한 공기괴가 상승하여 외부와의 열 교환 없이 팽창하면 기온이 감소하는 단열 냉각이 발생한다. 이로 인해 공기의 상대습도가 상승하고 이슬점에 도달할 경우 수증기가 액화되며 응결이 시작된다. 그러나 응결이 일어나기 위해서는 단순히 포화 상태만으로는 부족하며 응결핵이라 불리는 미세입자의 존재가 필수적이다. 이들 입자는 일반적으로 해염, 황산염, 유기 화합물, 검댕 등으로 구성되며 '이종핵응결'이라는 입자 표면에서의 액화 과정을 통해 구름 입자의 초기 형성을 촉진한다.
>
> 구름 형성의 주요 동인은 상승 기류이다. 이 상승은 복사 가열에 의한 대류적 불안정, 산악지형에 의한 지형성 상승, 전 선대에서의 온도 경도에 의한 정면성 상승, 또는 저기압 중심부로의 수렴에 의한 수렴성 상승 등으로 구분된다. 이들 기작*은 각각의 대기 조건에서 다른 구름 형태와 분포를 유도하며 결과적으로 강수 가능성, 열 수송, 에너지 플럭스 분포에 영향을 미쳐 대기 대순환의 일부로 작용한다.

* 기작: 현상이 일어나는 내부 매커니즘

① 구름 형성은 주된 동인은 상승 기류이며 이는 전체적인 대기 순환과정에 기여한다.
② 구름 형성은 이종핵응결을 통해 응결핵 표면에서 수증기가 액화되며 시작된다.
③ 상승 기류는 구름 생성의 핵심 동인으로 여러 기상 조건에서 다양하게 작용한다.
④ 단열 냉각은 공기괴가 상승하며 외부와의 열 교환 없이 팽창할 때 발생한다.
⑤ 응결은 공기가 포화 상태 도달하면 자연스럽게 일어나는 과정이다.

16 **다음 글의 빈 칸 ⓐ에 들어갈 문장으로 가장 적절한 것은?**

> 차량 정체는 단순히 교통량이 많아서가 아니라 운전자 반응 지연과 차량의 동역학적 특성이 복잡하게 작용하며 발생한다. 모든 차량이 등속도로 일정 간격을 유지한다면 밀도가 높아도 흐름은 유지된다. 하지만 사람의 인지 지연과 자동차의 관성 질량 초기 조건의 불안정성은 교통 흐름을 쉽게 무너뜨린다.
>
> 대표적 현상이 밀도파 형태의 유령 정체다. 앞차가 조금만 속도를 줄여도 뒷차는 더 크게 반응하기 때문에 정체가 뒤로 번져간다. 관성의 법칙에 따라 차량은 위험 상황에서 즉시 멈추기 어렵기 때문에, 운전자는 (　　　　　ⓐ　　　　　).
>
> 차량 간 반응 속도나 제동력 차이 같은 기계적 조건도 흐름의 균형을 깨뜨릴 수 있다. 반면 자율주행차는 피드백 제어 알고리즘으로 지연을 줄이고 간격을 정밀하게 유지해 정체를 흡수하거나 줄일 수 있다. 이는 교통 흐름이 개별 차량이 아니라 차량 간 상호작용 방식에 따라 결정된다는 것을 보여준다. 결국 정체를 해결하려면 단순한 도로 확장이 아니라 전체 시스템을 새롭게 설계해야 한다.

① 불확실성을 회피하기 위해 보수적으로 운전하여 흐름 회복을 더디게 만든다.
② 순간적으로 인지가 지연되어 판단력이 무너지게 되고 심리적으로 압박을 느끼게 된다.
③ 속도가 줄어든 앞차와의 간격 조정이 어려워지게 되어 차선을 변경하게 된다.
④ 정체 상황에서도 원활한 흐름 유지를 위해 속도를 유지하려고 모든 수단과 방법을 동원한다.
⑤ 속도를 회복하기보다는 정지 상태를 유지하고자 한다.

17 **다음 글의 내용과 일치하지 않는 것은?**

> 굴절이상 교정술인 라식과 라섹은 모두 각막 실질층의 절삭을 통해 안구의 굴절력을 변화시켜 시력을 교정한다. 두 수술은 공통적으로 각막 전면부의 곡률을 조절하지만 조직 접근 방식과 상피 또는 절편의 처리 방식에서 상이하다.
>
> 라식은 각막을 미세절삭기로 잘라내 절편을 형성한 후, 그 아래 실질층에 엑시머레이저를 조사해 굴절력을 재조정하고 절편을 원위치에 복원한다. 이 방식은 상대적으로 낮은 통증과 빠른 시력 회복을 유도하지만 절편 자체가 외상에 취약하며 안구건조증 유발 가능성이 높다는 단점이 있다.
>
> 라섹은 각막 상피를 화학적 처리로 제거한 뒤 실질층에 동일한 방식으로 엑시머레이저를 조사한다. 절편을 생성하지 않기 때문에 각막의 구조적 안정성이 유지되고 충격에 대한 저항성이 높다. 그러나 상피가 재생되면서 고통을 심하게 느끼고 회복 시간이 길다는 단점이 있다. 염증성 반응이나 각막 혼탁의 위험도 동반된다.
>
> 두 수술 모두 환자와의 면밀한 상담을 바탕으로 각막의 해부학적 조건, 환자의 직업적 환경, 감각 민감도 등의 요인을 종합적으로 고려하여 수술 방식을 결정한다.

① 라식은 각막 절편 하부에 레이저를 조사한 후 절편을 복원하는 방식으로 시력 회복 속도가 빠르다.
② 라섹은 각막 상피층 제거 후 실질층을 교정하므로 절편 관련 위험은 없지만 염증과 혼탁 가능성은 존재한다.
③ 라섹은 각막 상피 절편을 일시적으로 유지하고 회복 후 다시 접합하여 구조적 안정성을 확보한다.
④ 두 수술 모두 각막 전면부의 곡률을 조절하여 안구의 굴절력을 변화시킨다.
⑤ 두 수술 모두 레이저 기반의 정밀 교정을 수행하지만 각막 접근 방식은 원천적으로 다르다.

18 **다음에 글의 (A)~(D)를 문맥에 맞게 순서대로 배열한 것은?**

> (A) 날개 단면은 일반적으로 위쪽이 더 둥글고 아래쪽은 평평한 형태이다. 베르누이의 원리에 의하면 공기 속도가 빠를수록 압력은 낮아지므로 날개 위쪽의 압력은 낮고 아래쪽의 압력은 높아진다. 이 압력 차이가 곧 비행체를 위로 떠오르게 만든다.
>
> (B) 양력은 공기의 흐름에 따라 날개에 작용하는 상중력을 이겨내고 비행체를 띄우는 데 핵심적인 역할을 한다. 단순히 엔진의 추진력만으로는 고도가 유지되지 않으며 기체 외부의 날개를 흐르는 공기의 속도와 압력 분포가 비행 가능 여부를 결정짓는다.
>
> (C) 다만 양력은 항상 베르누이 원리로만 설명되지는 않는다. 실제 비행에서는 난류, 점착력, 와류 같은 공기역학적 요소가 복합적으로 작용한다. 현대 항공역학은 다양한 힘과 흐름의 상호작용을 정량적으로 분석하여 보다 정교한 비행 원리를 제시하고 있다.
>
> (D) 또한 양력은 공기 밀도와 비행 속도 그리고 날개 면적 등 다양한 요소의 영향을 받는다. 고도가 높아 공기 밀도가 낮아지면 같은 속도에서도 양력이 줄어들고 이를 보완하기 위해 비행체는 더 빠르게 날거나 각도를 조절해야 한다.

① (A) – (B) – (D) – (C)
② (A) – (B) – (C) – (D)
③ (B) – (D) – (A) – (C)
④ (B) – (A) – (D) – (C)
⑤ (B) – (C) – (A) – (D)

19 다음 글을 비판하는 내용으로 가장 적절하지 않은 것은?

> AI 판결 보조 시스템의 도입은 여러 측면에서 사법 체계의 질적 향상을 기대하게 한다. 첫째, 방대한 판례와 법령을 실시간으로 분석함으로써 유사 사건 간의 판단 기준을 일관되게 유지할 수 있어 재판의 형평성과 예측 가능성이 높아진다. 이는 판결 결과에 대한 국민의 신뢰를 제고하는 데 기여할 수 있다. 둘째, 반복적이고 구조화된 사건에 대해 AI가 일정 수준의 법률 분석을 사전에 수행함으로써 재판 절차의 효율성이 증가한다. 특히 간단한 민사 사건이나 행정 소송에서는 시간과 비용을 절감할 수 있으며, 판사와 법조인의 업무 부담을 줄이는 데에도 도움이 된다. 셋째, AI는 특정 편향이나 감정에서 상대적으로 자유로운 판단을 제시할 수 있어, 감정적 오판이나 사법적 오류의 가능성을 낮추는 보완적 역할을 수행할 수 있다. 이러한 특성은 특히 사회적 논란이 있는 사안이나 복잡한 이해관계가 얽힌 사건에서 객관성을 유지하는 데 도움을 준다. 또한 AI는 판결뿐만 아니라 판사 교육, 법률 연구, 정책 검토 등 다양한 법률 행위에서 활용 가능성이 있으며 장기적으로는 사법 접근성 확대와 정책 수립의 정교화에도 긍정적인 영향을 미칠 수 있다.

① 법적 판단은 단순한 정보 처리 이상의 가치를 지니므로 비정형적 요소를 종합적으로 판단하기에는 AI 판결 보조 시스템은 현실적으로 한계가 있다.

② 보조 수단에 머무르더라도 AI의 판결은 인간 중심성의 원칙을 위배할 수 있다.

③ AI가 판단하는 경우에도 인간과 동등한 수준의 법적 책임을 부여해야 하며 이를 통해 국민의 신뢰를 쌓는 것이 우선되어야 한다.

④ AI 판결 보조 시스템도 기존에 있었던 차별, 편견, 선입견 등을 학습할 수 있으며 사법 오류를 동일하게 반영할 수 있다.

⑤ 에러로 인한 AI 시스템의 오작동이나 편향 문제가 발생할 경우 책임 소재를 구분하기 어렵다.

20 **다음 글의 빈 칸 ⓐ에 들어갈 문장으로 가장 적절한 것은?**

높은 곳에 있던 물체가 아래로 떨어지면 위치에너지는 운동에너지로 바뀐다. 반대로 움직이던 물체가 스스로 공중으로 솟아 다시 원래 위치에 도달하는 일은 자연스럽게 일어나지 않는다. 이는 에너지가 높은 곳에서 낮은 곳으로는 흐르지만 그 반대 방향으로는 저절로 흐르지 않기 때문이다. 물리학에서는 이러한 흐름의 비대칭을 '에너지의 방향성'이라 부르며 시간의 진행과도 깊은 관련이 있다고 본다.

하지만 모든 경우에 이 방향성이 절대적인 것은 아니다. 계의 크기가 매우 작거나 외부와 거의 상호작용하지 않는 조건에서는 이 흐름이 일시적으로 반대가 되는 일이 관측되기도 한다. 예를 들어 단 하나의 입자로 이루어진 계에서는 그 입자가 매우 짧은 순간 동안 (　　　　　ⓐ　　　　　)이 나타날 수 있다. 이런 예외는 자연 법칙이 틀렸다는 뜻이 아니라, 그 법칙이 많은 수의 입자가 모인 상황에서 통계적으로 성립한다는 것을 의미한다.

결국 에너지는 전체적으로는 낮은 곳으로 흐르는 경향을 보이지만 국지적인 조건에서는 정반대의 흐름도 가능하다. 이것은 우리가 관측하는 세계가 항상 평균적인 경향만 따르는 것은 아님을 보여준다.

① 시간을 역행하여 방향성이 전도되는 현상
② 에너지의 흐름이 대칭되는 현상
③ 더 높은 에너지 상태로 올라가는 현상
④ 위치에너지가 운동에너지로 전환되는 현상
⑤ 에너지가 외부와 단절되는 현상

Chapter 02 자료해석

문항수 20문항 | 제한시간 15분

해설 p.47

01 **다음은 2021년부터 2023년까지 해외 주요 전시회별 부스 수 및 관람객 만족도 평균 점수를 조사한 자료이다. 다음 중 자료에 대한 설명으로 옳지 않은 것을 고르면?**

〈표〉 전시회별 부스 수 및 평균 만족도

(단위: 개, 점/100점)

구분	2021년		2022년		2023년	
	부스	만족도	부스	만족도	부스	만족도
산업장비	120	78	145	81	160	83
식음료	95	66	110	70	125	72
패션	88	73	100	75	92	74
문화콘텐츠	60	69	65	66	70	64
교육	80	71	95	74	110	75
헬스케어	105	65	115	64	120	71
모빌리티	50	62	75	60	100	73
스포츠	70	60	78	58	85	66

① 2023년 기준 만족도 점수가 70점 이상인 분야는 6곳이다.

② 2023년 조사된 8개 분야 중 부스 수가 100개 이상인 분야는 6개다.

③ 2021년부터 2023년까지 매년 만족도 점수가 상승한 분야는 3개다.

④ 3년간 평균 만족도 점수가 가장 높은 분야는 산업장비 분야이다.

⑤ 모빌리티 분야는 2023년에 처음으로 부스 수가 100개 이상 설치되었다.

02 다음은 소프트웨어 스타트업 수를 나타낸 자료이다. B2C 기업 수가 전년 대비 가장 많이 증가한 해의 B2B 기업 수는 얼마인가?

〈표〉 연도별 스타트업 기업 수

(단위: 개)

구분	2015년	2016년	2017년	2018년	2019년	2020년	2021년	2022년
B2B 기업	805	923	1,120	1,432	1,650	1,874	1,991	2,058
B2C 기업	410	538	1,342	1,865	2,124	3,054	3,402	3,070
합계	1,215	1,461	2,462	3,297	3,774	4,928	5,393	5,128

① 923개 ② 1,120개 ③ 1,432개
④ 1,874개 ⑤ 1,991개

03 다음은 국내 5개 수소에너지 기업의 연도별 연구개발(R&D) 투자액에 대한 자료이다. 2024년 투자액이 전년 대비 가장 많이 증가한 기업은 어느 곳이며, 그 증가율은 얼마인가?

〈표〉 수소에너지 기업 R&D 투자액

(단위: 억 원)

구분	A사	B사	C사	D사	E사
2023년	175	280	360	125	210
2024년	245	320	400	210	255

① D사, 68% ② D사, 40% ③ D사, 48%
④ A사, 40% ⑤ A사, 68%

04 **다음은 2024년 해외 온라인 교육 플랫폼별 강의 운영 현황에 대한 자료이다. 다음 중 자료에 대한 설명으로 옳은 것을 고르면?**

〈표〉 2024년 해외 온라인 교육 플랫폼별 강의 운영 현황

구분	개설 강의 수(개)	강사 수(명)	연간 수강자 수(만 명)	콘텐츠 투자액(억 원)
A	4,900	173,500	580	9,200
B	1,050	17,800	310	870
C	790	19,100	260	1,950
D	510	13,500	121	1,850
E	85	7,450	44	950
F	8,700	172,800	1,070	11,200
G	720	32,500	115	4,700

① 개설 강의 수 1개당 수강자 수는 D가 B보다 많다.
② 콘텐츠 투자액이 가장 많은 플랫폼은 강사 수도 가장 많다.
③ G의 강사 수는 E의 5배를 초과한다.
④ 콘텐츠 투자액이 2,000억 원 이상인 플랫폼은 총 3곳이다.
⑤ 개설 강의 수가 1,000개 이상인 플랫폼 중 연간 수강자 수가 500만 명 미만인 플랫폼은 2곳이다.

05 **다음은 2023년 주요 5개 대학의 온라인 강의 수강자 수와 수강 완료자 수에 대한 자료이다. 수강 완료율이 가장 낮은 대학과 가장 높은 대학의 완료율 차이를 구하면?**

〈표〉 대학별 온라인 강의 수강 현황

(단위: 명)

대학	수강자 수	수강 완료자 수
A대학교	1,300	900
B대학교	1,050	700
C대학교	1,400	1,050
D대학교	1,100	770
E대학교	1,300	780

* 수강 완료율(%) = (수강 완료자 수 ÷ 수강자 수) × 100

① 12.5%p ② 13.3%p ③ 15%p
④ 17.5%p ⑤ 18.4%p

06 다음은 2022년부터 2024년까지 한 공공도서관에서 자료 유형별로 대출된 건수를 조사한 자료이다. 다음 중 자료에 대한 설명으로 옳지 않은 것을 모두 고르면?

〈표〉 자료 유형별 대출 건수

(단위: 건)

구분	2022년	2023년	2024년
일반도서	28,000	30,500	32,200
아동도서	19,000	20,000	19,800
전자책	9,500	11,300	12,700
오디오북	3,800	4,600	5,400
잡지/정기간행물	6,100	5,800	5,500
DVD자료	2,600	2,700	2,900

〈 보 기 〉

㉠ 2024년 전자책 대출 건수는 2022년 대비 35% 이상 증가하였다.
㉡ 오디오북은 2022년부터 2024년까지 매년 대출 건수가 증가하였다.
㉢ 잡지/정기간행물은 주어진 기간 동안 대출 건수가 지속적으로 감소하였다.
㉣ 2023년의 전체 자료 중 아동도서가 차지하는 비중은 30% 이상이다.

① ㉠, ㉡　② ㉠, ㉣　③ ㉡, ㉢
④ ㉡, ㉣　⑤ ㉢, ㉣

07 다음은 국내 항공사 A사의 연도별 연구비 지출 비중을 나타낸 자료이다. 총 연구비는 2022년에 2,000억 원, 2023년에 3,000억 원이었다. 다음 중 자료에 대한 설명으로 옳지 않은 것을 고르면?

〈표〉 용도별 연구비 비중

(단위: %)

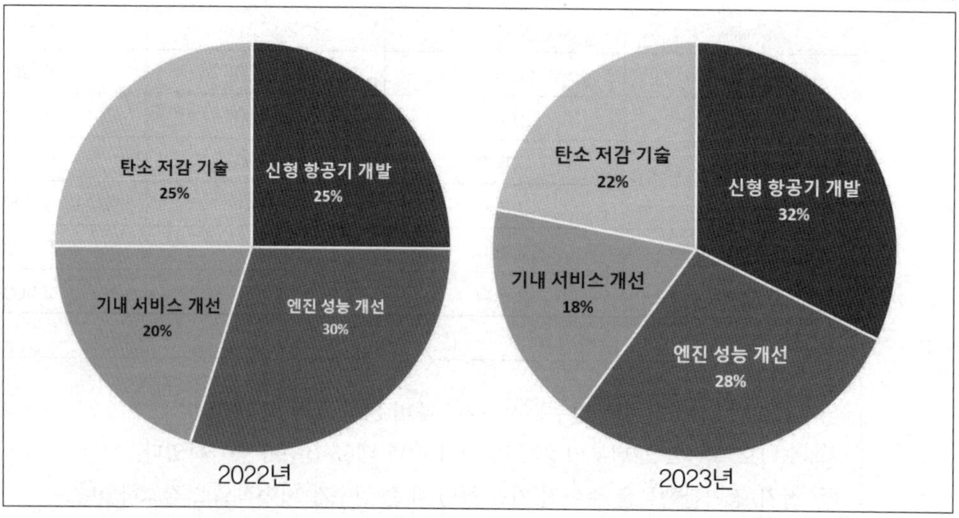

① 2023년 신형 항공기 개발에 사용된 금액은 2022년보다 640억 원 더 많다.

② 두 해 모두 탄소 저감 기술에 사용된 연구비는 500억 원 이상이다.

③ 엔진 성능 개선에 사용된 금액은 두 해 모두 기내 서비스 개선보다 많았다.

④ 2023년 기내 서비스 개선에 사용된 금액은 2022년 대비 30% 이상 증가하였다.

⑤ 2023년 전체 연구비 중 신형 항공기 개발비가 차지하는 비율은 기내 서비스 개선비가 차지하는 비율의 2배 이하이다.

08 다음은 갑이 디저트 카페를 열기 위해 시범 구매한 3종 디저트 세트(A, B, C)에 대한 자료이다. 각 세트는 치즈케이크와 마카롱으로 구성되어 있으며, 1개당 원가는 치즈케이크 3,500원, 마카롱 2,400원이고, 수익률은 치즈케이크가 12%, 마카롱이 18%이다. 세트별 판매량이 아래 자료와 같다고 할 때, 총 수익금이 가장 높은 세트와 해당 수익금은 얼마인가?

〈표〉 세트별 디저트 구성

세트명	치즈케이크 수량	마카롱 수량
A 세트	4	6
B 세트	5	5
C 세트	2	10

〈표〉 세트별 판매량

A 세트	B 세트	C 세트
3개	4개	3개

① A세트, 12,816원　② B세트, 17,040원　③ B세트, 15,480원
④ C세트, 17,040원　⑤ C세트, 15,480원

09 다음은 국내 항공사 A, B의 연도별 국제선 운항 편수를 나타낸 것이다. 이 자료에 대한 설명 중 옳은 것을 고르면?

〈표〉 연도별 국내 항공사 국제선 운항 편수

(단위: 편)

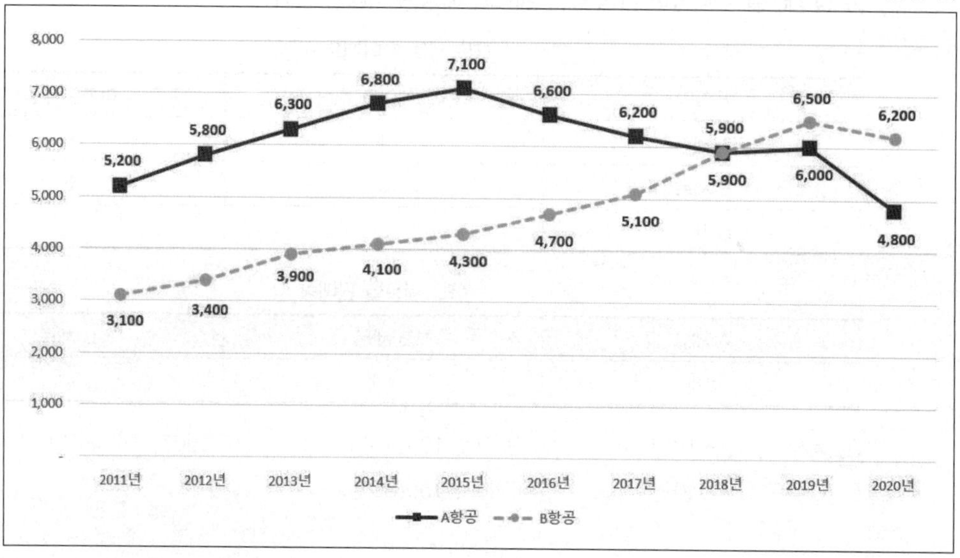

① A항공은 4년 연속 운항 편수가 감소한 기간이 있다.
② 2020년 B항공의 운항 편수는 2011년 대비 2,500편 이상 증가하였다.
③ 주어진 기간 동안 B항공의 운항 편수는 매년 증가하였다.
④ 두 항공사의 연도별 운항 편수 합계가 가장 적은 해는 2012년이다.
⑤ A항공과 B항공 모두 운항 편수가 동시에 감소한 해는 2018년이 유일하다.

10 다음은 2020년 애니메이션 산업의 부문별 투자 및 인건비 현황 자료이다. 자료를 바탕으로 정부 지원 연구 건당 평균 인건비는 얼마인가? (단, 소수점 이하 첫째자리에서 반올림한다.)

〈표〉 2020년 애니메이션 산업 투자 및 인건비 현황

(단위: 백만 원, 건)

구분	기획제작 투자액	기술개발 투자액	마케팅 투자액	연구 건수	인건비 총액
정부 지원	7,000	6,000	2,000	800	160,000
제작사 지원	9,000	8,000	3,000	1,200	192,000

① 180백만 원 ② 200백만 원 ③ 211백만 원
④ 215백만 원 ⑤ 220백만 원

11 다음은 2015년부터 2022년까지의 AI 기술과 에너지 기술 특허 출원 수에 대한 자료이다. 에너지 기술 특허 수가 전년 대비 가장 많이 증가한 해의 AI 기술 특허 수는?

〈표〉 연도별 기술 특허 출원 수

(단위: 개)

구분	2015년	2016년	2017년	2018년	2019년	2020년	2021년	2022년
AI 기술 특허	320	480	710	820	1,030	1,250	1,390	1,540
에너지 기술 특허	450	500	560	690	880	1,050	1,420	1,800
합계	770	980	1,270	1,510	1,910	2,300	2,810	3,340

① 710건 ② 1,030건 ③ 1,250건
④ 1,390건 ⑤ 1,540건

12 다음은 2020년부터 2024년까지 지역별 스마트팜 자동화 시스템 도입 현황을 나타낸 자료이다. 다음 중 자료에 대한 설명으로 옳지 않은 것을 고르면?

〈표〉 연도별 스마트팜 자동화 시스템 도입 현황

(단위: 건)

구분	2020년	2021년	2022년	2023년	2024년
A 지역	150	160	170	180	185
B 지역	90	100	120	140	160
C 지역	50	65	90	130	150
D 지역	110	130	140	145	155
E 지역	35	45	55	65	75

① 2024년 스마트팜 도입 수가 가장 적은 지역은 E 지역이며, 가장 많은 지역은 A 지역이다.
② C 지역은 2020년부터 2024년까지 도입 수가 매년 15건 이상 증가하였다.
③ 2023년 대비 2024년 도입 수 증가 폭이 가장 큰 지역은 D 지역이다.
④ 주어진 기간 동안 E 지역은 매년 도입 수가 일정하게 증가하였다.
⑤ 2022년 대비 2023년 도입 수 증가량이 가장 적은 지역은 D 지역이다.

13 다음은 2024년 X, Y, Z 기관의 주요 산업 부문 투자 현황과 2023년 항목별 투자액 대비 증감률을 나타낸 자료이다. 다음 중 자료에 대한 설명으로 옳지 않은 것을 고르면?

〈표〉 2024년 주요 산업별 공정 투자 현황

(단위: 억 원, %)

구분	X 기관		Y 기관		Z 기관	
	투자액	증감률	투자액	증감률	투자액	증감률
설비 구축	740	2.5%	780	2.0%	720	2.8%
인력 교육	310	1.0%	295	0.5%	320	1.2%
품질 검사	195	−1.5%	210	−1.0%	180	−1.2%
기술 개발	630	2.0%	600	1.5%	650	2.2%

① 2024년 Z 기관의 투자액 중 가장 많은 부문은 설비 구축이며, 두 번째로 큰 투자액과의 차이는 70억 원이다.

② 2023년 대비 인력 교육 부문에서 증감률이 가장 높은 기관은 Z 기관이며, 가장 낮은 기관은 Y 기관이다.

③ 품질 검사 부문은 세 기관 모두 전년 대비 투자액이 감소하였다.

④ 2023년 X 기관의 기술 개발 투자액과 설비 구축 투자액의 합은 2023년 Y 기관의 두 항목 합계보다 40억 원 적다.

⑤ 2024년 Y 기관의 기술 개발 투자액은 Z 기관보다 10억 원 이상 적으며, 두 기관의 증감률 차이는 0.7%p다.

14 다음은 2018년부터 2021년까지 G시의 지역별 무인택배함 설치 현황을 정리한 자료이다. 전체 설치 수가 두 번째로 많은 해에 주거지역에 설치된 무인택배함 수는 공공기관에 설치된 수의 몇 배인가? (단, 소수점 이하 둘째자리에서 반올림한다.)

〈표〉 연도별 무인택배함 설치 현황

(단위: 개)

구분	2018년	2019년	2020년	2021년
전체	3,500	3,900	3,800	4,200
주거지역	1,200	1,400	1,300	1,500
공공기관	450	480	500	520
학교	950	980	940	960
기타	900	1,040	1,060	1,220

① 2.5배　② 2.6배　③ 2.7배
④ 2.8배　⑤ 2.9배

15 **다음은 2024년 분기별 소비자심리지수에 대한 자료이다. 다음 중 자료에 대한 설명으로 옳은 것을 고르면?**

〈표〉 2024년 분기별 소비자심리지수

구분	수도권	중부권	영남권
1분기	102	98	95
2분기	108	104	100
3분기	114	109	106
4분기	117	113	111

* 소비자심리지수는 100을 기준으로, 100 이상이면 경기 낙관을, 100 미만이면 비관을 의미

① 2024년 4분기 수도권 소비자심리지수는 1분기 대비 15% 이상 상승하였다.
② 중부권은 모든 분기에서 소비자심리지수가 100 이상을 기록하였다.
③ 영남권 소비자심리지수의 전 분기 대비 증가폭은 3분기에서 가장 크다.
④ 1분기 대비 4분기의 소비자심리지수의 상승 폭이 가장 큰 지역은 중부권이다.
⑤ 3분기 수도권 소비자심리지수는 중부권보다 10 이상 높다.

16 **다음은 한 커뮤니티센터에서 사용 중인 장비의 구입비 및 유지비를 정리한 자료이다. 장비 A의 유지비와 장비 C의 구입비의 합은 얼마인가?**

〈표〉 커뮤니티센터 장비별 구입비 및 유지비

(단위: 천 원, %)

장비 구분	구입비	유지비	유지비 비율
A	3,000	( )	5
B	30,000	3,000	10
C	( )	210	7
D	36,000	1,800	5

* 유지비 비율(%) = (유지비 ÷ 구입비) × 100

① 2,880천 원　② 3,030천 원　③ 3,150천 원
④ 3,300천 원　⑤ 3,420천 원

17 다음은 2023년 W시에 위치한 회의실 A~D에서 발생한 회의실 사용 제한 건수와 제한 사유별 비율을 나타낸 자료이다. 각 회의실에서 발생한 사용 제한 사유 중 '예약 시간 미준수'의 총합은 몇 건인가?

〈표〉 2023년 회의실별 사용 제한 건수

(단위: 건)

회의실	A	B	C	D
사용 제한 건수	520	610	480	550

〈표〉 사용 제한 사유별 비율_예약 시간 미준수

(단위: %)

회의실	A	B	C	D
비율	10%	20%	15%	10%

① 295건 ② 297건 ③ 299건
④ 301건 ⑤ 303건

18 다음은 A형과 B형 두 유형의 교육기관 수를 연도별로 나타낸 자료이다. 다음 중 자료에 대한 설명으로 옳은 것을 고르면?

〈표〉 연도별 교육기관 수

(단위: 개)

구분	A형 기관 수	B형 기관 수
2020년	4,280	1,420
2021년	4,460	1,468
2022년	4,655	1,450
2023년	4,725	1,493

〈 보 기 〉

㉠ A형 기관 수는 2020년부터 2023년까지 매년 증가하였다.
㉡ 2023년 A형 기관 수는 2020년에 비해 10% 이상 증가하였다.
㉢ B형 기관 수는 2021년에 감소하였다가, 2023년에 다시 증가하였다.
㉣ 2023년 두 유형을 합친 총 기관 수는 6,100개 이하이다.

① ㉠, ㉡ ② ㉡, ㉢ ③ ㉠, ㉢
④ ㉡, ㉣ ⑤ ㉢, ㉣

19 다음은 A대학교 1~4학년 학생들의 평균 장학금 수령액에 대한 자료이다. 2023년 평균 장학금 수령액이 전년 대비 가장 많이 증가한 학년의 전년 대비 증가율은? (단, 소수점 아래 첫째자리에서 반올림한다.)

〈표〉 학년별 평균 장학금 수령액

(단위: 만 원)

구분	2022년	2023년
1학년	220	235.5
2학년	310	334
3학년	410	439
4학년	480	503

① 7% ② 7.1% ③ 7.7%
④ 4.8% ⑤ 6.2%

20 다음은 2024년 상반기 의류 공장에서 월별로 생산한 의류 수량과 불량률을 나타낸 자료이다. 이 자료를 바탕으로 옳지 않은 것을 고르면?

〈표〉 2024년 의류 공장 월별 생산량 및 불량률

(단위: 벌, %)

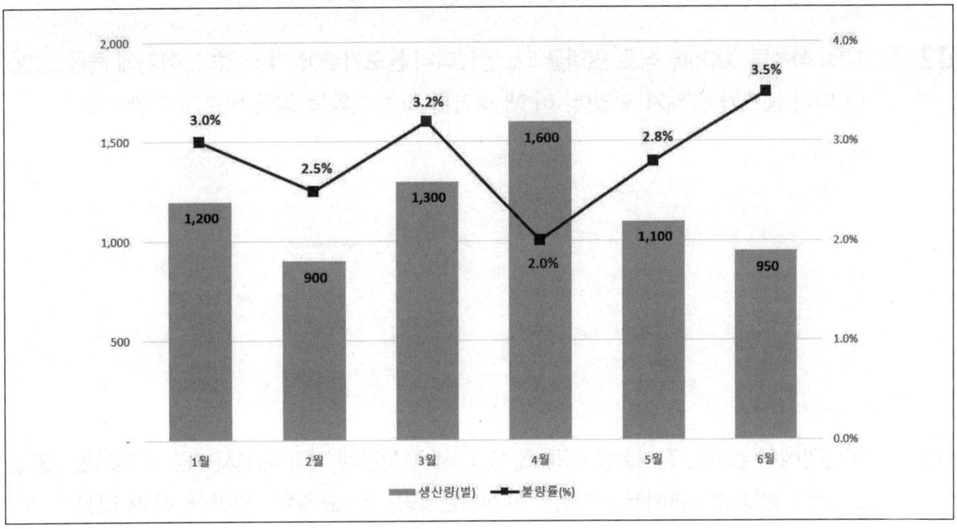

〈 보 기 〉

㉠ 3월의 생산량은 2월보다 45% 이상 증가하였다.
㉡ 불량률이 가장 높은 달은 6월이며, 이 때 생산량은 전체 조사기간 중 두 번째로 적다.
㉢ 1월의 불량률은 2월보다 낮지만 1월의 생산량은 2월보다 많다.
㉣ 6월의 생산량은 3월 생산량 대비 25% 이상 감소하였다.

① ㉠, ㉡ ② ㉡, ㉢ ③ ㉠, ㉢
④ ㉡, ㉣ ⑤ ㉢, ㉣

Chapter 03 창의수리

문항수 20문항 | 제한시간 15분

해설 p.51

01 한 책장에 7권씩 꽂으면 6권이 남고, 한 책장에 9권씩 꽂으면 마지막 책장은 3권만 꽂힌다고 할 때, 이 도서관이 구입한 책의 총 권수를 바르게 구한 것은? (단, 7권씩 꽂을 때와 9권씩 꽂을 때 사용한 책장의 수는 같다.)

① 48권 ② 58권 ③ 65권
④ 68권 ⑤ 75권

02 12% 식초물 300g에 식초 원액을 xg 넣었더니 농도가 20%가 되었다. 여기에 물을 220g 추가했더니 다시 농도가 12%가 되었다. 이 때 추가한 식초 원액의 양을 바르게 구한 것은?

① 30g ② 40g ③ 50g
④ 60g ⑤ 70g

03 미술관에서 열리는 전시회를 위해 A, B, C 세 전시관에 각각 해설사 1명, 관리요원 1명을 배치하려고 한다. 현재 미술관에서 근무하는 해설사는 4명, 관리요원은 3명이다. 이 때 해설사 1명, 관리요원 1명씩을 뽑아 각 전시관에 배치하는 경우의 수를 바르게 구한 것은?

① 144가지 ② 288가지 ③ 576가지
④ 864가지 ⑤ 1,440가지

04 A는 여름휴가 비용 마련을 위해 2,400,000원을 연 이자율 4.5%의 예금에 넣었다. 원래는 1년 동안 예치할 계획이었지만, 급하게 해외여행을 가게 되면서 8개월 만에 중도 해지하게 되었다. 이 상품의 중도해지 이율은 1.5%, 이자에 대한 세율은 15%라고 할 때, A가 실제로 통장에 받은 세후 이자를 바르게 구한 것은?

① 19,500원 ② 20,100원 ③ 20,400원
④ 21,000원 ⑤ 24,000원

05 제빵사 A는 혼자서 케이크 1,200개를 12시간 만에 만들 수 있고, 제빵사 B는 같은 양을 8시간에 만들 수 있다. 1,200개의 케이크를 만들기 위해 두 사람이 함께 작업을 시작했는데 A는 3시간 후 퇴근하고, 나머지 케이크는 B 혼자서 완성했다. 전체 작업이 완료되기까지 걸린 시간을 바르게 구한 것은?

① 4시간 ② 6시간 ③ 7시간
④ 8시간 ⑤ 10시간

06 A와 B가 호수를 산책 중이다. A는 시속 2.2km로 이동하고 B는 시속 1.8km로 이동한다. 같은 지점에서 같은 방향으로 출발하여 15분 뒤에 다시 만났다고 할 때, 호수의 둘레를 바르게 구한 것은?

① 100m ② 200m ③ 300m
④ 500m ⑤ 800m

07 한 전시회에서 입장료를 15,000원으로 책정하자 320명이 입장했다. 전시회 담당자는 입장료를 20% 인상하면 관람객 수가 25% 감소할 것이라고 예상한다. 예상대로 된다면, 입장료를 인상했을 때의 감소하는 수익을 바르게 구한 것은?

① 300,000원 ② 400,000원 ③ 450,000원
④ 480,000원 ⑤ 500,000원

08 물통을 채우는 데 수도꼭지 A는 20시간, B는 30시간이 걸린다. 하수구 C를 통해 가득 찬 물통을 비우려면 60시간이 걸린다. 수도꼭지 A와 B를 함께 틀어서 물통을 채우는 동시에 하수구 C로 빠지도록 설정했을 때, 물통이 가득 차는 데 걸리는 시간을 바르게 구한 것은?

① 15시간 ② 20시간 ③ 30시간
④ 35시간 ⑤ 40시간

09 B영화관에서는 일반 좌석이 프리미엄 좌석보다 2,000원 저렴하다. 이 두 좌석은 팝콘 세트와 함께 구매할 경우, 각 좌석 가격에 6,000원이 추가된다. 일반 세트 4개와 프리미엄 세트 1개를 구매했더니 총 54,000원이 나왔을 때, 일반 좌석의 단품 가격을 바르게 구한 것은?

① 3,700원 ② 4,100원 ③ 4,200원
④ 4,400원 ⑤ 5,200원

10 A와 B가 서로 마주보며 3.2km 떨어진 지점에서 동시에 출발했다. A는 시속 4.8km로, B는 시속 3.2km로 움직였다. 출발 후 두 사람이 만날 때까지 걸린 시간을 바르게 구한 것은?

① $\frac{1}{5}$시간 ② $\frac{2}{5}$시간 ③ $\frac{3}{4}$시간
④ $\frac{4}{5}$시간 ⑤ $\frac{6}{5}$시간

11 10% 소금물 500g이 있다. 이 소금물에서 일정량을 덜어낸 뒤, 같은 양의 물을 다시 부어 잘 섞었더니 농도가 8%로 낮아졌다. 이때 처음 덜어낸 소금물의 양을 바르게 구한 것은?

① 80g ② 100g ③ 135g
④ 140g ⑤ 150g

12 운동장 둘레는 3km이다. A는 시속 6km, B는 시속 4.5km의 속력으로 같은 지점에서 같은 방향으로 출발하였다. A가 B를 두 번째로 추월하는 시간을 바르게 구한 것은?

① 2시간 ② 3시간 20분 ③ 4시간
④ 5시간 ⑤ 6시간 20분

13 한 생활용품 매장에서 판매하는 천연비누 세트는 한 박스에 6개의 비누가 들어 있다. 비누를 낱개로 구입하면 개당 1,500원이고, 박스로 구매하면 6개 전체 금액에서 20% 할인이 된다. 한 고객이 비누를 총 28개 구입하면서 일부는 낱개로, 일부는 박스 단위로 구입해 총 38,400원을 지불했다. 개별 구입한 비누의 개수를 바르게 구한 것은?

① 10개 ② 16개 ③ 18개
④ 20개 ⑤ 22개

14 한 식물은 매주 자동 관수 시스템으로 물을 공급받는다. 첫째 주에 고장날 확률이 25%, 둘째 주에 고장날 확률은 20%이다. 2주 동안 관수 시스템이 단 한 번만 고장날 확률을 바르게 구한 것은? (단, 각 주에 최대 한 번만 고장난다.)

① $\frac{1}{5}$ ② $\frac{3}{10}$ ③ $\frac{2}{5}$
④ $\frac{7}{20}$ ⑤ $\frac{9}{25}$

15 물탱크에 총 3개의 관이 연결되어 있다. 물탱크 1개를 가득 채울 때, A관만 작동할 경우 20시간, B관만 작동할 경우 15시간이 걸린다. C관은 물탱크를 비우는 관으로, 작동할 경우 물탱크 하나를 모두 비우는 데 60시간이 걸린다. 3개의 관을 동시에 작동한 결과 탱크의 $\frac{2}{3}$까지만 채워졌다. 이 때 걸린 시간을 바르게 구한 것은?

① 5시간 30분 ② 6시간 ③ 6시간 40분
④ 7시간 10분 ⑤ 8시간

16 한 기업은 어떤 상품을 개당 18,000원의 원가로 제조하였고 여기에 40% 이익을 붙여 정가를 정했다. 판매 촉진을 위해 정가에서 20%를 할인하여 판매하여 총 1,200개를 판매하였다. 이 때 기업이 얻은 총 순이익을 바르게 구한 것은?

① 1,920,000원 ② 2,160,000원 ③ 2,400,000원
④ 2,592,000원 ⑤ 2,760,000원

17 A, B, C, D 4명이 일렬로 5개의 자리 중 서로 다른 자리에 한 명씩 앉으려 한다. 이 때, A는 반드시 B의 바로 옆에 앉아야 할 때, 가능한 경우의 수를 바르게 구한 것은?

① 12가지 ② 18가지 ③ 24가지
④ 36가지 ⑤ 48가지

18 A는 800,000원을 1년간 예금하여 15%의 세금을 제하고 21,250원의 이자를 받았다. 이 예금의 연이자율(세전 기준)을 바르게 구한 것은? (단, 소수점 이하 둘째자리에서 반올림한다.)

① 2.8% ② 3.0% ③ 3.1%
④ 3.2% ⑤ 3.5%

19 농도가 20%인 소금물 4L에 물을 추가하여 농도를 16%인 소금물로 만들었다. 여기에 다시 농도 30%인 소금물을 2L 추가로 넣었을 때, 농도가 20%인 소금물이 되었다면 추가한 물의 양을 바르게 구한 것은?

① 1L ② 2L ③ 3L
④ 4L ⑤ 5L

20 A사원이 집에서 회사까지 시속 4km의 속도로 걸어갔고, 집으로 돌아올 때는 소나기를 만나 시속 8km의 속력으로 귀가했다. 집에서 회사까지의 거리는 일정하고, 같은 길로 갔다가 같은 길로 돌아왔다고 할 때, 왕복 54분이 걸렸다면 집과 회사의 사이를 바르게 구한 것은?

① 1km ② 1.5km ③ 1.8km
④ 2.1km ⑤ 2.4km

Chapter 04 언어추리

문항수 20문항 | 제한시간 15분

해설 p.53

01 〈보기〉의 명제를 참고하여 다음 중 항상 참인 것을 고르시오.

〈 보 기 〉

- 청바지를 고르면 넥타이를 고르지 않는다.
- 점퍼를 고르면 조끼를 고르지 않는다.
- 청바지를 고르지 않으면 원피스를 고른다.
- 스타킹을 고르면 원피스를 고르지 않는다.
- 점퍼를 고르지 않으면 스타킹을 고른다.

① 조끼를 고르면 청바지를 고르지 않는다.
② 점퍼를 고르면 원피스를 고른다.
③ 스타킹을 고르면 넥타이를 고른다.
④ 넥타이를 고르면 조끼를 고른다.
⑤ 청바지를 고르지 않으면 점퍼를 고른다.

02 A, B, C, D 중 1명이 성과급을 받는다. 이들 중 1명만 거짓을 말하고 나머지 3명은 진실을 말한다고 할 때 성과급을 받는 사람과 거짓을 말하는 사람을 알맞게 짝지은 것을 고르시오.

〈 보 기 〉

A: C 또는 D가 성과급을 받는다.
B: D가 하는 말은 거짓이다.
C: A 또는 D가 성과급을 받는다.
D: 나와 A는 성과급을 받지 않는다.

① 성과급: A, 거짓말: B ② 성과급: A, 거짓말: D ③ 성과급: C, 거짓말: C
④ 성과급: D, 거짓말: B ⑤ 성과급: D, 거짓말: D

03 A, B, C, D, E는 이어폰과 헤드셋 중 한 가지 이상을 산다. 〈보기〉를 참고하여 항상 참인 것을 고르시오.

〈 보 기 〉

- C는 이어폰을 사고 헤드셋을 사지 않는다.
- D는 E와 같은 종류의 제품을 사지 않는다.
- 헤드셋을 사는 사람이 이어폰을 사는 사람보다 많다.

① A는 이어폰을 산다.
② B는 이어폰을 산다.
③ B는 헤드셋을 산다.
④ D는 헤드셋을 산다.
⑤ E는 헤드셋을 산다.

04 A, B, C, D, E 중 1명만 진급했다. 5명 중 1명이 진실로 진술하고 나머지 4명은 거짓으로 진술한다고 할 때 〈보기〉를 참고하여 진실로 진술하는 1명을 고르시오.

〈 보 기 〉

A: E는 진급하지 않았다.
B: 나와 D는 진급하지 않았다.
C: 나와 B는 진급하지 않았다.
D: C의 진술은 진실이다.
E: A 또는 C가 진급했다.

① A ② B ③ C
④ D ⑤ E

05 **A, B, C, D, E는 5층의 아파트 각 층에 산다. 한 층에 1명씩 산다고 할 때 〈보기〉를 참고하여 항상 참인 것을 고르시오.**

〈 보 기 〉

- A와 D 사이에 1명이 산다.
- B는 E보다 높은 층에 산다.
- C는 B와 이웃한 층에 살지 않는다.
- D보다 한 층 높은 층에 E가 산다.

① 1층에 사는 사람은 C이다.
② 2층에 사는 사람은 E이다.
③ 3층에 사는 사람은 D이다.
④ 4층에 사는 사람은 A이다.
⑤ 5층에 사는 사람은 B이다.

06 **A, B, C, D, E, F는 원형의 탁자에 일정한 간격으로 앉는다. 6명의 소속팀은 총 3개 팀이며 각 팀에 소속된 인원은 3명, 2명, 1명이다. 〈보기〉를 참고하여 항상 참인 것을 고르시오.**

〈 보 기 〉

- 팀 소속이 같은 인원끼리 이웃하게 앉는다.
- A는 D와 마주 보고 앉는다.
- B와 이웃한 오른쪽 자리에 C가 앉는다.
- D와 E는 소속팀이 같다.
- F가 소속된 팀의 인원은 2명이다.

① A가 소속된 팀의 인원은 2명이다.
② A가 소속된 팀의 인원은 1명이다.
③ C가 소속된 팀의 인원은 2명이다.
④ C가 소속된 팀의 인원은 1명이다.
⑤ D가 소속된 팀의 인원은 2명이다.

07 A, B, C, D, E 중 2명이 보너스를 받았다. 보너스를 받은 2명은 진실을 말하고 나머지 3명은 거짓을 말한다고 할 때 〈보기〉를 참고하여 보너스를 받은 2명을 올바르게 짝지은 것을 고르시오.

〈 보 기 〉

A: E는 보너스를 받지 않았다.
B: C와 D는 보너스를 받지 않았다.
C: D는 진실을 말한다.
D: C와 E는 보너스를 받지 않았다.
E: C는 보너스를 받지 않았다.

① A, C ② A, E ③ B, D
④ B, E ⑤ C, D

08 〈보기〉의 명제를 참고하여 다음 중 항상 거짓인 것을 고르시오.

〈 보 기 〉

- 마카롱을 먹으면 케이크를 먹지 않는다.
- 도넛을 먹으면 타르트 또는 스무디를 먹는다.
- 스무디를 먹으면 랑그드샤를 먹지 않는다.
- 타르트를 먹으면 케이크를 먹는다.
- 쿠키를 먹지 않으면 도넛을 먹는다.

① 마카롱을 먹으면 쿠키를 먹지 않는다.
② 마카롱과 랑그드샤를 먹으면 쿠키를 먹지 않는다.
③ 랑그드샤를 먹으면 마카롱을 먹는다.
④ 타르트를 먹지 않으면 랑그드샤를 먹지 않는다.
⑤ 도넛을 먹으면 타르트를 먹는다.

09 **A, B, C, D의 학년은 1학년부터 4학년까지이며 학년이 같은 사람은 없다. 이들의 전공은 중문학, 일문학, 영문학, 국문학이고 인당 하나의 전공이며 전공이 같은 사람은 없다고 할 때 〈보기〉를 참고하여 항상 참인 것을 고르시오.**

〈 보 기 〉

- B는 D보다 학년이 높다.
- 국문학을 전공하는 사람보다 두 학년이 높은 사람은 영문학을 전공한다.
- C는 3학년이다.
- A는 중문학을 전공한다.

① B는 일문학을 전공한다. ② B는 영문학을 전공한다. ③ C는 국문학을 전공한다.
④ D는 일문학을 전공한다. ⑤ D는 국문학을 전공한다.

10 **상품인 (가), (나), (다)를 A, B, C가 서로 겹치지 않게 하나씩 구매한다. A, B, C 모두 2번씩 진술하며 2번의 진술 중 하나의 진술은 참이고 나머지 진술은 거짓이라고 할 때 〈보기〉를 참고하여 항상 참인 것을 고르시오.**

〈 보 기 〉

A: 나 또는 C가 (가)를 구매한다.
A: 나는 (다)를 구매하고 B가 (가)를 구매한다.
B: 나는 (나)를 구매하지 않는다.
B: A가 (다)를 구매한다.
C: 나는 (나)를 구매하고 A가 (가)를 구매한다.
C: A 또는 B가 (다)를 구매한다.

① A는 (다)를 구매한다. ② B는 (가)를 구매한다. ③ B는 (나)를 구매한다.
④ C는 (가)를 구매한다. ⑤ C는 (다)를 구매한다.

11 A, B, C, D는 관악산, 설악산, 치악산, 삼악산 중 하나를 선택하여 오른다. 같은 산을 오르는 사람은 없다고 할 때 이들이 산을 오르는 경우가 모두 몇 가지인지 고르시오.

〈 보 기 〉

- B는 관악산을 오르거나 삼악산을 오른다.
- C는 설악산을 오르지 않는다.
- C가 치악산을 오른다면 D는 관악산을 오른다.
- D가 설악산을 오른다면 A는 삼악산을 오른다.

① 1가지 ② 2가지 ③ 3가지
④ 4가지 ⑤ 5가지

12 A, B, C, D, E, F는 여자 1명, 남자 1명이 짝을 지어 조를 구성한다. 〈보기〉를 참고하여 반드시 거짓인 것을 고르시오.

〈 보 기 〉

- C는 E와 같은 조가 아니다.
- E와 D는 여자다.
- A와 B는 성별이 다르다.

① B는 A와 같은 조를 구성한다.
② F는 C와 같은 조를 구성한다.
③ D는 B와 같은 조를 구성한다.
④ A는 E와 같은 조를 구성한다.
⑤ E는 F와 같은 조를 구성한다.

13 A, B, C, D, E는 달리기를 통해 1등부터 5등까지 등수를 갈랐다. 5명 중 1명의 진술만 거짓이고 공동 등수는 없다고 할 때 〈보기〉를 참고하여 항상 참인 것을 고르시오.

〈 보 기 〉

A: B 또는 C의 등수가 2등이다.
B: E의 등수는 4등이다.
C: A의 등수는 4등이다.
D: B의 등수는 3등이고 E의 등수는 5등이다.
E: C의 등수는 2등이다.

① 1등인 사람은 C이다. ② 2등인 사람은 B이다. ③ 3등인 사람은 E이다.
④ 4등인 사람은 A이다. ⑤ 5등인 사람은 D이다.

14 A, B, C, D, E, F의 시험성적은 각기 다르다. 〈보기〉의 명제를 참고하여 항상 참인 것을 고르시오.

〈 보 기 〉

– C는 B보다 성적이 높다.
– A는 D보다 성적이 낮다.
– E는 C보다 성적이 높다.
– F는 D보다 성적이 높다.
– C는 D보다 성적이 낮다.

① F는 B보다 성적이 높다. ② C는 A보다 성적이 높다. ③ A는 B보다 성적이 높다.
④ C는 F보다 성적이 높다. ⑤ E는 F보다 성적이 높다.

15 A, B, C, D, E, F는 좌측부터 1호, 2호, 3호, 4호, 5호, 6호 순으로 배치된 숙소에 묵는다. A, B, C, D, E, F의 소속팀은 세 곳이며 각 팀의 인원은 3명, 2명, 1명이다. 각자 소속팀은 한 곳이고 인당 1개 호실에 묵는다고 할 때 〈보기〉를 참고하여 항상 참인 것을 고르시오.

〈 보 기 〉

- B는 2호에 묵는다.
- 소속팀이 같은 직원끼리 이웃한 호실에 묵는다.
- C는 E와 소속팀이 같다.
- A와 이웃한 우측 호실에 묵는 직원은 D이다.
- F와 같은 팀인 직원은 없다.

① A의 소속팀 인원이 2명이라면 D는 6호에 묵는다.
② E의 소속팀 인원이 2명이라면 F는 1호에 묵는다.
③ D의 소속팀 인원이 3명이라면 E는 5호에 묵는다.
④ C의 소속팀 인원이 3명이라면 A는 4호에 묵는다.
⑤ B의 소속팀 인원이 3명이라면 C는 3호에 묵는다.

16 A, B, C, D, E 중 2명이 퇴사하였다. 퇴사한 2명은 거짓을 말하고 퇴사하지 않은 3명은 진실을 말한다고 할 때 〈보기〉를 참고하여 퇴사한 2명을 알맞게 짝지은 것을 고르시오.

〈 보 기 〉

A: B는 거짓말을 하지 않는다.
B: 나와 A는 퇴사하지 않았다.
C: 나와 E는 퇴사하지 않았다.
D: C는 퇴사하지 않았다.
E: D가 하는 말은 거짓이다.

① A, B　　② A, E　　③ B, C
④ C, D　　⑤ D, E

17 A, B, C, D, E는 5개 층으로 이뤄진 빌딩에서 근무한다. 〈보기〉를 참고하여 1층에서 근무하는 사람을 고르시오.

〈 보 기 〉

- 5명은 서로 다른 층에서 근무한다.
- A보다 높은 층이며 B보다 낮은 층에서 근무하는 직원은 2명이다.
- C는 A보다 낮은 층에서 근무한다.

① A ② B ③ C
④ D ⑤ E

18 〈보기〉의 명제를 참고하여 항상 참인 것을 고르시오.

〈 보 기 〉

- 실행력이 우수하지 않은 사원은 창의력이 우수하지 않다.
- 홍보팀인 사원은 창의력이 우수하다.
- 재무팀이면서 홍보팀인 사원이 존재한다.

① 실행력이 우수한 어떤 사원은 재무팀이다.
② 창의력이 우수한 모든 사원은 재무팀이다.
③ 실행력이 우수한 모든 사원은 재무팀이다.
④ 실행력이 우수하지 않은 어떤 사원은 재무팀이다.
⑤ 재무팀인 모든 사원은 실행력이 우수하다.

19 A, B, C는 2번의 진술에서 1번은 진실, 1번은 거짓을 말한다. 3명 중 1명만 30대이고 나머지 2명은 20대라고 할 때 〈보기〉의 진술을 토대로 항상 참인 것을 고르시오.

〈 보 기 〉

A: B 또는 C가 30대이다.
A: B가 30대이다.
B: A는 20대이다.
B: A와 C는 20대이다.
C: A와 B는 20대이다.
C: A가 30대이다.

(가): A는 30대이다.
(나): B는 30대이다.
(다): C는 30대이다.

① (가)만 옳다.
② (나)만 옳다.
③ (다)만 옳다.
④ (가)와 (다)만 옳다.
⑤ (나)와 (다)만 옳다.

20 3행 2열로 배치된 사물함에 1부터 6까지 번호를 부여한다. 같은 번호를 부여한 사물함은 없다고 할 때 5번을 부여한 사물함과 같은 행에 있는 사물함의 번호를 고르시오.

〈 보 기 〉

- 2행 2열의 사물함에 5를 부여한다.
- 3번을 부여한 사물함과 4번을 부여한 사물함은 서로 다른 열에 있다.
- 같은 열이며 아래쪽인 사물함이 위쪽인 사물함보다 번호가 크다.

① 1
② 2
③ 3
④ 4
⑤ 5

Chapter 05 수열추리

문항수 20문항 | 제한시간 15분

해설 p.62

01 다음과 같이 일정한 규칙으로 숫자를 나열할 때, A + B의 값으로 알맞은 것을 고르시오.

4	7	6	11	8	(A)	(B)	19	12	23

① 23 ② 25 ③ 27
④ 29 ⑤ 31

02 다음과 같이 일정한 규칙으로 숫자를 나열할 때, B − A의 값으로 알맞은 것을 고르시오.

2	6	18	54	(A)	486	(B)

① 1,296 ② 981 ③ 324
④ 1,458 ⑤ 1,620

03 다음과 같이 일정한 규칙으로 숫자를 나열할 때, 8번째 항의 값으로 알맞은 것을 고르시오.

$\frac{1}{3}$	$\frac{2}{5}$	$\frac{3}{7}$	$\frac{4}{9}$	$\frac{5}{11}$

① $\frac{1}{2}$ ② $\frac{4}{9}$ ③ $\frac{8}{17}$
④ $\frac{2}{5}$ ⑤ $\frac{8}{19}$

04 다음과 같이 일정한 규칙으로 숫자를 나열할 때, 빈 칸에 들어갈 값으로 알맞은 것을 고르시오.

5.5	2.75	8.25	4.125	12.375	( )	18.5625

① 3.363 ② 9.28 ③ 5.625
④ 24.75 ⑤ 6.1875

05 다음과 같이 일정한 규칙으로 숫자를 나열할 때, 빈 칸에 들어갈 값으로 알맞은 것을 고르시오.

12	3.1	37.2	15	8	120	17	5.5	( )

① 82.5 ② 85 ③ 91.4
④ 93.5 ⑤ 96

06 다음과 같이 일정한 규칙으로 숫자를 나열할 때, 9번째 항의 값으로 알맞은 것을 고르시오.

1	3	6	18	36	108	216

① 344 ② 648 ③ 1,296
④ 1,944 ⑤ 2,456

07 다음과 같이 일정한 규칙으로 숫자를 나열할 때, 빈 칸에 들어갈 값으로 알맞은 것을 고르시오.

$\frac{2}{7}$	$\frac{3}{14}$	$\frac{1}{2}$	$\frac{5}{7}$	$\frac{17}{14}$	$\frac{27}{14}$	( )

① $\frac{20}{7}$ ② $\frac{41}{14}$ ③ $\frac{22}{7}$
④ $\frac{47}{14}$ ⑤ $\frac{25}{7}$

08 다음과 같이 일정한 규칙으로 숫자를 나열할 때, A + B의 값으로 알맞은 것을 고르시오.

4	16	8	64	32	1,024	512	(A)	(B)

① 33,324 ② 65,636 ③ 131,072
④ 262,656 ⑤ 393,216

09 다음과 같이 일정한 규칙으로 숫자를 나열할 때, 빈 칸에 들어갈 값으로 알맞은 것을 고르시오.

14	−28	56	−112	224	( )

① 112 ② −224 ③ 448
④ −448 ⑤ 896

10 다음과 같이 일정한 규칙으로 숫자를 나열할 때, 10번째 항의 값으로 알맞은 것을 고르시오.

4	41	12	42	36	43	108	44

① 45 ② 90 ③ 216
④ 324 ⑤ 972

11 다음과 같이 일정한 규칙으로 숫자를 나열할 때, 빈 칸에 들어갈 값으로 알맞은 것을 고르시오.

1	$\frac{4}{3}$	$\frac{8}{4}$	$\frac{16}{5}$	$\frac{32}{6}$	( )

① $\frac{40}{7}$ ② $\frac{64}{7}$ ③ $\frac{90}{8}$
④ $\frac{128}{8}$ ⑤ $\frac{64}{9}$

12 다음과 같이 일정한 규칙으로 숫자를 나열할 때, 9번째 항의 값으로 알맞은 것을 고르시오.

150	145	160	155	170	165

① 180 ② 185 ③ 190
④ 195 ⑤ 200

13 다음과 같이 일정한 규칙으로 숫자를 나열할 때, A+B의 값으로 알맞은 것을 고르시오.

3	5	9	17	(A)	65	(B)	257

① 158 ② 159 ③ 160
④ 161 ⑤ 162

14 다음과 같이 일정한 규칙으로 숫자를 나열할 때, 6번째 항의 값으로 알맞은 것을 고르시오.

0.5	0.25	0.125	0.0625	0.03125

① 0.015625 ② 0.078125 ③ 0.0078125
④ 0.0015625 ⑤ 0.00390625

15 다음과 같이 일정한 규칙으로 숫자를 나열할 때, 8번째 항의 값으로 알맞은 것을 고르시오.

1	− 4	9	− 16	25

① − 56　② 60　③ − 64
④ 68　⑤ − 72

16 다음과 같이 일정한 규칙으로 숫자를 나열할 때, 9번째 항의 값으로 알맞은 것을 고르시오.

456	432	408	384	360

① 240　② 264　③ 288
④ 312　⑤ 336

17 다음과 같이 일정한 규칙으로 숫자를 나열할 때, 빈 칸에 들어갈 값으로 알맞은 것을 고르시오.

3	−6	0	0	6	− 12	− 6	12	(　)

① 6　② − 6　③ 12
④ − 12　⑤ 18

18 다음과 같이 일정한 규칙으로 숫자를 나열할 때, 빈 칸에 들어갈 값으로 알맞은 것을 고르시오.

4	32	8	11	132	12	41	( )	6

① 240 ② 242 ③ 244
④ 246 ⑤ 248

19 다음과 같이 일정한 규칙으로 숫자를 나열할 때, 8번째 항의 값으로 알맞은 것을 고르시오.

$$\frac{1}{4} \quad \frac{3}{10} \quad \frac{2}{5} \quad \frac{11}{20} \quad \frac{3}{4}$$

① $\frac{11}{10}$ ② $\frac{13}{10}$ ③ $\frac{3}{2}$
④ $\frac{8}{5}$ ⑤ $\frac{33}{20}$

20 다음과 같이 일정한 규칙으로 숫자를 나열할 때, 8번째 항의 값으로 알맞은 것을 고르시오.

2.1	8.4	33.6	134.4	537.6	2,150.4

① 8,601.6 ② 21,504.6 ③ 34,406.4
④ 86,016.4 ⑤ 137,625.6

LEtuin

2025
하반기

SK그룹 종합역량검사

제02회

기출동형 모의고사

영역	문항 수	시간
언어이해	20	15분
자료해석	20	15분
창의수리	20	15분
언어추리	20	15분
수열추리	20	15분

※ 2025년 상반기 기준 출제 문항 수와 시험 응시 시간입니다.

SK 취업은 렛유인

Chapter 01 언어이해

문항수 20문항 | 제한시간 15분

해설 p.23

01 다음 글의 주제로 가장 적절한 것은?

> 비잔틴 미술은 서로마 제국이 쇠퇴하고 동로마 제국이 콘스탄티노플을 중심으로 부상하면서 본격적으로 발전하였다. 특히, 콘스탄티누스 대제가 기독교를 공인한 이후 비잔틴 미술은 초기부터 기독교의 후원을 받는 궁정 예술로 자리 잡았으며 장대하고 호화로운 양식이 특징이었다.
>
> 지리적으로 동로마 제국은 유대교 신앙 지역, 헬레니즘의 거점 도시 알렉산드리아와 안티오키아, 그리고 사산 왕조 페르시아 등과 인접해 있었다. 이질 문명과의 접점 위에서 동로마는 라틴적 요소와 동방적 요소를 융합하여 헬레니즘의 유산을 바탕으로 고유한 양식을 형성했다. 이러한 복합성과 융합성은 비잔틴 예술의 가장 두드러진 특징이라 할 수 있다.
>
> 6세기 유스티니아누스 황제 시대에는 비잔틴 예술이 황금기를 맞이하였고 당시 만들어진 문화유산들 중 일부는 아직도 남아있다. 그러나 8세기에서 9세기 사이에는 성상 숭배를 둘러싼 내부 논쟁과 사라센인의 침입 등으로 문화적 침체기를 겪었고, 10세기부터 12세기에는 한때 재흥기를 맞이하기도 했다.

① 기독교 미술의 동방 확산과 미술 양식의 장대함

② 비잔틴 제국이 겪은 문화 쇠퇴와 헬레니즘 예술의 몰락

③ 비잔틴 미술의 지리적 배경과 이질 문명의 경계성

④ 서로마와 동로마의 정치적 분열이 초래한 종교 갈등

⑤ 비잔틴 미술의 성립 배경과 역사적 전개 과정

02 다음 글의 제목으로 가장 적절한 것은?

과거의 도시는 고정된 행정 경계와 물리적 기반을 중심으로 정의되었지만 오늘날 도시는 유연한 관계망 속에서 재형성되는 흐름의 공간으로 인식되고 있다. 이같은 변화는 '리퀴드폴리탄(Liquidpolitan)'이라는 개념으로 설명된다. 이는 액체처럼 경계를 넘나들고 관계 기반으로 확장되는 도시를 의미하며, 고정된 주거지 대신 유목적 삶을 추구하는 이들의 가치관 변화와 밀접한 관련이 있다.

디지털 노마드, 워케이션, 장기 체류형 여행이 보편화되면서 리퀴드폴리탄은 특정 지역만의 특수 현상이 아닌 글로벌 트렌드로 확산되고 있다. 예를 들어, 포르투갈 리스본은 세금 혜택과 디지털 인프라를 바탕으로 전 세계 원격 근무자들이 모이는 도시로 자리 잡았다. 태국 치앙마이는 저렴한 생활비와 활발한 국제 커뮤니티로 대표적인 아시아권 리퀴드폴리탄으로 떠올랐고 발리, 멕시코시티, 스페인의 카나리아 제도 등도 유사한 모습을 보인다. 이들은 공통적으로 장기 체류자 · 단기 이주자 · 문화 예술인 · 창작자들이 함께 생활하는 느슨한 네트워크형 도시 구조를 갖추고 있다. 국내에서도 제주도가 복합문화공간과 IT 인프라, 창작자 커뮤니티를 중심으로 하는 새로운 도시 모델로 주목받고 있다.

① 경계가 사라지는 도시의 이동
② 유목적 삶을 담는 도시의 진화
③ 리모트 워크로 변화하는 도시
④ 지방 도시의 생존을 위한 진화정책
⑤ 디지털 도시화가 만들어낸 새로운 주거 형태

03 다음 글의 내용과 일치하는 것은?

> 니체는 인간이 기존의 도덕과 종교적 가치에 의존하는 삶에서 벗어나야 한다고 주장했다. 그는 '신은 죽었다'는 선언을 통해 절대적인 가치가 더 이상 유효하지 않음을 드러냈고, 이로 인해 인간은 허무주의에 빠질 수 있다고 경고했다. 하지만 니체는 이러한 공허함을 극복할 수 있는 존재로 초인을 제시했다. 초인은 단순히 강한 인간이 아니라, 스스로 삶의 의미를 만들어내고 반복되는 고통과 시련조차 온전히 긍정하는 태도를 지닌다. 그는 외부의 규범이나 권위에 기대지 않고, 자기 의지를 통해 새로운 가치를 창조한다. 초인은 영원회귀를 받아들이는 존재로, 모든 삶의 순간을 다시 살아도 좋다고 여길 수 있을 만큼 강한 내면을 가진다. 니체가 바라본 초인은 현실을 부정하거나 회피하지 않고, 주어진 삶을 능동적으로 받아들이며 끊임없이 자신을 극복하는 인간상이다.

① 초인은 고통을 회피하고 도덕적 규범에 따라 안전한 삶을 추구하는 존재이다.
② 니체는 초인을 기존 가치에 순응하며 살아가는 사람의 모델로 제시했다.
③ '신은 죽었다'는 선언은 절대 가치를 회복하려는 시도를 뜻한다.
④ 초인은 반복되는 삶의 허무함을 부정하며 다른 세계를 추구한다.
⑤ 초인은 외부 규범을 넘어 자신만의 기준을 세우고, 이를 통해 새로운 가치를 창조하려는 존재이다.

04 다음 글의 내용과 일치하는 것은?

> 스파이킹 뉴럴 네트워크(SNN)와 심층 신경망(DNN)은 계산뇌과학에서 자주 비교되는 인공신경망 모델이다. SNN은 뇌의 생물학적 신경 구조를 모방하며 이벤트 기반으로 작동하고 입력 신호가 임계치를 넘을 때만 신경세포가 활성화된다. 이로 인해 불필요한 연산이 줄고 작은 입력에 대해 저전력으로 작동하는 장점이 있다. 반면 DNN은 연속적인 데이터를 처리하며 오차역전파 등의 방법으로 높은 인식률을 달성하고 대규모 데이터와 GPU 활용에 최적화되어 있다.
>
> 학습 방식에서 SNN은 개별 시냅스 수준의 학습이 가능하고 뇌와 유사한 작동 방식을 보이지만 대규모 확장에는 제한이 있다. DNN은 전체 신경망 단위의 학습을 통해 범용성과 확장성에서 강점을 가진다. 계산뇌과학 관점에서 SNN은 생물학적 타당성과 에너지 효율 측면에서 미래 가능성이 높고, DNN은 정밀한 예측과 고성능 연산에 적합하다. 두 모델은 상보적인 특성을 가지며 이를 결합한 하이브리드 모델 연구도 활발히 진행되고 있다.

① SNN은 연속적인 데이터 입력에 특화되어 있으며 대규모 신경망 구성에 적합하다.
② DNN은 이벤트가 발생할 때만 작동하므로 에너지 효율이 높다.
③ SNN은 생물학적 신경 구조를 모방하며 개별 연결 단위에서도 학습 조정이 가능하다.
④ DNN은 생물학적 신경을 정밀하게 모방하여 뇌의 작동 방식을 그대로 재현한다.
⑤ SNN과 DNN은 모두 저전력 특성을 바탕으로 소형 디바이스에 주로 사용된다.

05 **다음 글의 빈 칸 ⓐ에 들어갈 문장으로 가장 적절한 것은?**

선천면역은 병원체가 침입했을 때 인체가 가장 먼저 반응하는 비특이적 방어 체계로, 감염 초기 몇 시간 이내에 작동한다. 병원체의 종류와 관계없이 공통된 분자 패턴을 인식해 빠르게 대응하며, 태어날 때부터 활성화되어 있으나 기억 면역은 형성하지 않는다. 피부와 점막 같은 물리적 장벽과 위산, 눈물, 피부의 pH 등 화학적 인자가 1차 방어선을 이루고 병원체가 이를 통과하면 대식세포, 호중구, 수지상세포, 자연살해세포 등이 반응한다. 이들은 병원체 고유의 분자 패턴인 PAMPs를 TLR 수용체로 인식해 식균작용, 염증 반응, 사이토카인 분비를 유도한다. 특히, 수지상세포는 항원을 처리한 뒤 림프절로 이동해 T세포를 통한 후천면역을 유도한다. 이처럼 선천면역은 빠른 방어를 제공할 뿐 아니라 후속 면역 반응을 유도하는 기반으로 작용하며, 면역 체계의 (　　　　　ⓐ　　　　　) 역할을 한다.

① 초기 방어와 후속 반응을 연결하는 중심축
② 체내 에너지 항상성을 유지하는 필수 인자
③ 후천면역에서 항체 생성을 유도하는 주요 매개체
④ 병원체를 선택적으로 기억하는 정보 처리소
⑤ 면역 반응의 과도한 활성화를 억제하는 제어 장치

06 다음에 글의 (A)~(D)를 문맥에 맞게 순서대로 배열한 것은?

> (A) 예를 들어 자유시장 체제는 효율적인 자원 배분을 가능하게 하지만, 외부효과나 정보 비대칭과 같은 구조적 한계를 지닌다. 이러한 한계로 인해 시장이 스스로 조정할 수 없는 영역에서는 일정 수준의 규제가 불가피하며, 이는 자율성을 중시하는 자유의 원리와 조정 기능을 수행하려는 국가의 역할 사이에서 균형을 모색하는 과제로 이어진다.
>
> (B) 반면 통제시장은 전략적 산업 육성이나 재분배를 목표로, 정부가 주도하는 자원 배분을 특징으로 한다. 그러나 계획의 수립과 집행 사이에는 괴리가 존재하고, 동기 설계의 비효율성 및 정보 축적의 한계로 인해 중앙집중형 모델은 확장성이 제한되며, 시장 메커니즘과의 충돌을 피하기 어렵다.
>
> (C) 전통적으로 자유시장과 통제시장은 상호 대립하는 개념으로 인식되어 왔다. 그러나 오늘날의 경제 환경에서는 이러한 이분법적 구도가 점차 설득력을 잃고 있으며, 두 체제가 서로의 방식을 일부 받아들이고 절충함으로써 제도적 안정성과 유연성을 확보하려는 흐름이 주류를 이루고 있다.
>
> (D) 이러한 변화의 배경에는 두 체제가 지닌 상반된 가치가 있다. 자유시장은 자율성과 경쟁을 통해 혁신을 추구하는 데 그 이상이 있고, 통제시장은 형평성과 계획을 중심에 두고 작동한다. 하지만 두 체제 모두 단독으로는 완결된 시스템이라 보기 어렵기 때문에, 각 체제의 설계는 환경의 복잡성과 제도의 지속 가능성에 맞춰 끊임없이 조정되고 있다.

① (C) – (B) – (A) – (D)
② (C) – (D) – (A) – (B)
③ (C) – (D) – (B) – (A)
④ (D) – (A) – (B) – (C)
⑤ (D) – (B) – (A) – (C)

07 **다음 글에서 주장하는 내용이 사실일 때, 이를 비판하는 것으로 가장 적절한 것은?**

> 공진화 전략은 조직이 변화하는 외부 환경에 일방적으로 적응하거나 내부 역량만을 강화하는 데 그치지 않고, 외부 환경과 지속적으로 상호작용하며 함께 진화하는 방식의 전략을 의미한다. 이는 기업, 기술, 제도, 소비자 등 다양한 요소가 생존과 경쟁력 확보를 위해 동시적이고 상호의존적으로 변화한다는 구조적 전제를 바탕으로 한다. 공진화 전략은 고정된 방식의 단순한 적응이 아니라 동적인 상호 진화 과정을 강조하며, 조직이 외부 변화에 수동적으로 반응하는 것이 아니라 능동적으로 변화의 방향을 설계하고 전체 생태계의 진화 경로를 창출하는 것을 목표로 한다.
>
> 실제로 한 기업이 친환경 기술을 선도적으로 개발하면 이는 산업 전반에 파급되어 정부의 규제 방향을 바꾸거나 소비자의 인식 변화를 유도하고, 궁극적으로 새로운 산업 표준을 만들어내기도 한다. 반대로, 제도나 정책의 변화가 기업 전략을 촉진하거나 새로운 기술 개발을 유도하는 방식으로 작용하기도 한다. 이러한 맥락에서 공진화 전략은 선도와 적응이라는 이분법적 구도를 넘어서, 조직이 외부 환경과 유기적으로 연결되어 있다는 인식을 기반으로 한다. 나아가 조직의 전략이 외부 환경을 구성하는 하나의 축이 될 수 있다는 가능성을 내포한다.

① 공진화 전략은 선도적 기업의 성공 사례에만 초점을 맞추고 있어 일반 기업에는 적용이 어렵다.
② 외부 환경은 빠르게 변하지 않기 때문에 장기적 진화를 전제로 한 전략은 현실성이 떨어진다.
③ 공진화 전략은 기술 혁신보다 조직 문화 개선에 더 적합한 접근이다.
④ 소비자 인식 변화는 기업 전략보다 정부 정책에 의해 더 크게 좌우되므로 전략 수립에 반영하기 어렵다.
⑤ 공진화 전략이 실패했을 경우 기업 내부의 전략적 판단 문제인지 외부 환경의 제약 때문인지 책임소재가 불분명하다.

08 다음에 글의 (A)~(D)를 문맥에 맞게 순서대로 배열한 것은?

(A) 혼합물은 두 가지 이상의 순수 물질이 물리적으로 결합된 상태를 말하며, 이러한 계의 성질은 상의 수나 에너지 장벽에 따라 달라진다. 혼합물 내부에서 상들이 어떻게 배열되고 상호작용하는지는 계 전체의 안정성과 평형 특성을 결정짓는 요소다. 따라서 혼합물은 정적인 구조로만 보기보다는, 시간에 따른 변화와 함께 해석되어야 한다.

(B) 다만 이러한 분류는 절대적인 것이 아니다. 관측자의 해상도나 시간 척도에 따라 마이크로 수준에서 균일해 보이는 계도, 미시적으로는 다상 구조를 가질 수 있다. 예컨대 콜로이드처럼 작은 입자가 분산된 계는 거시적으로는 균일하지만, 실제로는 헤테로지니어스 성격을 띠게 된다.

(C) 호모지니어스 혼합물은 하나의 상으로 이루어진 계로, 전 공간에서 물리적 특성이 일정하다. 밀도나 굴절률 같은 물리량이 위치에 따라 변하지 않으며, 구성 성분은 열역학적으로 균일하게 분포한다. 성분 간 경계가 드러나지 않기 때문에 구분이 어렵고, 외관상으로도 하나의 물질처럼 인식된다.

(D) 반대로 헤테로지니어스 혼합물은 두 개 이상의 상으로 이루어진 계이며, 각 상은 고유한 조성과 물리적 성질을 가진다. 상들 사이에는 명확한 경계면이 존재하고, 이로 인해 위치에 따라 물질의 농도나 상태가 다르게 나타난다. 이러한 불균일성은 혼합물의 시각적 식별뿐 아니라 열역학적 성질에도 영향을 미친다.

① (A) – (B) – (D) – (C)
② (A) – (C) – (D) – (B)
③ (A) – (D) – (C) – (B)
④ (C) – (A) – (B) – (D)
⑤ (C) – (D) – (B) – (A)

09 **다음 글의 빈 칸 ⓐ에 들어갈 문장으로 가장 적절한 것은?**

> 수중 잠수는 높은 압력 환경에 신체를 노출시키는 활동으로, 이러한 환경에서 발생할 수 있는 생리적 위험을 조절하기 위한 핵심 조치가 바로 감압 절차이다. 수심이 깊어질수록 수압은 일정한 비율로 증가하며, 이로 인해 잠수 중 호흡하는 공기 속 질소는 인체 조직에 더 많이 녹아들게 된다. 인체는 일시적으로 고농도의 질소 용해 상태에 적응할 수 있지만, 수면으로 갑작스럽게 상승할 경우 (ⓐ) 혈관이나 조직 내에 미세한 기포를 형성하게 된다. 이러한 기포는 단순한 통증을 넘어 신경계 손상이나 호흡 장애 심지어는 심정지에 이르는 감압병을 유발할 수 있다.
>
> 감압 절차는 이와 같은 생리적 위험을 예방하기 위해, 체내 조직에 녹아 있던 질소가 혈액을 통해 천천히 폐로 배출될 수 있도록 상승 속도와 정지 시간을 조절하는 과정을 포함한다. 잠수부는 일정한 깊이마다 멈추어 일정 시간 머무르는 감압 정지를 시행하여 체내의 질소를 서서히 배출시킨다. 일반적으로 감압 정지는 3미터에서 6미터 간격으로 여러 차례 이루어지며, 각 정지 지점에서 머무는 시간은 잠수한 깊이와 체류 시간 그리고 개인의 체온이나 체질과 같은 생리적 조건에 따라 달라진다.

① 혈중 산소 농도가 급격히 상승하여
② 체내 압력이 외부의 압력보다 일시적으로 낮아져서
③ 기압 차이로 인해 혈관이 급속도로 수축하면서
④ 조직 내 질소가 수축되며 혈류를 압박하고
⑤ 용해되어 있던 질소가 빠르게 기체로 변하면서

10 **다음 글에서 주장하는 내용이 사실일 때, 이를 비판하는 것으로 가장 적절한 것은?**

> 소득주도성장은 가계의 실질소득을 높여 소비를 확대하고 이를 통해 생산과 고용을 늘리는 선순환 구조를 만들고자 하는 경제정책이다. 기존의 성장 정책이 기업과 자산가 중심의 공급 확대에 초점을 맞추었다면 소득주도성장은 수요 측면을 강화하여 경제의 내적 활력을 회복하는 것을 목표로 한다. 특히 저소득층의 임금 상승은 한계소비성향이 높은 계층의 소비를 증가시켜 내수 기반을 튼튼하게 만들 수 있으며, 이는 중소기업의 매출과 고용 확대로 이어질 수 있다. 또한 노동시간 단축과 고용 안정성 강화 같은 조치는 가계의 삶의 질을 높이는 동시에 지속가능한 성장의 토대를 마련한다는 점에서 중요한 정책적 수단으로 평가된다.
>
> 정부는 이를 위해 최저임금 인상, 사회안전망 확대, 복지 지출 강화 등 다양한 정책을 병행해 왔다. 이러한 노력은 단기적인 소득 격차 해소뿐 아니라 중장기적으로 경제 전체의 수요 기반을 확장하는 데 기여할 수 있다. 아울러 소득이 늘어날수록 가계의 부채 의존도는 낮아지고, 이는 금융 건전성에도 긍정적인 영향을 줄 수 있다.

① 소득주도성장은 분배보다 성장에 초점을 맞춘 정책이므로 개인보다는 기업의 생산 확대를 통해 최저임금 상승 효과를 유도해야 한다.

② 소득주도성장은 실질소득을 높이는 대신 물가 상승을 막아 경기 과열을 방지하는 것에 초점을 두어야 한다.

③ 소득주도성장은 임금 인상을 통해 수요를 확대하는 데 기여하지만 부채 감소와 금융 안정에는 직접적인 영향을 주지 않는다.

④ 최저임금 인상 등으로 기업이 감당해야할 비용이 늘어나면 고용 축소나 투자 위축으로 이어질 수 있어 장기적 효과는 불확실하다.

⑤ 소득주도성장은 공급 측면의 경쟁력 강화를 중심에 두기 때문에 소비 여력 확대보다는 생산성 향상이 핵심 목표가 되어야 한다.

11 다음 글의 제목으로 가장 적절한 것은?

1990년대 초 WTO(세계무역기구) 출범과 더불어 제기된 '그린라운드'는 환경 보호와 자유무역 간의 긴장 관계를 본격적으로 수면 위로 끌어올린 통상 담론이었다. 이는 환경을 국제 무역 규범의 핵심 의제로 편입시키려는 시도의 대표적 사례로, 지속가능한 발전을 위한 새로운 무역 규범의 필요성이 대두된 시점과 맞물려 있었다.

하지만 개도국은 선진국이 주도하는 환경 규제가 실질적으로는 새로운 형태의 비관세 장벽이 될 수 있다고 우려하였고, 선진국은 자국 내 환경 기준을 이유로 교역 제한이 가능해야 한다는 입장을 고수했다. 특히 유럽연합은 유전자변형생물 표시, 탄소배출 규제, 오염 유발 상품에 대한 수입 제한 조치를 통상 체제에 반영하고자 했다. 하지만 개도국은 이를 '환경 기준'이 아닌 '환경 정치'로 간주하며 갈등을 겪었다.

그린라운드는 독립적 협상 라운드로는 출범하지 못했으나 이후 WTO 환경상품 목록 협상, 무역과 환경위원회 설치, 그리고 탄소국경조정제도와 같은 조치들을 통해 환경과 통상의 구조적 접점을 조정하려는 움직임으로 지속되었다. 환경이 국제통상체제의 규범 형성에 어떤 방식으로 작용할 수 있는가에 대한 논의는 여전히 현재진행형이다.

① 환경 규범을 둘러싼 통상 갈등과 개도국의 대응
② 환경과 무역의 충돌 속 국제 통상 협력의 전개
③ 국제 환경기준의 강화와 다자통상체제로의 변형
④ 선진국 환경정책이 촉발한 통상 규범의 재구성
⑤ WTO 중심 무역체계에서의 무역장벽 철폐 논쟁

12 **다음 글의 내용과 일치하지 않는 것은?**

> 사이클로이드 곡선은 원이 평평한 바닥을 따라 미끄러지지 않고 굴러갈 때 원 둘레 위의 한 점이 그리는 곡선이다. 이 곡선은 17세기 수학자들과 물리학자들에게 중요한 연구 대상이었다. 사이클로이드는 물체가 가장 짧은 시간에 도달하는 경로를 찾는 브라키스토크로 문제와 출발점에 관계없이 도달 시간이 같은 타우크로노 문제의 해로 제시된다. 두 문제는 중력의 영향 하에서의 운동 경로를 수학적으로 설명한다.
>
> 사이클로이드는 다음과 같은 식으로 표현된다.
>
> $$x=r(t-\sin t),\ y=r(1-\cos t)$$
>
> 여기서 r은 원의 반지름이며 t는 회전 각도이다. 이 곡선은 닫히지 않고 동일한 형태가 반복되며, 중력장 내에서 한 점에서 다른 점으로 물체가 가장 빠르게 도달하는 경로인 것이 증명되었다. 프랑스의 수학자 파스칼은 이 곡선을 두고 라그랑주와 논쟁을 벌였고 뉴턴은 힘의 법칙으로 이를 설명했다. 라이프니츠는 해석학으로 사이클로이드에 접근했다. 사이클로이드는 단순한 도형을 넘어 수학과 물리학의 상호 작용을 보여주는 사례로 평가된다.

① 사이클로이드는 원 내부의 한 점이 그리는 닫힌 곡선으로 일정한 주기를 가진다.
② 브라키스토크로와 타우크로노 문제는 사이클로이드 곡선과 깊은 관련이 있다.
③ 사이클로이드는 동일한 형태가 반복되는 곡선이다.
④ 이 곡선은 중력의 영향 아래에서 물체가 가장 빠르게 도달하는 경로임이 증명되었다.
⑤ 사이클로이드는 여러 수학자들의 논쟁과 해석의 주제가 되었다.

13 **다음 글의 빈 칸 ⓐ에 들어갈 문장으로 가장 적절한 것은?**

> 2023년 독일 프라이부르크 대학의 연구팀은 도시 환경이 우울증 발병에 유의미한 영향을 미친다는 사실을 실증적으로 밝혔다. 연구팀은 7개 도시의 주민 3만 명을 대상으로 사는 지역의 소음도, 녹지 비율, 정신건강 지표를 5년간 추적 관찰했다. 연구 결과 반경 500미터 이내 녹지 비율이 20% 미만인 지역은 40% 이상인 지역보다 우울증 진단율이 약 2.3배 높았으며, 소음 노출이 잦을수록 우울감과 수면장애 발생 비율도 높게 나타났다.
>
> 특히 이 연구는 (　　　　　ⓐ　　　　　)을 강조했다. 예측 불가능하고 지속적인 소음은 시상하부 – 뇌하수체 – 부신축을 자극하여 스트레스 반응을 만성화시키고 해마 기능을 저하시켜 감정 조절력을 약화시킨다. 이는 우울증이 단순한 개인 요인이 아니라 환경과의 지속적 상호작용 속에서 형성되는 복합적 결과임을 시사한다.
>
> 따라서 정신건강 정책은 병원 치료를 넘어 정서적 안정성을 고려한 도시 설계로 확장되어야 한다. 예방 중심의 환경 개입은 사회 전체의 정신건강 부담을 줄이는 데 중요한 전략이며 도시 환경은 더 이상 주변 조건이 아니라 치료 이전의 핵심 변수로 이해되어야 한다.

① 녹지 비율보다는 지역의 소음도가 더 큰 변인이라는 점
② 소음이 클수록 뇌에 복합적으로 영향을 미친다는 점
③ 우울증은 개인적 요인과 환경적 요인이 동시다발적으로 작용한다는 점
④ 안정적인 환경을 만들어주면 우울증이 지속되지 않는다는 점
⑤ 소음의 크기보다 반복성과 지속성이 정서에 더 큰 영향을 미친다는 점

14 다음 글을 읽고 문맥상 (A)~(E) 중 〈보기〉가 들어갈 문단으로 적절한 것은?

(A)

과거 미국의 고등교육은 대학별 자율성과 지역 특수성에 따라 운영되었고 입학 기준도 통일되지 않았다. 내신이나 추천서 중심의 평가 방식은 학생 간 비교가 어려웠으며 특정 계층에 유리하게 작용하였다.

(B)

SAT는 이러한 시도 속에서 등장했다. 대학들은 다양한 지역의 학생을 공정하게 평가할 도구가 필요했고 고교 간 격차를 보완할 수 있는 표준화된 시험을 요구했다. 기존 정성 평가의 한계를 보완하는 방식으로 SAT는 처음 등장했다.

(C)

SAT는 대학에는 선발 효율을, 수험생에게는 자기 판단 기준을 제공했으며 대규모 전형에서의 시간과 비용 문제도 해결했다. 그러나 표준화 시험이 정형화된 학습을 유도하고 계층 간 준비 격차를 심화시킨다는 비판도 꾸준히 제기되었다.

(D)

SAT가 고등교육 제도에 정착한 지금도 이에 대한 비판은 꾸준히 이어지고 있다. 평가의 표준화를 이룬 시험이지만, 그것이 곧 공정성과 정의를 보장하는 방식인지에 대한 논쟁은 지금도 계속되고 있다.

(E)

〈 보 기 〉

이러한 문제를 보완하기 위해 사고력과 해석력을 측정할 수 있는 시험이 대안으로 제시되었다. 군과 산업 분야에서 쓰이던 검사 기법을 교육에 적용하자는 논의가 이어졌고 능력을 수치화해 비교하려는 시도가 제도권을 통해 이루어졌다.

① (A) ② (B) ③ (C)
④ (D) ⑤ (E)

15 **다음 글을 비판하는 내용으로 가장 적절하지 않은 것은?**

> 리튬이온배터리는 단순히 에너지 저장 용량이 큰 것에 그치지 않고 다양한 기술적·경제적 이점을 제공한다. 우선 충전과 방전이 반복되는 과정에서도 성능 저하가 적어 긴 수명을 자랑하며 이는 장기적인 비용 절감으로 이어진다. 또한 자가방전율이 낮아 에너지를 장기간 보존할 수 있고, 불완전 충·방전 반복 시 최대 용량이 줄어드는 메모리 효과가 없어 배터리 효율 유지에 유리하다는 점도 강점이다. 이와 함께 리튬이온배터리는 모듈화 및 소형화에 유리하여 설계 유연성이 크다. 다양한 형태와 크기로 제조가 가능하기 때문에 스마트폰, 노트북과 같은 소형 전자기기뿐만 아니라 전기차나 드론, 심지어 항공우주 분야까지 다양한 산업에서 적용 가능성을 넓히고 있다.
>
> 게다가 최근에는 고체 전해질 기반의 리튬이온배터리, 즉 전고체 배터리와 같은 차세대 기술로의 진화 가능성도 매우 높게 평가된다. 리튬이온배터리는 높은 에너지 밀도와 안전성을 동시에 확보하는 방향으로 꾸준히 발전하고 있어 단순한 부품이 아닌 에너지 전환시대의 핵심 인프라로 기대되는 차세대 배터리이다.

① 리튬이온배터리 또한 고온 환경에서의 수명 단축 문제가 존재하기 때문에 장기 사용 시 성능 저하가 뚜렷하다.

② 리튬이온배터리는 충전 속도나 급격한 방전에 따른 성능 저하, 불균형 셀 문제 등 기술적 한계가 있어 다양한 상황에서 이상적이지는 않다.

③ 고체 전해질 기반의 전고체 배터리는 아직 상용화가 이루어지지 않은 차세대 기술이다.

④ 리튬이온배터리를 모듈화하거나 소형화할 경우 열 관리가 어려워 안전 문제를 야기할 수 있다.

⑤ 리튬이온배터리의 원재료인 리튬이나 코발트는 생산되는 국가가 한정되어 있어 핵심 인프라로 발전시키기에는 지속 가능성이 떨어진다.

16 다음 글을 읽고 문맥상 (A)~(E) 중 〈보기〉가 들어갈 문단으로 적절한 것은?

(A)

인도인들은 오래전부터 수의 구조를 이해하고 암산 능력을 기르는 데 집중해왔다. 고대 인도 수학은 수 체계의 원리와 패턴을 중요하게 여겼으며 이러한 전통은 현재의 초등 교육에도 이어진다.

(B)

인도의 구구단 교육은 19단 이상까지 외우는 방식으로 진행된다. 한국이나 다른 나라에서 9단까지 외우는 것과 달리 인도 학생들은 19단까지 암기하며 연산 능력을 키운다. 높은 수의 구구단 학습을 기초로 숫자 간 관계에 익숙해지도록 반복 학습을 강조하고 있는 것이다.

(C)

이러한 구구단 학습은 단순한 암기가 아니라 수 감각과 계산 사고력을 기르는 데 목적이 있다. 숫자 배열의 규칙을 통해 덧셈과 곱셈의 구조를 이해하고 이를 통해 더 복잡한 문제도 빠르게 계산할 수 있게 된다.

(D)

조기 수학 교육에 대한 사회적 기대도 이러한 학습 문화에 영향을 미친다. 수학은 인도에서 중요한 경쟁력으로 여겨지며 많은 부모들이 유아기부터 수학을 가르친다. 학습 방식은 가정과 학교가 유기적으로 연결된 형태를 띠고 있다.

(E)

〈 보 기 〉

이러한 방식으로 인도는 수학과 물리학 같은 이공계 분야에서 세계적으로 두각을 나타내는 인재를 다수 배출하고 있다. 어릴 적부터 수에 대한 감각과 계산력을 중시하는 교육 문화에 기반한 구구단 암기 훈련은 수준 높은 인재양성의 중요한 출발점으로 평가된다.

① (A)
② (B)
③ (C)
④ (D)
⑤ (E)

17 **다음 글을 비판하는 내용으로 가장 적절하지 않은 것은?**

> CBAM(탄소국경조정제도)은 유럽연합이 자국 내 탄소배출 규제를 회피하려는 무역 왜곡을 방지하기 위해 도입한 정책이다. 탄소 규제가 느슨한 국가에서 생산된 제품이 유입될 경우 상대적으로 높은 환경 기준을 준수하는 EU 기업이 불리해질 수 있기 때문에 이에 대한 조치가 필요했다. 이 제도는 탄소 누출을 차단하고 역내 산업의 경쟁력을 보호하는 동시에 기후변화 대응에 대한 국제적 책임을 확대하기 위한 수단으로 설계되었다.
>
> 제도의 핵심은 수입 제품의 탄소배출량을 계산해 이에 상응하는 비용을 부과함으로써 EU 내 제품과 동등한 환경 비용을 적용하는 데 있다. 이를 통해 EU는 자국의 환경 기준을 글로벌 공급망 전반에 확산시키고 저탄소 생산방식의 확산을 유도한다. 현재 철강, 알루미늄, 시멘트 등 고탄소 산업에 대해 시범 운영이 진행 중이며 향후 점차 확대될 예정이다.
>
> CBAM은 단순한 무역 장벽이 아니라 환경 기준의 국제적 정합성을 확보하려는 정책적 시도이며 글로벌 기후 거버넌스에 있어 중요한 전환점이 될 수 있다. 다만 이 제도가 실제로 기후변화 대응에 기여할 수 있을지는 탄소배출량 산정의 투명성과 개발도상국에 대한 지원방안이 어떻게 마련되느냐에 달려 있다.

① CBAM은 기후 정의 실현이라는 명분을 내세우면서도, 실제로는 선진국 산업 보호의 이중적 전략이라는 비판을 피할 수 없다.

② 탄소배출 산정 과정이 복잡하고 불투명할 경우, 수출국 기업에 과도한 행정 부담을 주고 역차별로 이어질 수 있다는 점에서 제도 개선이 필요하다.

③ CBAM은 선진국 중심의 기후 규범을 일방적으로 강요하는 도구로 작용할 수 있어, 공정한 기후 거버넌스라는 측면에서 논란의 소지가 있다.

④ 고탄소 산업 중심의 수출 구조를 가진 개발도상국에게는 실질적 무역 장벽이 될 수 있으므로 이에 대한 보완책 마련이 요구된다.

⑤ CBAM은 탄소 감축과 기후 책임의 세계적 확산을 추구하기보다는 유럽 산업 보호를 위한 보호무역적 시도에 지나지 않으며 폐지되어야 한다.

18 **다음 글의 빈 칸 ⓐ에 들어갈 문장으로 가장 적절한 것은?**

> 라그랑주 곡선은 주어진 여러 개의 점을 정확히 통과하는 곡선을 만드는 보간법*의 한 방식이다. 함수의 식을 알 수 없지만 특정 지점에서의 함수 값이 주어졌을 때 이를 바탕으로 전체 함수의 형태를 추정하기 위한 방법이다.
>
> 이 곡선은 각 점을 중심으로 만든 부분 곡선들을 조합하여 (ⓐ   ) 한다. 각 부분 곡선은 자신이 선택된 점에서는 값이 유지되지만 다른 점에서는 영향을 주지 않도록 설계되어 있으며 이러한 방식으로 주어진 모든 점을 동시에 만족하는 하나의 곡선이 형성된다.
>
> 라그랑주 보간은 실제로 존재하는 곡선을 복원하는 것이 아니라 주어진 점들만을 기준으로 이상적인 곡선을 만들어내는 것이다. 점이 많을수록 곡선이 불안정해질 수 있기 때문에 데이터의 수나 간격을 신중하게 설정해야 한다. 이러한 보간 방식은 수치 해석 뿐 아니라 그래픽과 데이터 시각화 등에서도 유용하게 활용된다.

* 보간법: 알려진 데이터 값들을 기반으로 그 사이의 값을 추정하거나 계산하는 방법

① 하나의 연속된 곡선을 완성
② 함수 내에서 실재하는 곡선을 복원
③ 점으로부터 간격을 일정하게 유지하게
④ 오차 없이 구간을 통과할 수 있도록
⑤ 불안정한 곡선을 보다 안정적으로 구성

19 다음 글의 내용과 일치하지 않는 것은?

> 19세기 말 남아프리카 트란스발 지역에서 대규모 금광이 발견되며 보어인과 영국 제국 사이의 긴장이 급격히 고조되었다. 보어인은 네덜란드계 이주민의 후손으로 케이프 식민지에서 영국의 지배를 피해 북쪽인 트란스발로 이주해 자치 공동체를 형성하고 있었다. 그러나 금광 개발이 본격화되자 영국은 이 지역의 경제적 가치를 주목하며 보어 공화국에 대한 간섭을 확대하려 했다.
>
> 특히 영국계 이주민 집단인 우잇랜더는 보어인 정부의 참정권 제한과 차별적 세금에 불만을 품고 본국에 보호를 요청했다. 이를 구실로 삼은 영국은 무력 개입을 추진했고 결국 1899년 제2차 보어 전쟁이 발발했다. 이 전쟁은 게릴라전으로 장기화되었으며 영국은 강제 수용소를 운영해 민간인까지 통제했다. 막대한 비용과 희생 끝에 1902년 보어인이 항복하면서 전쟁은 종료되었고 트란스발과 오렌지 자유국은 영국의 직할 식민지가 되었다.
>
> 이 전쟁은 제국주의적 야욕과 자원 전쟁의 성격을 동시에 지니며 민족자결과 식민지배 간의 충돌을 상징하는 사건으로 남았다. 이후 남아프리카 연방이 성립되면서 보어인과 영국계 이주민은 복잡한 권력 재편 속에서 갈등과 협력을 반복하게 되었다.

① 트란스발 지역의 금광 발견은 영국이 보어 공화국에 간섭하는 계기가 되었다.

② 보어인은 네덜란드계 이주민으로 트란스발에 정착하기 이전부터 자치 공동체로 세력을 넓혔다.

③ 제2차 보어 전쟁은 영국의 무력 개입으로 시작되어 보어인의 패배로 끝났다.

④ 영국은 전쟁 중 강제 수용소를 운영하며 민간인까지 통제했다.

⑤ 전쟁 이후 트란스발과 오렌지 자유국은 영국의 지배하에 놓이게 되었다.

20 다음 글의 제목으로 가장 적절한 것은?

굴절 광학의 발전은 빛이 매질 경계에서 굴절되며 상을 모으거나 퍼뜨리는 원리를 인위적으로 조절하는 데서 비롯되었다. 볼록렌즈는 중심이 두꺼운 이중 곡면 구조로 평행 광선을 수렴시켜 실상을 맺고, 오목렌즈는 중심이 얇은 음의 곡률 구조로 입사 광선을 퍼뜨려 허상을 형성한다. 이 두 렌즈는 서로 보완적이며 초점 조절과 배율 조정 등에서 함께 사용된다.

초기 망원경은 이러한 렌즈의 성질에 대한 정량적 이해가 부족한 상태에서 실험적으로 조합된 결과물이었다. 갈릴레이식 망원경은 볼록렌즈를 대물렌즈로, 오목렌즈를 접안렌즈로 사용해 짧은 경로 안에서 확대된 직립상을 제공했다. 해당 망원격은 시야각이 좁고 색수차가 컸지만 광학 설계에서 중요한 전환점이었다.

이후 케플러식 망원경은 두 렌즈 모두 볼록렌즈를 사용해 더 넓은 시야와 고배율을 가능케 했으나 상이 도립되어* 추가적인 보정 장치가 필요했다. 초기 망원경의 설계는 렌즈의 기하학적 배열과 수차 문제를 극복하려는 공학적 시도였으며 물리적 직관을 기술로 구체화한 과정이었다.

* 도립되다: 위아래나 좌우가 뒤바뀌어 거꾸로 된 상태가 되다.

① 렌즈의 굴절률 설계와 회절 경계 이론
② 기하광학과 수차 보정의 진화
③ 광선의 경로 제어를 통한 상의 형성 원리
④ 렌즈의 조합에 따른 초기 망원경의 구조적 설계
⑤ 볼록렌즈의 수렴성과 천문관측의 시작

Chapter 02

자료해석

문항수 20문항 | 제한시간 15분

해설 p.27

01 **다음은 2025년 A대학교 재학생을 대상으로 조사한 졸업 후 희망 진로 선택 현황이다. 다음 중 자료에 대한 설명으로 옳은 것을 고르면?**

〈표〉 2025년 A대학교 졸업 후 희망 진로 조사

(단위: 명)

구분	전체	남학생	여학생
대기업 취업	320	190	130
공공기관 취업	285	115	170
대학원 진학	170	85	85
창업	105	90	15
기타(해외취업 등)	120	40	80

① 여학생 중 대학원 진학을 선택한 비율이 남학생 중 대학원 진학을 선택한 비율보다 크다.

② 공공기관 취업을 희망한 여학생 수는 남학생보다 60명 이상 많다.

③ 전체 학생 중 창업을 선택한 비율은 10%를 넘지 않는다.

④ 대기업 취업을 희망한 학생 중 남학생이 차지하는 비율은 60% 이상이다.

⑤ 기타를 선택한 전체 학생 중 남학생의 비중은 절반 이상이다.

02 다음은 한 대학교의 학생들이 지난 한 학기동안 이용한 주요 학습공간(도서관, 스터디룸, 전산실, 스터디카페)의 월별 이용자 수를 나타낸 자료이다. 다음 중 자료에 대한 설명으로 옳지 않은 것을 고르면?

〈그래프〉 학습공간별 월별 이용자 수

(단위: 명)

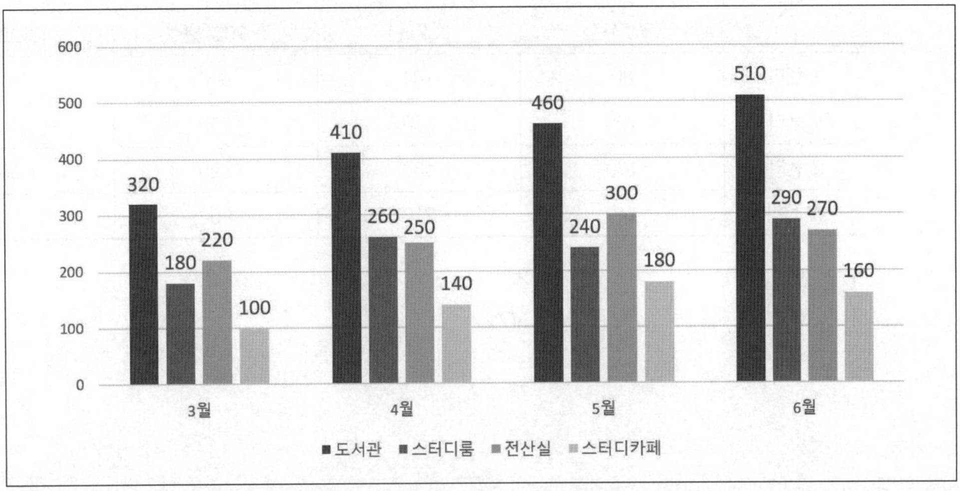

① 도서관 이용자 수는 매월 꾸준히 증가하였다.

② 스터디룸은 5월에 4월 대비 이용자 수가 감소하였다.

③ 6월 전산실 이용자 수는 3월보다 25% 이상 증가하였다.

④ 4월 전체 이용자 수는 3월 전체 이용자 수보다 200명 이상 증가하였다.

⑤ 스터디카페 이용자 수는 5월에 가장 많았다.

03 다음은 H지역 내 스마트혁신센터의 센터 수 및 근무 인원수에 대한 자료이다. 2022년 기준 전년 대비 센터 수 증가율이 가장 큰 곳의 전년 대비 근무 인원수 증가율은 얼마인가?

〈표〉 H지역의 센터 수 및 센터별 근무 인원수

(단위: 개)

구분	센터 수		근무 인원	
	2021년	2022년	2021년	2022년
X 센터	80	104	600	850
Y 센터	100	130	700	910
Z 센터	120	156	820	1,065
W 센터	140	210	900	1,170

① 30% ② 35% ③ 40%
④ 45% ⑤ 50%

04 다음은 A기업에서 사용하는 장비에 대해 구입비와 월 렌탈비를 비교한 자료이다. 장비 W와 장비 Y의 렌탈 전환률이 각각 6%, 4%일 때, 장비 W의 월 렌탈비와 장비 Y의 구입비의 합은 얼마인가?

〈표〉 A기업 사용 장비별 구입비 및 월 렌탈비

(단위: 천 원)

장비 구분	구입비	월 렌탈비
W	24,000	( )
X	36,000	180
Y	( )	160
Z	48,000	240

* 렌탈 전환률(%) = (월 렌탈비 × 12 ÷ 구입비) × 100

① 42,280천 원 ② 44,320천 원 ③ 46,380천 원
④ 48,120천 원 ⑤ 48,480천 원

05 다음은 2021년부터 2024년까지 대중교통 수단별 이용객 전년 대비 증가율을 조사한 자료이다. 다음 중 자료에 대한 설명으로 옳은 것을 모두 고르면?

〈그래프〉 대중교통 수단별 이용객 증가율

(단위: %)

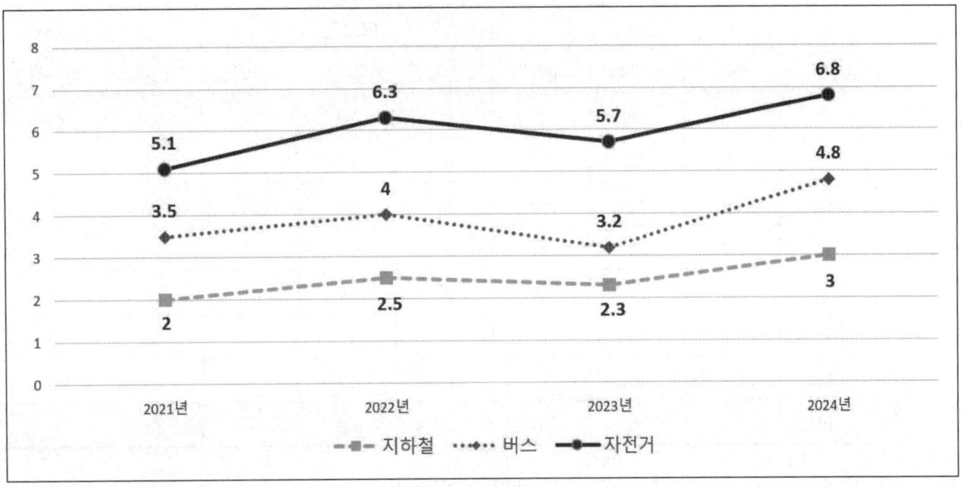

〈 보 기 〉

㉠ 자전거는 지하철보다 이용객 증가율이 매년 높다.
㉡ 지하철 이용객은 매년 버스의 이용객보다 많다.
㉢ 2021년~2024년 자전거와 버스 이용객 증가율의 증감추이는 동일하다.
㉣ 2023년의 버스 이용객은 2022년 대비 감소하였다.

① ㉠
② ㉡, ㉢
③ ㉠, ㉢
④ ㉠, ㉢, ㉣
⑤ ㉠, ㉡, ㉢, ㉣

06 다음은 Y기업의 8개 부서에서 최근 3년간 정규직, 계약직 근무자 수 및 전체 인원을 조사한 자료이다. 다음 중 자료에 대한 설명으로 옳은 것을 고르면?

〈표〉 Y기업 부서별 근무자 수 변화

(단위: 명)

부서	2021년			2022년			2023년		
	전체	정규직	계약직	전체	정규직	계약직	전체	정규직	계약직
A	32	24	8	33	24	9	34	25	9
B	36	28	8	35	27	8	34	26	8
C	28	18	10	27	17	10	26	16	10
D	30	22	8	31	23	8	32	24	8
E	26	17	9	25	16	9	24	15	9
F	24	16	8	25	17	8	26	18	8
G	27	19	8	27	19	8	28	20	8
H	40	30	10	39	29	10	38	28	10

① A, D, F 부서의 정규직 인원은 매년 증가하였다.
② 2022년 전체 인원이 전년보다 감소한 부서는 B, C, E, F, H 총 5곳이다.
③ G부서의 계약직 인원수는 매년 정규직의 50% 이하이다.
④ C부서는 2021년부터 2023년까지 매년 전체 인원이 증가하였다.
⑤ 2023년 정규직 인원이 두 번째로 많은 부서는 D부서이다.

07 다음은 1975년~2020년 어업 종사자 통계자료이다. 어업 종사자가 가장 많았던 연도 대비 가장 적었던 연도의 감소율은? (단, 소수점 이하 둘째자리에서 반올림한다.)

〈표〉 1975년~2020년 어업 종사자 통계자료

(단위: 백 명)

연도	1975년	1980년	1995년	2005년	2015년	2020년
인구	7,514	6,022	3,472	2,211	1,284	1,139

① 72.1% ② 76.5% ③ 80.1%
④ 84.8% ⑤ 85.6%

08 다음은 2020년~2023년 사이버범죄 발생 건수와 검거 건수 자료이다. 2022년 검거율과 2023년 검거율의 차이는? (단, 소수점 이하 둘째자리에서 반올림한다.)

〈표〉 2020년~2023년 사이버범죄 발생 건수와 검거 건수

(단위: 건)

연도	발생 건수	검거 건수
2020년	110,109	71,950
2021년	144,679	104,888
2022년	153,075	127,758
2023년	131,734	107,489

* 검거율(%) = 검거 건수 ÷ 발생 건수 × 100

① 1.9%p ② 5.4%p ③ 7.2%p
④ 9.1%p ⑤ 11.0%p

09 다음은 2020~2023년까지 A, B, C 브랜드의 시장 점유율을 조사한 자료이다. 시장 점유율은 국내 전체 매출 대비 해당 브랜드의 점유 비율을 나타낸 수치일 때, 다음 중 자료에 대한 설명으로 옳지 않은 것을 고르면?

〈그래프〉 브랜드별 연도별 시장 점유율

(단위: %)

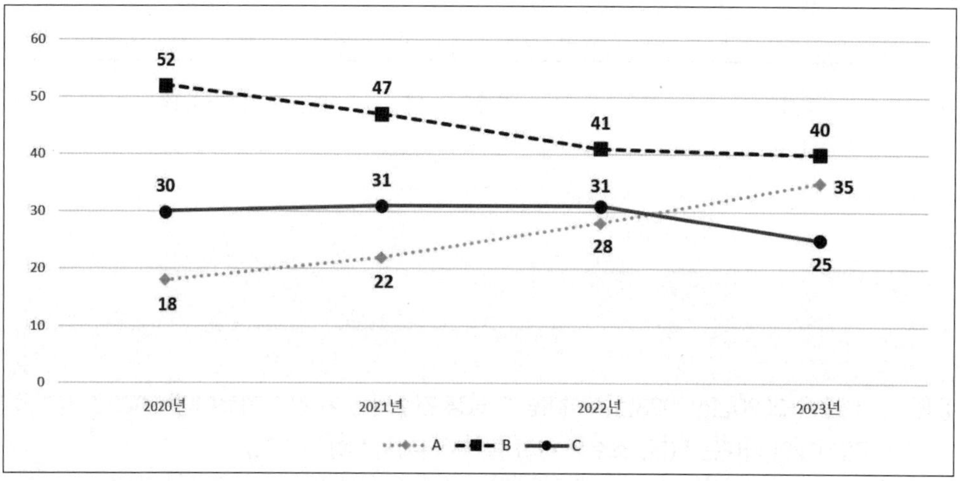

〈 보 기 〉

㉠ A브랜드의 점유율은 매년 증가하였다.
㉡ 조사기간 동안 B브랜드의 점유율이 감소하지 않은 것은 2023년뿐이다.
㉢ 조사기간 동안 C브랜드의 점유율이 증가한 횟수는 2번이다.
㉣ 2023년 가장 높은 점유율을 기록한 브랜드와 2021년 가장 높은 점유율을 기록한 브랜드는 동일하다.

① ㉠, ㉡　　② ㉡, ㉢　　③ ㉠, ㉢
④ ㉡, ㉣　　⑤ ㉢, ㉣

10 다음은 2025년 학령기 인구통계 자료이다. 중~고등학교 학생 수와 초등학교 학생 수의 차이를 구하면? (단, 절대값으로 구한다.)

〈표〉 2025년 학령기 인구통계

(단위: 명)

학교	나이	인구
고등	18	434,364
	17	452,178
	16	498,874
중등	15	466,241
	14	447,054
	13	478,661
초등	12	474,033
	11	489,549
	10	438,922
	9	442,035
	8	442,750
	7	408,897

① 78,491명
② 79,152명
③ 80,493명
④ 81,150명
⑤ 81,186명

11 다음은 G마트의 2025년 지점별 평균 고객 응대 건수에 대한 자료이다. 다음 설명 중 옳은 것을 모두 고르면?

〈표〉 2025년 G마트 지점별 평균 고객 응대 건수

(단위: 건)

구분	월요일	화요일	수요일	목요일	금요일	주말(토,일)
중앙점	42	55	49	58	60	47
동부점	38	52	44	51	57	45
서부점	50	61	59	64	68	55
남부점	46	58	54	60	62	52
북부점	30	41	35	43	44	36

〈 보 기 〉

㉠ 목요일 응대 건수가 가장 많은 지점과 가장 적은 지점 간의 차이는 20건 이상이다.
㉡ 서부점의 평일 평균 응대 건수는 주말 평균보다 많다.
㉢ 중앙점의 주말 평균 응대 건수는 전체 지점 중 두 번째로 많다.
㉣ 북부점의 수요일 응대 건수는 중앙점의 수요일 응대 건수보다 30% 이상 적다.

① ㉠, ㉡ ② ㉠, ㉣ ③ ㉡, ㉢
④ ㉠, ㉡, ㉢ ⑤ ㉠, ㉡, ㉢, ㉣

12 다음은 2024년 E-스포츠 아카데미에서 운영한 센터별 훈련 성과 측정 점수이다. 주어진 자료에 대한 설명 중 옳지 않은 것을 고르면?

〈표〉 2024년 훈련 센터별 훈련 성과 점수

(단위: 점)

구분	반응속도	전략이해	협업능력	시야확보	멘탈지속력
알파센터	480	420	220	2,350	1200
브라보센터	360	395	200	1,980	1130
찰리센터	370	420	215	2,010	1180
델타센터	275	310	150	1,420	880
에코센터	290	330	160	1,570	940
루키팀	220	250	140	1,170	650
베테랑팀	310	295	155	1,720	820

① 시야확보 점수가 2,000점 이상인 센터는 2곳이다.
② 브라보센터의 시야확보 점수는 루키팀보다 800점 이상 높다.
③ 베테랑팀의 멘탈지속력 점수는 루키팀보다 150점 이상 높다.
④ 제시된 센터 중 모든 항목 합이 가장 높은 곳은 알파센터이다.
⑤ 델타센터의 반응속도 점수는 알파센터의 반응속도 점수보다 300점 이상 낮다.

13 다음은 2023년과 2024년 반려동물 보험 상품별 가입자 수에 대한 자료이다. 2024년 가입자 수가 2023년에 비해 가장 많이 증가한 보험 상품은 무엇이며, 그 증가율은 얼마인가? (단, 증가율은 소수점 첫째자리에서 반올림한다.)

〈표〉 반려동물 보험 상품별 가입자 수

(단위: 명)

보험 상품	2023년	2024년
펫케어 베이직	18,000	22,500
펫케어 프리미엄	25,000	27,000
동물보호 스탠다드	12,500	15,000
헬스펫 실속형	20,000	19,500
댕냥 종합안심	9,000	11,700

① 8% ② 16% ③ 20%
④ 25% ⑤ 30%

14 다음은 홈트레이닝 플랫폼의 운동 프로그램별 월간 이용자 수이다. 다음 보기 중 자료에 대한 설명으로 옳지 않은 것을 고르면?

〈그래프〉 운동 프로그램별 월간 이용자 수

(단위: 명)

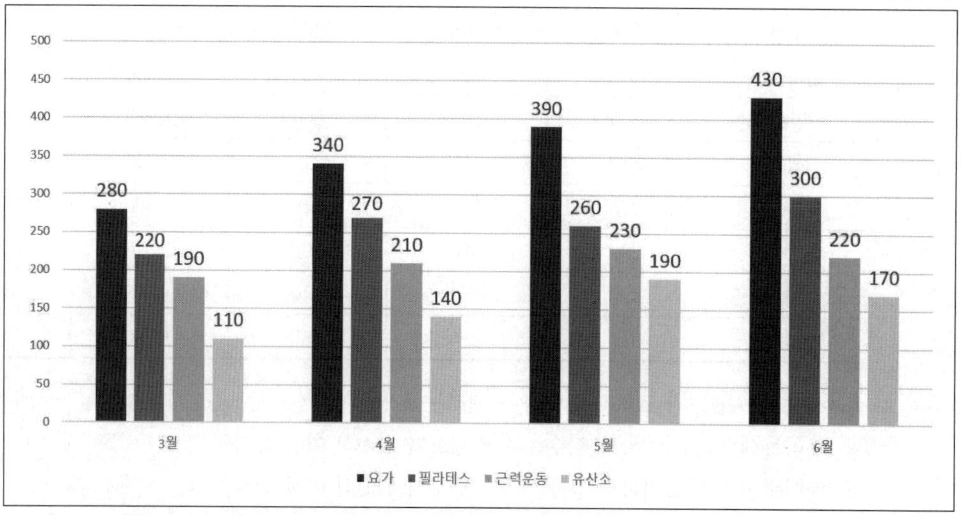

① 요가 이용자 수는 3월부터 6월까지 꾸준히 증가하였다.
② 6월 유산소 운동 이용자 수는 3월 대비 60% 이상 증가하였다.
③ 필라테스 이용자 수는 5월에 전월보다 줄었다가 6월에 다시 증가하였다.
④ 4월 전체 이용자 수는 3월보다 120명 이상 증가하였다.
⑤ 유산소 운동은 5월에 가장 많은 이용자가 있었다.

15 다음은 국내 주요 13개 직업군의 소셜미디어 활용 현황을 나타낸 자료이다. 2024년 기준, 소셜미디어 플랫폼 중 '쇼트폼 영상 플랫폼'을 이용하는 사람이 가장 많은 직업과 두 번째로 많은 직업의 사용자 수 합이 전체 쇼트폼 영상 플랫폼 사용자 수에서 차지하는 비중은 약 얼마인가? (단, 소수점 둘째 자리에서 반올림한다.)

〈표〉 2024년 직업군별 소셜미디어 플랫폼 사용자 수 조사

(단위: 명)

구분	합계	이미지 공유	텍스트 기반	음성 기반	쇼트폼 영상
관리자	500	205	55	5	235
전문가 및 관련 종사자	300	105	20	4	66
사무 종사자	100	28	0	4	68
서비스 종사자	100	22	0	10	22
판매 종사자	200	72	2	0	122
농림어업 종사자	50	8	2	0	8
기능 및 기능 종사자	100	24	2	3	20
장치 · 기계 조작 종사자	300	45	3	3	73
단순 노무 종사자	100	40	3	4	48
직업군인	300	122	0	0	122
학생	300	48	4	0	99
전업주부	200	43	0	2	74
기타	200	58	10	0	130

① 17.5%
② 21.4%
③ 29.2%
④ 33.6%
⑤ 38.4%

16 다음은 2018년부터 2023년까지의 연도별 친환경 차량 등록 대수에 대한 자료이다. 2023년 등록된 전기차 대수에서 2018년 등록된 하이브리드 차량 대수를 뺀 수는 얼마인가?

〈그래프〉 연도별 친환경 차량 등록 대수

(단위: 대)

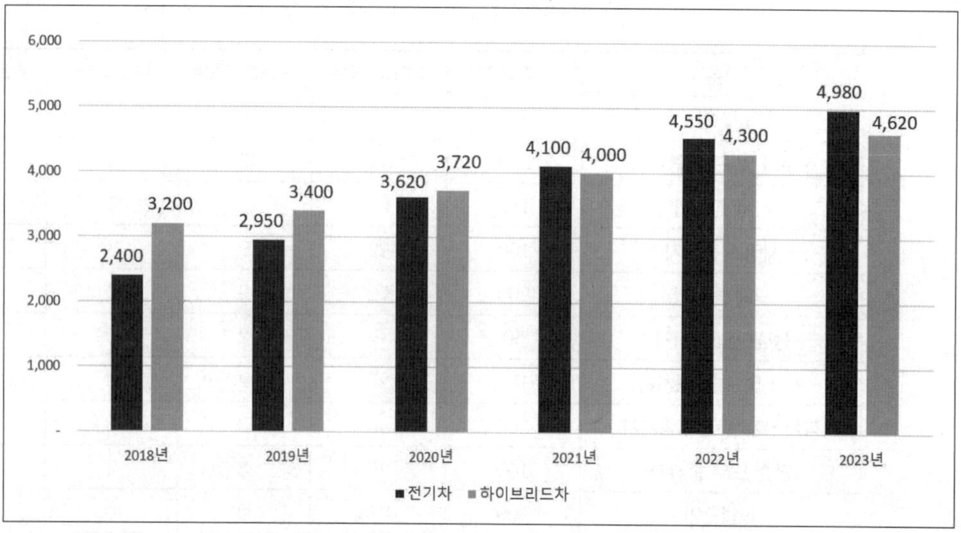

① 1,680대 ② 1,780대 ③ 1,880대
④ 1,960대 ⑤ 2,020대

17 다음은 2025년 상반기 국내 5개 물류센터의 택배 유형별 출고량 조사 결과이다. 다음 중 자료에 대한 설명으로 옳은 것을 고르면?

〈표〉 2025년 상반기 물류센터 출고량 조사

(단위: 건)

구분	전체	센터A	센터B	센터C	센터D
일반 택배	430	120	100	90	120
신선식품	310	85	70	80	75
당일배송	240	60	55	50	75
새벽배송	170	30	40	45	55
해외직구	150	35	30	25	60

① 센터C에서 당일배송 출고량은 전체 당일배송 출고량의 25% 이상이다.
② 신선식품 전체 출고량은 물류센터 전체 출고량의 30%를 초과한다.
③ 해외직구 전체 출고량 중 센터D가 차지하는 비중은 45% 이상이다.
④ 센터A의 새벽배송 출고량은 센터B의 새벽배송 출고량보다 10건 이상 적다.
⑤ 일반 택배 출고량이 150건 이상인 센터는 2곳이다.

18 다음은 다섯 개 학교의 2020년부터 2024년까지 연도별 교실 냉난방기 교체 비용이다. 각 학교는 2020년부터 매년 교체 비용의 5%를 별도로 유지보수비로 예산에 반영하고 있다. 2020년부터 2024년까지 유지보수비 총액이 가장 적은 학교의 유지보수비는 얼마인가?

〈표〉 학교별, 연도별 냉난방기 교체 비용

(단위: 만 원)

구분	2020년	2021년	2022년	2023년	2024년
A학교	400	420	440	460	480
B학교	350	360	370	380	390
C학교	390	395	400	405	410
D학교	300	310	320	330	340
E학교	320	325	330	335	340

① 80만 원　② 85만 원　③ 90만 원
④ 95만 원　⑤ 100만 원

19 다음은 2024년 2분기 주요 관광지별 월별 입장객 수 및 순방문자 수에 대한 자료이다. 아래 〈조건〉을 고려하여 ⓐ, ⓑ에 해당하는 값을 예측하였을 때 가장 타당한 값을 고르면?

〈표〉 관광지별 입장객 및 순방문자 수 현황

(단위: 명)

구분	4월		5월		6월	
	입장객	순방문자	입장객	순방문자	입장객	순방문자
관광지 A	8,210	910	7,080	4,710	7,410	4,650
관광지 B	5,600	580	ⓑ	148	5,840	3,480
관광지 C	13,800	−5,180	10,100	−2,670	11,900	−4,120
관광지 D	9,100	−2,210	8,700	−1,250	ⓐ	−4,340

〈 조 건 〉

- 6월 관광지 D의 입장객 수는 지난달 대비 2,580명 더 많다.
- 5월 관광지 B의 입장객 수는 5월 관광지 A의 입장객 수 절반보다 많아야 한다.

① ⓐ 6,950명 / ⓑ 3,000명
② ⓐ 6,950명 / ⓑ 4,800명
③ ⓐ 11,280명 / ⓑ 3,000명
④ ⓐ 11,280명 / ⓑ 4,800명
⑤ ⓐ 11,290명 / ⓑ 4,800명

20 다음은 2021년부터 2024년까지 국내 주요 쇼핑앱 3종의 월간 사용자 수 전년 대비 증가율을 조사한 자료이다. 다음 중 이 자료에 대한 설명으로 옳은 것을 모두 고르면?

〈그래프〉 2021~2024년 쇼핑앱별 사용자 수 증가율

(단위: %)

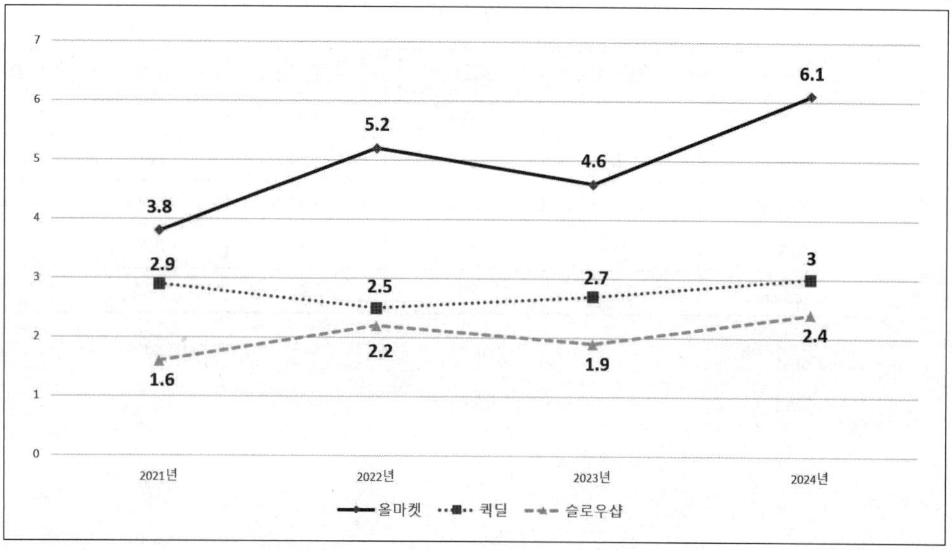

〈 보 기 〉

㉠ 퀵딜의 사용자 수 증가율은 2022년부터 2024년까지 매년 증가하였다.
㉡ 조사기간동안 올마켓의 사용자 수 증가율 평균은 5% 이하이다.
㉢ 전년 대비 2023년의 사용자 수가 감소한 쇼핑앱은 올마켓과 슬로우샵이다.
㉣ 2023년 대비 2024년의 사용자 수 증가율 차이가 가장 큰 쇼핑앱은 올마켓이다.

① ㉠, ㉡　② ㉡, ㉢　③ ㉡, ㉣
④ ㉠, ㉢, ㉣　⑤ ㉡, ㉢, ㉣

Chapter 03 창의수리

문항수 20문항 | 제한시간 15분

해설 p.30

01 A회사는 워크숍 행사 예산으로 총 380만원의 비용을 확보했다. 총 예산의 20%까지 상품구입비로 사용할 수 있고 세 가지의 상품을 최대한 많이 구매하려 한다. B상품 48,000원, C상품 36,000원, D상품 25,000원이며 각 상품은 최대 10개까지 구입할 수 있다. 상품의 개수를 최대한 많이 구입한다고 할 때, 상품구입비의 총 금액을 바르게 구한 것은?

① 745,000원　② 750,000원　③ 751,000원
④ 754,000원　⑤ 755,000원

02 길이가 240m인 기차가 일정한 속력으로 달리고 있다. 이 기차가 길이가 360m인 터널을 완전히 통과하는 데 걸린 시간은 30초이다. 이 기차가 길이가 540m인 또 다른 터널을 같은 속력으로 통과한다면, 터널에 진입한 후 완전히 빠져나오기까지 걸리는 시간을 바르게 구한 것은?

① 32초　② 35초　③ 37초
④ 39초　⑤ 42초

03 40% 소금물에서 물 135g을 추가하였더니 25%의 소금물이 되었다. 이 소금물에 소금을 추가하여 40%의 소금물을 만들려고 할 때, 추가해야 하는 소금의 양을 바르게 구한 것은?

① 90g　② 100g　③ 135g
④ 140g　⑤ 150g

04 1부터 9까지의 자연수가 하나씩 적힌 9개의 공이 들어있는 주머니에서 2개의 공을 동시에 꺼낼 때, 꺼낸 공에 적힌 두 수의 곱이 7의 배수일 확률을 바르게 구한 것은?

① $\frac{1}{9}$ ② $\frac{1}{6}$ ③ $\frac{7}{36}$

④ $\frac{2}{9}$ ⑤ $\frac{1}{4}$

05 A 호스로 물통을 가득 채우는 데 14시간이 걸리고 B 호스로는 21시간이 걸린다. C 배수구로 가득 찬 물통의 물을 완전히 빼내는 데 걸리는 시간은 42시간이다. A 호스와 B 호스로 물을 채우면서 C 배수구로 물을 빼낸다면, 물통이 가득 차는 데 걸리는 시간을 바르게 구한 것은?

① 8시간 ② 8시간 30분 ③ 9시간 45분

④ 10시간 ⑤ 10시간 30분

06 500,000원을 1년간 예금한 후 세금 15%를 제하고 13,600원의 이자를 받았다. 이 예금의 연 이자율(세전 기준)을 바르게 구한 것은?

① 3.0% ② 3.1% ③ 3.2%

④ 3.5% ⑤ 4.0%

07 물 160g과 소금 40g을 섞어 소금물을 만들고 이를 가열하여 전체 용액의 25%를 증발시켰다. 이후 물을 추가했더니 최종 농도가 16%가 되었다고 할 때 추가해야 하는 물의 양을 바르게 구한 것은?

① 50g ② 80g ③ 100g

④ 120g ⑤ 125g

08 워크숍으로 간 숙소에는 호수가 보이는 객실이 6개, 숲이 보이는 객실이 4개로 모두 10개의 객실이 있다. 이 중에서 P팀이 3개의 객실을 임의로 배정받을 때, 숲이 보이는 객실이 적어도 한 개 이상 포함될 확률을 바르게 구한 것은?

① $\frac{1}{6}$　② $\frac{1}{5}$　③ $\frac{2}{3}$

④ $\frac{5}{6}$　⑤ $\frac{11}{12}$

09 2년 동안 1,000,000원을 연 2.5% 단리 예금에 넣었다. 이자소득세 15.4%를 공제한 후 매년 발생한 이자를 즉시 현금으로 수령했다면 2년 동안 실제 수령한 총 이자금액을 바르게 구한 것은?

① 41,300원　② 42,300원　③ 44,850원

④ 45,000원　⑤ 47,250원

10 A가 혼자 일하면 6시간, B가 혼자 일하면 3시간 걸리는 일이 있다. 이 일을 A와 B가 동시에 진행하면 2배로 빠르게 할 수 있다고 할 때, A와 B가 동시에 진행했을 때 일을 완료하는 데 걸리는 시간을 바르게 구한 것은?

① 30분　② 1시간　③ 1시간 30분

④ 2시간　⑤ 3시간

11 작년에 어떤 회사는 A제품과 B제품을 합쳐 총 480개를 생산하였다. 올해는 A제품 생산량이 20% 증가했고, B제품 생산량은 10% 감소하였다. 그 결과 올해 생산된 두 제품의 총합은 501개가 되었다고 할 때, 작년 A제품의 생산량을 바르게 구한 것은?

① 230개　② 250개　③ 255개

④ 272개　⑤ 320개

12 A사원은 회사를 향해 시속 3km의 속도로 먼저 출발하였다. 그로부터 7분 뒤, B사원이 똑같은 지점에서 회사를 향해 시속 10km의 속도로 자전거를 타고 출발하였다. A사원과 B사원이 회사에 동시에 도착했다고 할 때, 두 사람이 회사까지 이동한 거리를 바르게 구한 것은?

① 500m ② 1,000m ③ 1,200m
④ 1,500m ⑤ 2,000m

13 대학교에서 열리는 학과 연합 발표회에 참가하기 위해 발표장을 3곳 대여하였다. 이번 행사에는 발표를 맡은 학생 대표가 총 6명 있으며, 각 발표장에 대표를 2명씩 배치하려고 한다. 이때, 대표 학생들을 발표장 3곳에 배치할 수 있는 경우의 수를 바르게 구한 것은?

① 45가지 ② 60가지 ③ 75가지
④ 90가지 ⑤ 105가지

14 사과와 배의 수확 비율은 3:2, 판매한 사과와 배의 비율은 4:3이다. 과수원에 남아 있는 사과와 배의 수량이 합쳐서 154개일 때, 수확한 사과의 개수를 바르게 구한 것은?

① 126개 ② 127개 ③ 128개
④ 129개 ⑤ 130개

15 셰프 A는 1시간에 요리를 12개, 셰프 B는 1시간에 8개를 만들 수 있다. 두 명이 함께 요리를 시작했는데, 1시간 30분 후 B는 손을 다쳐 나갔다. A는 혼자 1시간을 더 일해서 필요한 요리를 모두 완성했다. 이때 만들어진 전체 요리 개수를 바르게 구한 것은?

① 20개 ② 30개 ③ 38개
④ 42개 ⑤ 50개

16 A점포에서는 어떤 전자제품을 원가에서 40% 이익을 붙여 정가를 정했다. 그러나 재고 정리를 위해 정가의 25%를 할인하여 판매했다. 그 결과 1개당 300원의 이익을 남기게 되었다. 이 전자제품의 원가를 바르게 구한 것은?

① 6,000원 ② 7,100원 ③ 7,500원
④ 8,000원 ⑤ 9,000원

17 A통에는 딸기맛 젤리 4개, 포도맛 젤리 1개, B통에는 딸기맛 젤리 2개, 포도맛 젤리 3개가 들어 있다. 지민이는 각 통에서 무작위로 젤리를 1개씩 꺼냈고 딸기맛 1개, 포도맛 1개가 나왔다. 이때, 포도맛 젤리를 B통에서 꺼냈을 확률을 바르게 구한 것은?

① $\frac{2}{5}$ ② $\frac{4}{7}$ ③ $\frac{6}{7}$
④ $\frac{3}{10}$ ⑤ $\frac{7}{9}$

18 청소 로봇 A는 1시간에 회의실을 1개, 청소 로봇 B는 1시간에 회의실을 1.5개를 청소할 수 있다. 두 대의 로봇이 10개 회의실 청소를 시작했는데, 2시간 후 A로봇은 배터리가 방전되어 더 이상 청소를 하지 못했고 B 로봇만 남은 회의실을 모두 청소했다. 청소가 끝나는 데까지 걸린 시간을 바르게 구한 것은?

① 3시간 20분 ② 4시간 ③ 4시간 20분
④ 5시간 ⑤ 5시간 20분

19 한 회사의 남녀 직원 수 비율은 3:2이다. 남자 직원의 평균 나이는 36세, 여자 직원의 평균 나이는 30세일 때, 이 회사 전체 직원의 평균 나이를 바르게 구한 것은?

① 31.6세 ② 32.4세 ③ 33.6세
④ 34.4세 ⑤ 35.6세

20 뮤지컬 티켓 한 장에 65,000원이고 30명 이상 관람하면 티켓 값이 30% 할인된다. A팀이 단체 관람을 하려고 알아보니 단체 할인을 받는 것보다 개별구매가 더 저렴하다고 할 때, A팀의 최대 인원을 바르게 구한 것은?

① 15명 ② 18명 ③ 20명
④ 22명 ⑤ 24명

Chapter 04 언어추리

문항수 20문항 | 제한시간 15분

해설 p.33

01 A, B, C, D, E 중 1명이 지각했다. 5명 중 1명의 말만 거짓이고 나머지 4명의 말은 진실일 때 〈보기〉를 참고하여 지각한 1명을 고르시오.

〈 보 기 〉

A: B는 지각하지 않았다.
B: D는 지각한 사람이 아니다.
C: A 또는 B가 지각했다.
D: B 또는 E가 지각했다.
E: D의 말은 거짓이다.

① A ② B ③ C
④ D ⑤ E

02 〈보기〉의 명제를 참고하여 다음 중 항상 참인 것을 고르시오.

〈 보 기 〉

– 노랑을 고르면 주황과 파랑을 고르지 않는다.
– 빨강을 고르면 초록을 고르지 않는다.
– 보라를 고르지 않으면 파랑을 고른다.
– 주황을 고르면 빨강을 고른다.

① 초록을 고르면 파랑을 고른다.
② 빨강을 고르면 보라를 고른다.
③ 파랑을 고르면 빨강을 고른다.
④ 노랑을 고르면 보라를 고른다.
⑤ 주황을 고르면 보라를 고른다.

03 A, B, C, D, E, F가 2인 1조로 출장을 간다. 조별로 1곳씩 출장을 가며 출장을 가는 곳은 분당, 이천, 청주이다. 〈보기〉를 참고하여 항상 거짓인 것을 고르시오.

〈 보 기 〉

- B와 C는 서로 다른 곳으로 출장을 간다.
- D는 F와 같은 곳으로 출장을 간다.
- A는 분당으로 출장을 간다.

① B는 이천으로 출장을 간다.
② C는 분당으로 출장을 간다.
③ D는 청주로 출장을 간다.
④ E는 분당으로 출장을 간다.
⑤ F는 이천으로 출장을 간다.

04 A, B, C, D의 전공계열은 서로 다르다. 이들의 전공계열은 공학계열, 자연계열, 인문계열, 어학계열이고 4명 중 1명만 거짓을 말하고 나머지 3명은 진실을 말한다고 할 때 〈보기〉를 참고하여 다음 중 항상 참인 것을 고르시오.

〈 보 기 〉

A: B의 전공계열은 자연계열이다.
B: C의 전공계열은 인문계열이고 D의 전공계열은 어학계열이다.
C: A 또는 B의 전공계열이 공학계열이다.
D: 나의 전공계열은 공학계열이다.

① A의 전공계열은 공학계열이고 A의 진술은 거짓이다.
② B의 전공계열은 공학계열이고 B의 진술은 진실이다.
③ B의 전공계열은 인문계열이고 B의 진술은 거짓이다.
④ D의 전공계열은 인문계열이고 D의 진술은 진실이다.
⑤ D의 전공계열은 어학계열이고 D의 진술은 거짓이다.

05 A, B, C, D, E가 일렬로 줄을 선다. 〈보기〉를 참고하여 항상 참인 것을 고르시오.

〈 보 기 〉

- E와 D 사이에 2명이 줄을 선다.
- A와 B 사이에 1명이 줄을 선다.
- C는 B보다 앞에 줄을 선다.

① A는 3번째로 줄을 선다.
② B는 1번째로 줄을 선다.
③ C는 2번째로 줄을 선다.
④ D는 2번째로 줄을 선다.
⑤ E는 4번째로 줄을 선다.

06 A, B, C, D, E, F의 몸무게는 각기 다르다. 〈보기〉의 명제를 참고하여 다음 중 항상 참인 것을 고르시오.

〈 보 기 〉

- B는 A보다 가볍다.
- D는 E보다 가볍다.
- C는 A보다 무겁다.
- F는 B와 D보다 가볍다.

① B보다 무거운 사람은 2명이다.
② C보다 무거운 사람은 1명이다.
③ D보다 무거운 사람은 4명이다.
④ E보다 무거운 사람은 3명이다.
⑤ F보다 무거운 사람은 5명이다.

07 A, B, C, D, E 중 1명이 결혼한다. 결혼하는 1명은 거짓을 말하고 나머지 4명은 진실을 말한다고 할 때 <보기>를 참고하여 결혼하는 1명을 고르시오.

< 보 기 >

A: B는 결혼하지 않는다.
B: E는 진실을 말한다.
C: A는 결혼하지 않는다.
D: E가 결혼한다.
E: A와 C는 결혼하지 않는다.

① A ② B ③ C
④ D ⑤ E

08 A, B, C, D, E, F는 원탁에 일정한 간격으로 앉는다. A, B, C의 소속팀이 같고 D, E의 소속팀이 같다. A, B, C, D, E, F의 소속팀이 총 3개 팀이고 6명 모두 1개 팀 소속이라고 할 때 <보기>를 참고하여 이들이 자리를 앉는 경우가 모두 몇 가지인지 고르시오.

< 보 기 >

– 소속팀이 같은 사람끼리 인접하게 앉지 않는다.
– F는 C와 마주 보고 앉지 않는다.
– B와 인접하며 우측인 자리에 D가 앉는다.

① 1가지 ② 2가지 ③ 3가지
④ 4가지 ⑤ 5가지

09 **A, B, C, D, E, F는 벤 택시를 타고 이동한다. 6명 외 기사님이 따로 계시며 택시 내 자리는 3열로 구성되어 있으며 1열에 1명, 2열에 2명, 3열에 3명이 앉는다. 〈보기〉를 참고하여 항상 참인 것을 고르시오.**

〈 보 기 〉

- D와 B는 같은 열에 앉는다.
- F는 1열에 앉지 않는다.
- E와 A는 서로 다른 열에 앉는다.
- C와 F가 같은 열에 앉는다면 B는 1열에 앉는다.

① D는 3열에 앉는다.
② A는 3열에 앉는다.
③ C는 2열에 앉는다.
④ F는 2열에 앉는다.
⑤ E는 1열에 앉는다.

10 **A, B, C는 2번의 진술에서 1번은 진실, 1번은 거짓을 말한다. 3명 중 1명만 승진했다고 할 때 〈보기〉의 진술을 토대로 항상 참인 것을 고르시오.**

〈 보 기 〉

A: 나와 B는 승진하지 않았다.
A: C는 승진하지 않았다.
B: A 또는 C가 승진했다.
B: A와 C는 승진하지 않았다.
C: A와 B는 승진하지 않았다.
C: 나와 A는 승진하지 않았다.

(가): A는 승진하지 않았다.
(나): B는 승진하지 않았다.
(다): C는 승진하지 않았다.

① (가)만 옳다.
② (다)만 옳다.
③ (가)와 (나)만 옳다.
④ (가)와 (다)만 옳다.
⑤ (나)와 (다)만 옳다.

11 A, B, C, D, E는 강아지를 키운다. 5명 모두 최소 1마리에서 최대 3마리의 강아지를 키운다고 할 때 〈보기〉를 참고하여 항상 참인 것을 고르시오.

〈 보 기 〉

- 5명이 키우는 강아지는 총 8마리다.
- A는 C보다 강아지를 많이 키운다.
- B가 키우는 강아지의 마릿수는 D가 키우는 강아지의 마릿수와 같다.

① A가 강아지 3마리를 키운다면 E는 강아지 2마리를 키운다.
② E가 강아지 2마리를 키운다면 C는 강아지 1마리를 키운다.
③ C가 강아지 1마리를 키운다면 B는 강아지 1마리를 키운다.
④ B가 강아지 1마리를 키운다면 C는 강아지 2마리를 키운다.
⑤ A가 강아지 2마리를 키운다면 E는 강아지 3마리를 키운다.

12 〈보기〉의 명제를 참고하여 다음 중 항상 참인 것을 고르시오.

〈 보 기 〉

- 기획팀이면서 영업팀인 사원이 존재한다.
- 분석력이 뛰어나지 않은 사원은 추진력이 뛰어나지 않다.
- 영업팀인 사원은 추진력이 뛰어나다.

① 기획팀인 어떤 사원은 분석력이 뛰어나다.
② 추진력이 뛰어난 모든 사원은 기획팀이다.
③ 기획팀인 모든 사원은 추진력이 뛰어나다.
④ 분석력이 뛰어나지 않은 어떤 사원은 기획팀이다.
⑤ 분석력이 뛰어나지 않은 모든 사원은 영업팀이다.

13 A, B, C, D, E는 달리기를 통해 1등부터 5등까지 등수를 갈랐다. 5명 중 1명의 진술만 거짓이고 공동 등수는 없다고 할 때 〈보기〉를 참고하여 거짓을 말하는 사람의 등수를 고르시오.

〈 보 기 〉

A: B는 2등이고 C는 5등이다.
B: A는 4등이다.
C: E의 진술은 거짓이다.
D: A 또는 E의 등수는 3등이다.
E: B는 5등이다.

① 1등 ② 2등 ③ 3등
④ 4등 ⑤ 5등

14 A, B, C, D, E는 5층의 건물 각 층에 거주한다. 〈보기〉를 토대로 B가 몇 층에 거주하는지 고르시오.

〈 보 기 〉

- C는 B보다 높은 층에 거주한다.
- A는 E와 서로 이웃한 층에 거주하지 않는다.
- C와 D가 거주하는 층 사이에 1명이 거주한다.
- E는 2층에 거주한다.

① 1층 ② 2층 ③ 3층
④ 4층 ⑤ 5층

15 A, B, C, D, E, F 중 일부 인원이 부서 이동을 신청한다. 〈보기〉를 토대로 부서 이동을 신청하는 최소 인원이 몇 명인지 고르시오.

〈 보 기 〉

- F는 부서 이동을 신청하지 않는다.
- E가 부서 이동을 신청하지 않는다면 A는 부서 이동을 신청하지 않는다.
- B가 부서 이동을 신청한다면 C 또는 D가 부서 이동을 신청한다.
- A 또는 B가 부서 이동을 신청하지 않는다면 F는 부서 이동을 신청한다.

① 1명 ② 2명 ③ 3명
④ 4명 ⑤ 5명

16 A, B, C, D, E 중 1명이 무단으로 결근했다. 5명 중 2명의 진술은 진실이고 나머지 3명의 진술은 거짓이라고 할 때 〈보기〉를 참고하여 결근한 1명을 고르시오.

〈 보 기 〉

A: 나와 E는 결근하지 않았다.
B: C의 진술은 진실이다.
C: 나와 E는 결근하지 않았다.
D: A의 진술은 거짓이다.
E: B 또는 C가 결근했다.

① A ② B ③ C
④ D ⑤ E

17 **A, B, C, D의 학년은 1학년부터 4학년까지이며 학년이 같은 사람은 없다. 이들의 전공은 생물학, 물리학, 화학, 수학이고 인당 하나의 전공이며 전공이 같은 사람은 없다고 할 때 〈보기〉를 참고하여 항상 참인 것을 고르시오.**

〈 보 기 〉

- D는 C보다 학년이 높다.
- 생물학을 전공하는 사람보다 한 학년 높은 사람은 수학을 전공한다.
- B는 화학을 전공하지 않는다.
- 2학년인 사람은 물리학을 전공한다.
- A는 3학년이다.

① B는 생물학을 전공한다.
② C는 화학을 전공한다.
③ D는 물리학을 전공한다.
④ B는 물리학을 전공한다.
⑤ C는 생물학을 전공한다.

18 **〈보기〉의 명제를 참고하여 항상 거짓인 것을 고르시오.**

〈 보 기 〉

- 사과를 고르면 배를 고르지 않는다.
- 망고를 고르면 수박을 고른다.
- 자두를 고르면 사과를 고르지 않는다.
- 수박을 고르거나 참외를 고르면 사과를 고른다.

① 참외를 고르면 배를 고르지 않는다.
② 수박을 고르지 않으면 자두를 고른다.
③ 배를 고르면 자두를 고른다.
④ 망고를 고르면 참외를 고른다.
⑤ 자두를 고르면 수박을 고른다.

19 **A, B, C, D 중 1명이 기혼이고 나머지 3명은 미혼이다. 4명 중 1명만 거짓을 말한다고 할 때 기혼인 사람과 거짓을 말하는 사람을 알맞게 짝지은 것을 고르시오.**

〈 보 기 〉

A: 나와 C는 미혼이다.
B: C는 미혼이다.
C: A 또는 D가 기혼이다.
D: B가 하는 말은 거짓이다.

① 기혼: A, 거짓: C ② 기혼: A, 거짓: D ③ 기혼: B, 거짓: A
④ 기혼: D, 거짓: B ⑤ 기혼: D, 거짓: D

20 **A, B, C, D, E, F는 일정한 간격으로 원탁에 놓인 의자에 앉는다. 〈보기〉를 참고하여 항상 거짓인 것을 고르시오.**

〈 보 기 〉

- C와 E는 서로 마주 보는 자리에 앉는다.
- A는 F와 서로 마주 보는 자리에 앉는다.
- B는 A와 인접한 자리에 앉는다.

① B는 E와 인접한 자리에 앉는다.
② D는 A와 인접한 자리에 앉는다.
③ F는 D와 인접한 자리에 앉는다.
④ E는 F와 인접한 자리에 앉는다.
⑤ C는 A와 인접한 자리에 앉는다.

Chapter 05 수열추리

문항수 20문항 | 제한시간 15분

해설 p.41

01 다음과 같이 일정한 규칙으로 숫자를 나열할 때, A+B의 값으로 알맞은 것을 고르시오.

$\frac{4}{6}$	$\frac{8}{18}$	$\frac{16}{54}$	$\frac{32}{162}$	$\frac{64}{486}$	(A)	$\frac{256}{4,374}$	(B)

① $\frac{1,088}{13,122}$　② $\frac{1,260}{13,122}$　③ $\frac{1,480}{13,122}$

④ $\frac{1,664}{13,122}$　⑤ $\frac{2,048}{13,122}$

02 다음과 같이 일정한 규칙으로 숫자를 나열할 때, 빈 칸에 들어갈 값으로 알맞은 것을 고르시오.

200.1	40.02	8.004	( )	0.32016	0.064032

① 0.5596　② 0.744　③ 1.6008

④ 7.41　⑤ 12.506

03 다음과 같이 일정한 규칙으로 숫자를 나열할 때, 11번째 항의 값으로 알맞은 것을 고르시오.

66	33	100	50	25	76	38	19	58

① 16　② 47　③ 69

④ 88　⑤ 108

04 다음과 같이 일정한 규칙으로 숫자를 나열할 때, 빈 칸에 들어갈 값으로 알맞은 것을 고르시오.

11	11	121	25	14	350	42	8	( )

① 220　② 308　③ 336　④ 450　⑤ 1,800

05 다음과 같이 일정한 규칙으로 숫자를 나열할 때, 10번째 항의 값으로 알맞은 것을 고르시오.

$\frac{7}{20}$	$\frac{7}{10}$	$\frac{21}{20}$	$\frac{7}{5}$	$\frac{7}{4}$	$\frac{21}{10}$

① $\frac{9}{2}$　② $\frac{41}{10}$　③ $\frac{7}{3}$　④ $\frac{7}{2}$　⑤ $\frac{9}{4}$

06 다음과 같이 일정한 규칙으로 숫자를 나열할 때, A+B의 값으로 알맞은 것을 고르시오.

25.1	−50.2	−49.2	98.4	99.4	(A)	−197.8	395.6	(B)

① 197.8　② 196.8　③ 195.8　④ −992　⑤ −991

07 다음과 같이 일정한 규칙으로 숫자를 나열할 때, 9번째 항의 값으로 알맞은 것을 고르시오.

$\frac{5}{11}$	$\frac{50}{101}$	$\frac{55}{103}$	$\frac{4}{7}$	$\frac{65}{107}$

① $\frac{7}{11}$ ② $\frac{3}{4}$ ③ $\frac{80}{113}$
④ $\frac{40}{57}$ ⑤ $\frac{17}{23}$

08 다음과 같이 일정한 규칙으로 숫자를 나열할 때, 빈 칸에 들어갈 값으로 알맞은 것을 고르시오.

20.35	41.7	84.4	169.8	( )	682.2	1,365.4

① 338.6 ② 339.6 ③ 340.6
④ 341.6 ⑤ 342.6

09 다음과 같이 일정한 규칙으로 숫자를 나열할 때, 9번째 항의 값으로 알맞은 것을 고르시오.

$\frac{7}{10}$	$\frac{8}{10}$	$\frac{14}{30}$	$\frac{24}{40}$	$\frac{28}{90}$	$\frac{72}{160}$	$\frac{56}{270}$

① $\frac{96}{640}$ ② $\frac{112}{810}$ ③ $\frac{64}{320}$
④ $\frac{224}{2,430}$ ⑤ $\frac{288}{2,560}$

10 다음과 같이 일정한 규칙으로 숫자를 나열할 때, 13번째 항의 값에서 12번째 항의 값을 뺀 것으로 알맞은 것을 고르시오.

54	65	87	120	164	219	285

① 90 ② 114 ③ 121
④ 132 ⑤ 148

11 다음과 같이 일정한 규칙으로 숫자를 나열할 때, A－B의 값으로 알맞은 것을 고르시오.

4.2	2.1	3.2	1.6	(A)	1.35	2.45	(B)

① 1.375 ② 1.475 ③ 1.575
④ 1.675 ⑤ 1.775

12 다음과 같이 일정한 규칙으로 숫자를 나열할 때, 10번째 항의 값으로 알맞은 것을 고르시오.

$\frac{5}{2}$	$\frac{7}{4}$	1	$\frac{1}{4}$	$-\frac{1}{2}$

① $-\frac{11}{4}$ ② -3 ③ $-\frac{7}{2}$
④ -4 ⑤ $-\frac{17}{4}$

13 다음과 같이 일정한 규칙으로 숫자를 나열할 때, 빈 칸에 들어갈 값으로 알맞은 것을 고르시오.

$\frac{2}{15}$ $\frac{3}{4}$ $\frac{1}{10}$ $\frac{1}{2}$ $\frac{8}{17}$ $\frac{4}{17}$ ( ) $\frac{2}{5}$ $\frac{8}{25}$

① $\frac{1}{15}$ ② $\frac{3}{5}$ ③ $\frac{4}{5}$
④ $\frac{3}{10}$ ⑤ $\frac{5}{12}$

14 다음과 같이 일정한 규칙으로 숫자를 나열할 때, 빈 칸에 들어갈 값으로 알맞은 것을 고르시오.

1,547 2,658 4,205 6,863 11,068 17,931 ( )

① 28,999 ② 26,458 ③ 24,657
④ 22,712 ⑤ 20,126

15 다음과 같이 일정한 규칙으로 숫자를 나열할 때, 빈 칸에 들어갈 값으로 알맞은 것을 고르시오.

2 $\frac{5}{2}$ $\frac{10}{3}$ 5 10 ( ) −10

① −3 ② −2 ③ −1
④ 0 ⑤ 1

16 다음과 같이 일정한 규칙으로 숫자를 나열할 때, 9번째 항의 값으로 알맞은 것을 고르시오.

11.72	22.66	44.6	88.54	176.48

① 1408.3　② 1408.24　③ 2,816.3
④ 2,816.24　⑤ 5,632.18

17 다음과 같이 일정한 규칙으로 숫자를 나열할 때, 9항과 10항의 합으로 알맞은 것을 고르시오.

24	40	48	120	96	360	192	1,080

① 3,624　② 1,464　③ 4,008
④ 4,320　⑤ 1,152

18 다음과 같이 일정한 규칙으로 숫자를 나열할 때, 8번째 항의 값으로 알맞은 것을 고르시오.

42	57	87	132	192

① 457　② 462　③ 482
④ 582　⑤ 717

19 다음과 같이 일정한 규칙으로 숫자를 나열할 때, 11항에서 10항을 뺀 값으로 알맞은 것을 고르시오.

16	21	105	109	436	439	1,317

① 2 ② 1 ③ 0
④ −1 ⑤ −2

20 다음과 같이 일정한 규칙으로 숫자를 나열할 때, 빈 칸에 들어갈 값으로 알맞은 것을 고르시오.

12	26	312	408	124	50,592	135	74	( )

① 888 ② 1,620 ③ 7,594
④ 9,990 ⑤ 30,192

LEtuin

2025
하반기

SK그룹 종합역량검사

제01회

기출동형 모의고사

영역	문항 수	시간
언어이해	20	15분
자료해석	20	15분
창의수리	20	15분
언어추리	20	15분
수열추리	20	15분

※ 2025년 상반기 기준 출제 문항 수와 시험 응시 시간입니다.

SK 취업은 렛유인

Chapter 01 언어이해

문항수 20문항 | 제한시간 15분

해설 p.2

01 다음 글의 주제로 가장 적절한 것은?

> 전통적으로 노년층은 은퇴 후 소비가 급격히 줄어드는 '비활동 인구'로 인식되어 왔다. 그러나 최근 고령화 사회로의 진입과 함께 노년층이 경제활동과 소비의 중심축으로 재조명되고 있다. 자산을 보유한 베이비붐 세대를 중심으로 여가・건강・자기계발・디지털 기기 소비가 꾸준히 증가함에 따라, 기업은 이들을 대상으로 하는 맞춤형 상품과 서비스를 선보이고 있다.
>
> 이러한 변화는 단순한 고령 인구 증가를 넘어 노년층의 소비력과 문화적 영향력의 부활이라는 측면에서 의미가 깊다. 의료・부동산・문화・IT 등 다양한 산업이 노년층을 핵심 고객으로 재정의하며, 산업 구조의 재편이 이루어지고 있다. 이는 '그레이 르네상스(Grey Renaissance)'라는 새로운 패러다임을 형성하고 있다. 이 개념은 노년층의 활발한 소비가 사회 전반에 긍정적 파급효과를 불러온다는 점에서 단순히 인구 변화의 결과가 아니라 경제적, 문화적 재생의 현상으로 주목된다.

① 고령화에 따른 부양비 부담 증가와 복지 정책 확대
② 시니어 세대의 사회적 고립을 완화하기 위한 공동체 정책
③ 시니어 세대의 자산 보유와 소비 성향 변화에 따른 산업 전략
④ 노년층의 소비활동 증가가 가져오는 경제・산업 전반의 구조 변화
⑤ 복지 수혜자에서 소비 주체로 전환하는 고령층의 적응 과정

02 **다음 글의 주제로 가장 적절한 것은?**

> 프로이트는 인간의 마음을 의식, 전의식, 무의식의 세 영역으로 나누는 모형을 제시했다. 의식은 현재 우리가 자각하고 있는 생각과 감정을, 전의식은 주의집중 외부에 있지만 의지로 꺼낼 수 있는 기억을 말한다. 반면 무의식은 억압된 욕망, 충동, 기억 등이 저장된 의식 바깥의 깊은 영역에 있어, 꿈이나 실수에서 드러나는 무의식의 흔적을 통해 간접적으로 그 존재를 유추할 수 있다 .
>
> 또한 프로이트는 마음의 구조를 이드, 에고(자아), 수퍼에고(초자아)로 설명했다. 이드는 본능적 욕구의 근원으로 무의식에만 존재하며 즉각적 쾌락을 추구한다. 에고는 현실 원칙을 따르며 이드의 욕구를 조절하고 외부 현실에 적응하는 역할을 한다. 수퍼에고는 내면화된 도덕과 규범으로 욕구를 억제하고 이상적 자아를 지향하게 한다. 이 구조는 의식・전의식・무의식의 기능적 분류와 연결되어 인간 행동의 이해를 돕는 프로이트 정신분석의 핵심 원리이다.

① 인간 정신의 층위와 구조를 통한 심리 기제의 이해
② 심리 구조 간 행동 양식의 다양성과 그 원인
③ 인간 정신의 기능적 분할과 무의식의 상징적 발현
④ 의식 – 무의식 간의 충돌에서 비롯된 심리적 방어 기제
⑤ 인간의 적응과 외부 균형을 중재하는 자아의 기능적 위상

03 다음 글의 내용과 일치하는 것은?

> 조로아스터교는 고대 이란 지역에서 시작된 종교로 선과 악의 이원론을 중심 개념으로 한다. 조로아스터는 세계를 선의 신 아후라 마즈다와 악의 존재 앙그라 마이뉴 또는 아리만의 투쟁 속에 놓인 장소로 설명했다. 이 종교는 도덕적 선택을 중시하며, 인간은 자유의지를 바탕으로 선을 선택함으로써 우주의 질서와 조화를 실현할 수 있다고 보았다.
>
> 조로아스터교의 사상은 후대 유대교·기독교·이슬람교의 종말론, 내세관, 천사와 악마에 대한 관념에 영향을 미쳤다는 평가를 받는다. 불을 신성시하며, 의식에서 불을 중심에 두는 것이 특징이지만, 조로아스터교를 단순히 불을 숭배하는 종교로 이해하는 것은 부정확하다. 불은 아후라 마즈다의 빛과 진리를 상징하는 매개체로 여겨진다.
>
> 한편, 조로아스터교는 사제 계층 중심의 교단 조직을 갖추었으며, 시간의 흐름을 선의 최종 승리로 향하는 일직선적 과정으로 보는 종말론적 세계관을 특징으로 한다. 이러한 직선적 시간관은 순환적 시간관을 가졌던 고대 인도 및 메소포타미아 문명과 구별되는 점이다.

① 조로아스터교는 불을 숭배의 대상으로 삼으며 신격화된 불의 정령을 예배한다.
② 인간의 선악 선택은 예정된 신의 의지에 따르며 자유의지와는 무관하다.
③ 조로아스터교의 시간관은 과거와 현재의 반복을 중심으로 세계를 해석한다.
④ 조로아스터교의 세계관은 종교적 상징체계로서 유일신 사상과 무관하다.
⑤ 조로아스터교는 선과 악의 이원적 구도 속에서 도덕적 선택을 강조한다.

04 다음 글의 내용과 일치하는 것은?

> 지동설은 고대부터 존재했던 천동설에 반하는 관점으로 코페르니쿠스에 의해 본격적으로 체계화되었다. 천동설은 지구를 우주의 중심에 두고, 태양과 별이 그 주위를 돈다고 보다. 반면, 지동설은 지구가 자전하며 동시에 태양을 중심으로 공전한다고 주장한다. 이 새로운 이론은 단지 천체의 운동을 설명하는 데 그치지 않고, 세계관 전체를 뒤흔드는 급진적인 사고의 전환을 요구했다.
>
> 코페르니쿠스는 자신의 이론이 성경적 권위와 충돌할 것을 우려해 1543년 '천구의 회전에 관하여'를 출간하는 데 소극적인 태도를 보였고, 책은 그의 사후에야 세상에 나왔다. 이후 갈릴레이와 케플러는 관측과 수학적 계산을 통해 지동설을 보다 정교하게 발전시켰다. 갈릴레이는 망원경을 이용해 목성의 위성을 관찰하고 금성의 위상 변화를 설명하며 지동설을 지지했고, 케플러는 행성의 타원 궤도 법칙을 통해 이를 수학적으로 뒷받침했다.
>
> 지동설은 당시 교회 권위에 정면으로 도전하는 과학적 주장으로 받아들여졌고 갈릴레이는 이단 재판을 받는 등의 탄압을 겪었다. 그러나 과학 혁명과 함께 지동설은 점차 받아들여졌으며, 고정된 중심이 아닌 변화하는 체계를 이해하는 새로운 인식 전환의 기반이 되었다.

① 케플러는 지동설을 부정하고 천동설의 수학적 보완을 시도했다.
② 코페르니쿠스는 자신의 이론을 교회로부터 지지 받으며 생전 적극적으로 홍보했다.
③ 지동설은 기존 세계관을 보완하며 천체 운동만을 설명하려는 이론이었다.
④ 지동설은 과학적 관측과 수학적 계산에 의해 점차 이론적 기반을 갖췄다.
⑤ 코페르니쿠스는 천동설과 타협하며 지구의 자전을 주장하고 공전을 부정했다.

05 **다음 글의 빈 칸 ⓐ에 들어갈 문장으로 가장 적절한 것은?**

움벨트는 생명체가 지각 가능한 세계를 그 생명체 고유의 감각 구조와 생존 양식에 따라 구성하는 방식으로 정의된다. 야콥 폰 윅스퀼은 모든 유기체가 동일한 외부 자극을 동일하게 해석하는 것이 아니라 자신의 생물학적 구조와 기능에 따라 환경을 선별적으로 인식하고 의미화한다고 보았다. 이로써 물리적으로 동일한 세계는 생명체마다 다르게 살아지는 세계가 된다. 박쥐는 반향 위치 결정 기능을 통해 음향 기반의 세계를 구성하고, 진드기는 온도와 냄새에 따라 움직이며, 인간은 시・지각과 언어 중심의 복합 감각에 의존해 현실을 해석한다. 이처럼 움벨트는 객관적 실재의 존재를 부정하지 않으면서도, 생명체가 경험하는 세계는 (　ⓐ　)에 깊이 매개된다는 점을 강조한다. 따라서 움벨트 개념은 인간 중심주의를 상대화하고 존재론적 다양성에 대한 철학적 사유를 가능하게 한다.

① 감각적 구성과 지각적 편향
② 실재의 물리적 동일성과 인지적 일관성
③ 진화론적 생존 전략과 환경 적응 메커니즘
④ 감정 이입을 통한 타자 인식과 윤리적 상상력
⑤ 보편적 실재에 대한 객관적 인식 능력

06 **다음에 글의 (A)~(D)를 문맥에 맞게 순서대로 배열한 것은?**

(A) 전기차는 화석연료를 사용하는 내연기관 대신 전기모터를 동력원으로 삼기 때문에, 에너지 밀도와 출력 안정성이 높은 전지 기술이 필수적이다. 이에 따라 높은 에너지 밀도와 우수한 충전 효율을 갖춘 리튬이온 전지가 차량용 배터리의 주류로 자리 잡았으며, 이는 주행거리와 성능 유지 능력을 좌우하는 핵심 요인으로 작용한다.

(B) 그러나 리튬이온 전지는 고온 환경에서의 열폭주 현상과 기계적 충격에 대한 구조적 취약성을 동시에 내포하고 있다. 여기에 희소 금속 기반의 소재 의존성과 배터리 전주기에 환경 부담까지 더해지며, 기술적 지속 가능성에 대한 회의도 제기된다. 이러한 복합적 제약은 기술의 확장성과 직접 연결된다.

(C) 2차 전지는 전기에너지를 화학적 형태로 저장했다가, 필요할 때 다시 전기로 전환하여 사용하는 2차 에너지 저장 장치이다. 충전과 방전을 반복할 수 있다는 점에서 1차 전지와 구별되는데, 현재까지 가장 실용적인 2차 전지로 평가받는 리튬이온 전지는 소형 전자기기의 경량화와 고성능화에 결정적인 기여를 해왔다.

(D) 이 같은 한계를 극복하기 위한 방안으로는 고체 전해질을 적용한 전고체 배터리 개발이 주목받고 있다. 이는 전기화학적 안정성과 저장 밀도를 개선할 뿐 아니라, 안전성도 획기적으로 향상시킬 수 있다. 동시에 희소 자원에 대한 재활용 기술과 대체 물질 연구 역시 병행되며, 궁극적으로는 에너지 기술의 생태적 전환을 가능케 하는 핵심 기반으로 간주된다.

① (A) – (B) – (C) – (D)
② (A) – (C) – (B) – (D)
③ (C) – (A) – (B) – (D)
④ (C) – (B) – (A) – (D)
⑤ (C) – (B) – (D) – (A)

07 **다음 글을 비판하는 내용으로 가장 적절한 것은?**

> 노이즈 마케팅은 소비자의 주목을 유도하기 위해 의도적인 논란이나 과장된 표현을 활용하는 비전통적 전략으로, 최근 디지털 환경에서 그 활용도가 빠르게 확산되고 있다. 자극적인 메시지는 바이럴 효과를 극대화하며, 짧은 시간 안에 브랜드 인지도를 높이는 데 효과적이라는 평가를 받는다. 특히 SNS 기반의 쌍방향 소통 구조에서는, 브랜드에 대한 직접적인 호오*와 무관하게 노출 자체가 소비자의 구매 전환에 영향을 미칠 수 있다는 실증적 연구도 존재한다. 일부 마케팅 학자들은 노이즈 마케팅이 저비용 고효율의 전략일 뿐 아니라, AIDA 모델*에서 가장 어려운 '주의 환기' 단계를 효과적으로 통과하게 만드는 수단이라고 평가하기도 한다. 이는 정보 과잉 환경 속에서 브랜드가 주목받을 수 있는 유일한 방식이 자극이라는 점을 전제로 한다. 따라서 노이즈 마케팅은 단순한 이목 끌기 수단이 아니라 전략적 상황에서 충분히 설계되고 운용될 경우 강력한 커뮤니케이션 자산으로 기능할 수 있다.

* 호오(好惡): 좋음과 싫음
* AIDA 모델: 4가지 마케팅 모델 주의(Attention), 흥미(Interest), 욕구(Desire), 행동(Action)의 약어

① 노이즈 마케팅은 디지털 환경에서 기존 마케팅 전략을 보완할 수 있지만 무분별한 노출에 대해는 좀 더 심도깊은 연구를 진행해야 한다.
② 노이즈 마케팅은 오로지 단기적인 매출 증가에만 영향을 미칠 수 있다.
③ 자극적인 콘텐츠는 소비자의 흥미를 유발할 수 있다.
④ 노이즈 마케팅은 장기적으로 소비자의 신뢰와 브랜드 충성도에 손상을 줄 수 있다는 점에서 전략적 재고가 필요하다.
⑤ SNS 기반의 노출 증가는 소비자의 구매 전환율을 높일 수 있지만 마케팅 효과성은 입증되지 않았다.

08 다음 글의 주제로 가장 적절한 것은?

'타코 트레이드(Taco Trade)'는 도널드 트럼프 미국 대통령의 무역 협상 전략을 풍자하는 용어로 파이낸셜타임스(FT)의 칼럼니스트 로버트 암스트롱이 처음 사용했다. 이는 'Trump Always Chickens Out(트럼프는 항상 겁먹고 물러선다)'의 약자로, 트럼프가 고율 관세 부과 등 강경한 위협을 한 뒤 일정 시간이 지나 철회하거나 협상을 제안하는 반복적 패턴을 가리킨다.

이 전략은 정치적으로는 협상력을 과시하려는 방식으로 해석되지만 금융시장에서는 오히려 단기적인 가격 왜곡을 초래하는 원인으로 작용한다. 실제로 강경 발언 직후 자산 가격이 급락하고 이후 철회가 감지되면 시장이 반등하는 흐름이 자주 포착되었다. 암스트롱은 이러한 현상을 지적하며, 트럼프식 정치 리스크가 지속적 혼란을 유발하기보다는 반복되는 리듬에 기반한 전략적 투자 기회로 볼 수 있다고 주장했다. '타코 트레이드'는 특정 정치인의 성향과 시장 반응 사이의 경험적 상관관계를 투자 전략으로 연결하는 보기 드문 사례로, 정치의 불확실성을 기회로 전환하는 금융 사고 실험이라 할 수 있다.

① 정치적 위협 발언이 반복되는 상황에서의 시장 불확실성 심화
② 정책 혼선과 이에 따른 자산 가격 변동 구조에 대한 비판
③ 강경 발언과 철회를 반복하는 상황에서의 시장 반응과 기회
④ 정치 리스크에 따른 투자 방어 전략
⑤ 혼란한 정치 상황 속 장기적 자산 배분 방법

09 다음 글의 내용과 일치하는 것은?

> CBDC는 중앙은행이 전자적 형태로 직접 발행하는 법정 통화로, 기존의 민간 전자결제 수단이나 암호화폐와는 성격이 다르다. 현금은 중앙은행이 발행하되 물리적 실물로 존재하여, 거래 시 익명성과 접근성이 뛰어나며 인터넷이 없어도 사용할 수 있다. 그러나 위조, 도난, 보관 비용 등 물리적 화폐의 한계도 명확하다. 반면 CBDC는 디지털 장부를 기반으로 작동하며, 거래 내역이 자동으로 기록된다. 이로 인해 정부는 조세 집행, 복지급 지급, 통화정책의 미세 조정 등에서 보다 정밀한 개입이 가능하다. 일부 국가는 사용자의 소비 패턴을 실시간으로 분석하거나, 특정 목적에만 사용 가능한 프로그래머블 화폐를 설계하여 사회정책과 연계하려는 실험도 진행 중이다. 또한 CBDC는 은행 계좌가 없는 금융 소외계층에게도 직접 지급될 수 있어 포용적 금융 환경을 구현하는 수단으로 기대되지만, 이와 동시에 거래 추적 가능성으로 인한 프라이버시 침해와 기술 격차로 인한 디지털 배제 등 새로운 위험도 동반한다. 따라서 각국은 CBDC 설계 시 기술적 효율성과 사회적 신뢰 간의 균형을 모색 중이다.

① 현금은 디지털 장부에 거래 내역이 자동으로 기록되므로 익명성과 통제력을 동시에 확보할 수 있다.

② 일부 국가는 CBDC 사용자의 소비를 추적하고 용도 제한형 디지털 화폐를 활용해 정책 시험을 하고 있다.

③ 암호화폐와 CBDC는 모두 중앙은행의 발행과 통제를 받는 전자 화폐라는 점에서 본질적으로 유사하다.

④ CBDC는 거래 기록이 남지 않기 때문에 조세 집행이나 복지 정책 수행에 제약이 있다.

⑤ 디지털 기기와 네트워크가 없어도 CBDC는 금융 소외 계층에게 직접 지급될 수 있어 접근성에서 현금과 유사하다.

10 **다음에 글의 (A)~(D)를 문맥에 맞게 순서대로 배열한 것은?**

(A) 이러한 논의는 곧 AI 문학이 독창적인가라는 질문으로 이어진다. AI가 기존 데이터를 조합해 결과물을 만든다는 점에서 기계적이라는 비판이 가능하지만, 인간 또한 과거 경험과 지식을 재해석해 창작한다는 점에서 경계는 모호하다. 결국 독창성은 작품의 생성 방식보다는 그것이 해석되고 수용되는 과정에서 발휘되는 의미 작용을 중심으로 판단해야 한다.

(B) AI가 생성하는 콘텐츠는 방대한 데이터를 학습한 알고리즘이 인간의 감정과 서사를 재현한 결과물이다. 통계적 예측과 패턴 조합을 통해 만들어진 이 결과물은 전통적 의미에서의 창작이라 보기 어려울 수 있다. 그러나 인간은 그 안에서 감동과 의미를 발견하며, 이를 단순한 기계 출력이 아닌 감성적 상호작용의 대상으로 받아들인다. 이러한 수용 방식은 AI 산출물이 문화적 맥락 속에서 기능할 가능성을 보여준다.

(C) 따라서 AI 창작물을 어디까지 인정할 것인가는 인간의 개입 정도와 사회적 수용 방식에 따라 달라진다. 인간이 창작을 지시하거나 일부 편집했다면 공동 저작물로 볼 수 있고, 자율적으로 생성된 경우라 하더라도 그것을 감상하고 해석하는 주체가 인간이라면 문화적 서사로 작동할 수 있다. 결국 창작 주체의 정의는 기술과 인간이 맺는 관계 속에서 유동적으로 형성된다.

(D) AI 창작물의 저작권 문제는 이러한 독창성과 창작 주체 논의가 실제 권리 관계로 이어질 때 더욱 복잡해진다. 현행 법은 인간만을 창작 주체로 인정하기 때문에, AI가 단독으로 생성한 결과물은 법적 보호를 받기 어렵다. 일부는 인간 개입이 있을 때에만 권리를 인정하자고 주장하는 반면, 완전히 자율적으로 만들어진 산출물에 대해서는 권리 공백을 인정해야 한다는 견해도 있다. 결국 AI 창작물은 창작과 저작의 개념을 다시 정의하게 만드는 새로운 기준점이 되고 있다.

① (B) – (A) – (C) – (D)
② (B) – (C) – (A) – (D)
③ (B) – (C) – (D) – (A)
④ (D) – (B) – (A) – (C)
⑤ (D) – (B) – (C) – (A)

11 다음 글을 비판하는 내용으로 가장 적절한 것은?

> 기후변화 대응을 위한 국제적 노력은 파리협정을 중심으로, 강력한 글로벌 연대의 흐름 속에 전개되고 있다. 특히 선진국들은 온실가스 감축 목표를 법제화하고, 신재생에너지로의 전환을 가속화하고 있으며, 탄소세와 배출권 거래제를 비롯한 다양한 시장 기반의 수단을 도입하고 있다. 개발도상국 역시 국제사회의 기후 목표에 기여하기 위한 자발적 감축 목표(NDC)를 수립하고 있으며, 기술 및 재정 지원을 조건으로 점진적인 에너지 구조 개편에 나서고 있다. 기후변화는 국경을 초월한 문제이기에 모든 국가의 동참이 요구되며, 특히 개도국이 조기에 친환경 전환을 이룰 수 있도록 다자 협력이 더욱 강화되어야 한다. 결국 기후협약은 단지 환경 문제가 아니라 지속가능한 성장 모델로 전환하기 위한 구조적 합의이며, 선진국과 개도국 간의 공동 책임을 기반으로 작동한다는 점에서 그 실효성이 크다.

① 자발적 감축 목표는 협약의 유연성과 실효성을 보장하지만 실질적인 이행보다는 외형적 참여에 가까울 것이다.

② 기후협약은 모든 국가의 동참을 전제로 하지만 개도국의 경우 기후협약 참여 자체를 거부하고 있으므로 실효성이 적다.

③ 선진국이 감축을 주도하고 개도국이 재정과 기술을 지원받는 구조는 형평성과 효율성을 동시에 달성할 수 있는 전형적인 형태이다.

④ 기후변화는 국경을 넘는 공동의 위기이므로 과거의 산업화 책임을 논의하는 것은 협력의 발목을 잡는 시대착오적 관점이다.

⑤ 구조적 합의를 통해 실효성을 강조하기보다는 모든 국가가 동일한 전환 로드맵을 설정하고 이를 수용하는 것이 기후문제를 보다 빠르게 해결할 수 있는 현실적 방안이다.

12 다음 글의 제목으로 가장 적절한 것은?

> AI 슬롭(AI Slope)은 인공지능 시스템의 성능이 시간이 지남에 따라 점차 저하되는 현상을 말한다. AI 모델은 초기 학습 단계에서는 높은 정확도를 보이지만, 실제 운영 환경에서는 점차 성능이 떨어지거나 기대에 미치지 못하는 결과를 보일 수 있다. 이러한 현상은 실제 다양한 AI 서비스에서 관찰되며, AI 슬롭이라는 이름으로 불린다. AI 슬롭의 주요 원인에는 데이터 품질의 저하, 훈련 데이터와 실제 데이터 간의 불일치, 모델의 과적합, 컴퓨팅 자원의 부족, 환경 변화에 따른 데이터 분포 변화 등이 있다.
>
> 예를 들어, 챗봇이 처음에는 정확한 답변을 제공하다가 시간이 지나며 오류가 잦아지거나, 이미지 인식 시스템이 새로운 유형의 이미지를 정확히 분류하지 못하는 경우가 이에 해당한다. 이런 문제를 방지하려면 최신 데이터를 반영한 정기적인 재학습과 성능 모니터링이 필요하다. 이와 유사한 개념으로 드리프트(Drift) 현상이 있다. 하지만 드리프트는 데이터의 분포나 관계가 변화하면서 AI 모델의 성능이 저하되는 것으로, 원인 측면에서 AI 슬롭과 구분된다.

① AI 슬롭과 드리프트 현상의 원인과 차이
② AI 모델의 구조적 한계
③ AI 슬롭 현상에 따른 성능 저하의 원인과 대응 전략
④ 데이터 드리프트와 AI 성능의 불안정성
⑤ AI의 과적합 문제와 그 대응 전략

13 다음 글의 빈 칸 ⓐ에 들어갈 문장으로 가장 적절한 것은?

> 대상포진은 수두를 일으키는 바이러스가 신경계 내에 잠복해 있다가 재활성화되면서 발생하는 질환이다. 초기 감염 시 바이러스는 호흡기를 통해 체내에 침입하여 전신에 수두 증상을 유발한 후, 척수의 후근 신경절이나 뇌신경절 감각신경 세포에 침투하여 비활성 상태로 존재한다. 이 잠복 상태는 숙주의 세포성 면역에 의해 억제되는데 고령, 면역기능 저하, 스트레스, 악성 질환, 면역억제제 복용 등의 요인으로 인하여 (ⓐ) 재활성화된 바이러스는 감각신경을 따라 말초로 이동해 피부 상피세포에 감염을 일으키며, 이때 해당 피부 분절에 국한된 염증 반응과 수포성 병변이 발생하며 신경세포 손상 및 극심한 통증이 동반된다. 재활성화된 바이러스는 신경절 내 감각신경의 축삭을 따라 이동하면서 신경세포의 탈수초화와 세포 손상을 유발하고 그 결과로 통각 과민이나 지속적인 신경통이 나타날 수 있다. 면역 반응이 늦거나 미약할 경우 바이러스 확산과 조직 손상이 더 심해져 대상포진 후 신경통으로 이어질 위험이 높아진다.

① 면역 체계가 특정 감염에 반응하는 과정에서 숙주는 오히려 위험에 노출될 수 있다.
② 바이러스가 초기 감염 없이도 신경에 바로 침투하여 병변을 일으킨다.
③ 바이러스가 비활성화되면 대상포진이 발생한다.
④ 면역 기능이 약화되면 바이러스가 다시 활성화될 수 있다.
⑤ 신경세포의 염증 반응으로 인해 면역계가 과도하게 반응하는 양상을 보인다.

14 다음 글의 빈 칸 ⓐ에 들어갈 문장으로 가장 적절한 것은?

메탄은 현재 산업 현장에서 수소를 얻기 위한 가장 보편적인 원료로 사용된다. 특히 고온의 수증기를 활용해 메탄을 분해하는 방식은 전 세계 수소 생산의 대부분을 차지할 만큼 핵심적인 공정으로 자리 잡고 있다. 이 과정에서는 메탄과 수증기가 만나 수소와 일산화탄소를 생성하며, 반응을 촉진하기 위해 니켈을 주성분으로 한 촉매가 사용된다. 반응은 일반적으로 섭씨 700도를 넘는 높은 온도와 상당한 압력 아래에서 이루어지며, 1차 반응으로 생성된 일산화탄소는 이후 다시 반응하여 수소와 이산화탄소로 전환된다. 이 전환 반응은 열을 내며, 두 단계로 나뉘어 각각의 온도 범위에 적합한 촉매가 사용된다.

이 공정에서 가장 중요한 요소는 (ⓐ)에 있다. 니켈 촉매는 수소 생산에 매우 효과적이지만, 일정 온도를 넘으면 표면에 탄소가 침착되면서 활성이 급격히 저하되는 문제가 발생한다. 이를 방지하기 위해 알루미나나 마그네시아 같은 지지체를 함께 사용하는 방법이 도입되고 있으며 반응 조건도 정밀하게 조절되고 있다.

① 수증기의 순도와 유량을 정밀하게 제어하는 기술
② 화학 반응을 지속 가능하게 유지하는 중심 물질의 안정성
③ 메탄을 액화 상태로 보관하는 설비의 내구성
④ 반응기 외벽의 압력 유지 기술
⑤ 생성된 이산화탄소를 바로 분리해내는 장치의 효율성

15 **다음에 글의 (A)~(D)를 문맥에 맞게 순서대로 배열한 것은?**

(A) 이러한 소비 양식은 문화가 계층 간 경계를 나누는 기준이 아니라, 유연한 정체성의 수단으로 작용함을 보여준다. 옴니보어는 문화적 권위를 유지하면서도 대중 문화와의 접속을 통해 새로운 형태의 영향력을 형성하며, 기존의 폐쇄적 위계 구조를 유연하게 변형시킨다.

(B) 그러나 잡식적 소비가 실질적인 평등을 의미하지는 않는다. 다양한 문화 콘텐츠를 이해하고 향유할 수 있는 시간과 자원은 여전히 상위 계층에게 유리하게 분배되어 있다. 결국 옴니보어는 겉으로는 개방성을 띠지만, 더 세밀한 취향 구분을 통해 오히려 문화 권력을 정교하게 구축할 수 있다.

(C) 문화적 옴니보어는 특정한 문화 취향에 머무르지 않고 고급 문화와 대중 문화를 넘나드는 소비 양식을 뜻한다. 이는 주로 고학력·고소득 계층에서 나타나며, 과거처럼 고급 문화만을 통해 계층을 드러내는 대신 다양한 장르를 포용하는 모습을 보인다. 이로써 문화 자본의 위계가 다원성과 개방성을 중심으로 재해석될 수 있는 가능성이 제기된다.

(D) 따라서 옴니보어 현상을 단순히 긍정적으로만 바라보기보다는 그 이면의 권력 작용을 비판적으로 살펴야 한다. 문화의 다양성은 이상적 가치이지만, 그것이 누구에게 열려 있는가를 함께 따지지 않는다면 문화 민주주의는 외형에 그칠 수 있다.

① (A) – (C) – (B) – (D)
② (B) – (D) – (A) – (C)
③ (B) – (D) – (C) – (A)
④ (C) – (A) – (B) – (D)
⑤ (C) – (B) – (D) – (A)

16 다음 글을 비판하는 내용으로 가장 적절한 것은?

> 최근 정부는 반려동물을 기르는 인구가 꾸준히 늘어남에 따라, 동물 의료 서비스에 대한 공적 책임을 강화하고 있다. 진료비 표준화, 의료행위 사전 설명 의무화, 반려동물 보험 확대 등은 동물병원을 찾는 보호자의 권리를 보장하고 진료 서비스의 질을 높이기 위한 정책들이다. 특히 진료비 정보 공개는 보호자의 선택권을 넓히고, 불필요한 진료를 줄이는 데 효과가 있다는 평가를 받고 있다. 현재 동물병원은 병원마다 진료비 수가를 자율적으로 책정하고 있으며, 정부는 주요 진료 항목의 비용을 공개하도록 권고하고 있다. 이러한 제도들은 반려동물을 단순한 재산이 아닌 생명을 지닌 가족 구성원으로 인식하는 흐름 속에서 마련되었으며, 사람 중심에서 동물 중심으로 나아가는 의료정책의 방향을 보여준다. 반려동물의 건강권을 지키기 위한 공공의 개입은 오늘날 사회가 요구하는 가치에 부합하며, 결국 국민 삶의 질을 높이는 데도 기여할 수 있다.

① 수준 높은 동물 의료 서비스를 제공하고 제공받기 위해서는 진료비에 제한을 두지 않는 것이 더 바람직하다.

② 진료비 정보 공개는 소비자의 알 권리를 보장하지만 병원 간 진료 환경이 다른 상황에서 일률적인 비교는 오히려 혼선을 줄 수 있다.

③ 사람 중심에서 동물 중심으로의 정책 전환은 국민 건강권과 충돌하므로 다시 검토되어야 한다.

④ 병원의 자율성을 보장하기보다는 과잉 진료를 막기 위해 진료비 표준화를 시행하여 의료 서비스의 질과 보호자의 권리를 우선 보장해야 한다.

⑤ 보험 확대는 진료비 부담을 줄이는 데 도움이 되지만 반려동물 정책에 있어 공공의 개입은 여전히 불필요하다.

17 다음 글의 내용과 일치하는 것은?

트롤리 딜레마는 행위의 도덕성을 무엇에 근거해 판단할 수 있는지를 탐색하는 대표적인 윤리학 사고실험이다. 통제 불가능한 전차가 다섯 명을 향해 돌진하고 있으며 당신은 전환기 앞에 서 있다. 전환기를 작동하면 전차는 다른 선로로 향하게 되고 그곳에는 한 사람이 묶여 있다. 선로를 바꾸면 다섯 명은 구조되지만 다른 한 명은 희생된다. 이 사고실험은 단순한 선택의 문제가 아니라 도덕 판단의 정당화 원리를 묻는 문제이다.

공리주의는 행복과 고통의 총합을 기준으로 행위의 도덕성을 평가하며 가능한 한 많은 이익을 창출하는 쪽이 더 윤리적이라고 본다. 따라서 이 관점에서는 다수를 살리기 위한 소수의 희생이 정당화될 수 있다. 반면 칸트 윤리는 행위의 결과가 아닌 행위 자체가 보편적 도덕 법칙에 합치되는지를 중심으로 판단하며 인간을 단지 수단으로 삼는 행위는 어떤 경우에도 도덕적으로 용납될 수 없다고 본다. 이 딜레마는 결과 중심 윤리와 원칙 중심 윤리 사이의 긴장을 구체적인 상황 속에서 드러내며 각 이론이 인간 행위의 정당성을 어떻게 구성하는지를 시험하는 도구로 작동한다.

① 트롤리 딜레마는 실제 철도 사고의 사전 예방을 위한 윤리적 의사결정 체계를 설명한 것이다.
② 공리주의는 다수의 이익을 위한 결정이라면, 개인의 권리를 침해하지 않는 선에서만 정당화할 수 있다고 본다.
③ 칸트 윤리는 도덕법칙에 어긋나는 행위는 그 결과가 긍정적이라 해도 도덕적으로 옳지 않다고 본다.
④ 트롤리 딜레마는 결과를 중시하는 공리주의와 직관 윤리학 간의 갈등을 보여주는 사례로 활용된다.
⑤ 공리주의와 칸트 윤리는 모두 결과의 정당성을 판단 기준으로 삼되, 과정의 차이에 주목한다.

18 **다음 글의 빈 칸 ⓐ에 들어갈 문장으로 가장 적절한 것은?**

> 도박사의 오류는 확률적인 사건을 잘못 이해할 때 발생하는 대표적인 사고의 오류다. 예를 들어 동전을 다섯 번 던졌을 때 모두 앞면이 나왔다고 가정하자. 많은 사람들은 다음번에는 뒷면이 나올 가능성이 더 높다고 생각하지만 실제로는 그렇지 않다. (　　　　ⓐ　　　　) 즉, 앞면이 다섯 번 연속 나왔다 해도 여섯 번째에 앞면이나 뒷면이 나올 확률은 여전히 같으며, 동전 던지기의 각 시행은 서로 독립적이다.
>
> 이 오류는 마치 확률이 균형을 맞추려 한다고 착각하는 데서 비롯된다. 하지만 실제로는 확률은 과거의 결과를 기억하지 않으며 매번 동일한 조건에서 동일한 확률로 사건이 일어난다. 따라서 도박사의 오류는 확률과 독립 시행의 기본 개념을 오해한 데서 비롯된 착각일 뿐이며 수학적으로는 성립하지 않는다.

① 특정 결과가 반복되면 이후의 확률 분포는 반작용적으로 조정될 수 있다.
② 독립 시행이라 하더라도 누적된 패턴은 다음 결과에 일정한 영향을 미친다.
③ 각 시행은 통계적으로 독립적이므로, 과거 결과는 미래의 확률에 영향을 주지 않는다.
④ 시행 횟수가 증가할수록 모든 결과는 균형을 이루는 방향으로 수렴한다.
⑤ 동일한 확률 조건에서도 반복된 결과는 새로운 기댓값을 형성한다.

19 다음 글을 비판하는 내용으로 가장 적절한 것은?

> 관치금리는 정부가 시장의 자율적 금리 결정 대신 직접 금리를 설정하거나 유도하는 정책을 말한다. 이러한 방식은 특정 산업을 육성하거나 경기 침체 상황에서 신속히 자금을 공급하는 데 효과적일 수 있다. 예를 들어, 중소기업 지원을 위해 대출금리를 인위적으로 낮추면 기업의 자금 조달 부담이 줄고 투자 확대를 유도할 수 있다. 또한 금리 변동성이 줄어 금융시장의 불확실성을 완화할 가능성이 있다. 정부가 장기적인 산업 정책과 결합해 금리를 조절하면 경제 구조 전환에도 기여할 수 있다. 특히 금융시장이 미성숙하거나 시장 실패가 빈번한 국가에서는 관치금리가 자본의 효율적 배분에 도움을 줄 수 있다는 주장도 있다. 결국 관치금리는 시장의 한계를 보완하고 정책 목표 달성에 유연하게 대응하는 수단으로 긍정적인 평가를 받을 수 있다.

① 관치금리는 금리 변동성을 줄이는 데 기여하지 못하며, 오히려 시장의 예측 가능성을 떨어뜨릴 수 있다는 것이 증명되었다.
② 관치금리는 금융시장이 미성숙한 국가에서 효과적일 수 있지만, 성숙한 국가에서는 효과적이지 않다.
③ 관치금리는 경기 침체기에 자금 공급을 촉진할 수 있지만, 장기적으로 물가 안정을 해칠 수 있다.
④ 단기적인 산업 정책 수립에는 관치금리가 도움이 되지 못 한다.
⑤ 관치금리는 중소기업 지원에 효과적이지만, 대기업에는 영향을 미치지 않는다.

20 다음에 글의 (A)~(D)를 문맥에 맞게 순서대로 배열한 것은?

(A) 마라톤 경기가 근대 올림픽에 도입된 초창기에는 경기마다 정해진 거리가 달랐다. 대회를 주최하는 나라가 코스를 자유롭게 설정했기 때문에 경기는 때때로 40킬로미터를 넘기도 했고 반대로 더 짧아지기도 했다. 이처럼 거리의 불규칙성이 반복되자, 정확한 기준을 마련해야 한다는 논의가 제기되었다.

(B) 오늘날 마라톤의 공식 거리는 42.195킬로미터로 정해져 있지만, 이 수치가 처음부터 정해져 있었던 것은 아니다. 이 거리의 기원은 1908년 런던올림픽에 있다. 대회 조직위원회는 경주의 시작점을 윈저궁으로 정하고, 도착 지점을 스타디움의 왕실 관람석 앞으로 설정했다. 왕실의 관전을 고려한 이 코스는 우연히도 42.195킬로미터였고, 대회는 이 거리로 치러졌다.

(C) 국제육상경기연맹은 1921년 마라톤의 경기 규격을 표준화하기 위해 앞선 런던올림픽의 코스를 기준으로 삼았다. 그 결과 지금과 같은 42.195킬로미터가 마라톤의 공식 거리로 채택되었다. 이는 경기의 일관성과 공정성을 확보하려는 움직임의 일환이었다.

(D) 마라톤이라는 종목은 고대 그리스의 마라톤 전투에서 비롯되었다. 전쟁에서 승리한 아테네는 소식을 전하기 위해 병사 한 명을 급히 아테네로 보냈고, 그는 마라톤 평원에서 아테네까지 전력을 다해 달렸다. 도착한 병사는 승리를 알린 뒤 곧 숨을 거두었다고 전해지며, 이 이야기는 오늘날 마라톤의 상징적 기원이 되었다.

① (A) – (B) – (D) – (C)
② (A) – (C) – (B) – (D)
③ (D) – (A) – (B) – (C)
④ (D) – (A) – (C) – (B)
⑤ (D) – (B) – (C) – (A)

Chapter 02 자료해석

문항수 20문항 | 제한시간 15분

해설 p.6

01 다음은 C기관의 2024년 부서 및 연령대별 평균 교육 이수 시간에 대한 자료이다. 다음 중 자료에 대한 설명으로 옳은 것을 모두 고르면?

〈표〉 2024년 부서 및 연령대별 평균 연간 교육 이수 시간

(단위: 시간)

구분	전체	20대	30대	40대	50대	60대 이상
기술지원부	72	28	54	83	92	60
연구개발부	90	23	51	104	115	98
영업부	102	34	67	110	119	94
생산부	94	30	62	101	112	89
총무부	48	15	37	52	56	44

〈 보 기 〉

㉠ 모든 연령대에서 영업부의 교육 이수 시간은 기술지원부보다 길다.
㉡ 전체 평균 교육 이수 시간이 가장 짧은 부서는 연구개발부이다.
㉢ 연구개발부의 20대 평균 교육 이수 시간은 기술지원부의 20대 평균 교육 이수 시간에 비해 20% 이상 짧다.
㉣ 생산부와 기술지원부의 50대 평균 교육 시간의 차이는 20시간 이상이다.

① ㉠, ㉡　② ㉠, ㉢　③ ㉠, ㉣
④ ㉡, ㉢　⑤ ㉢, ㉣

02 다음은 2023년 지역별 지원 유형에 따른 복지 서비스 이용자 수에 대한 자료이다. 다음 중 자료에 대한 설명으로 옳지 않은 것을 고르면?

〈표〉 2023년 복지 서비스 이용자 수

(단위: 명)

구분		주거지원	건강지원	교육지원	일자리연계	심리상담
지역	서울	4,200	3,950	2,280	24,300	1,260
	부산	3,020	3,560	1,960	19,800	1,130
	대구	3,670	3,800	2,050	20,100	1,320
	광주	2,100	2,950	1,270	14,200	880
	대전	2,480	2,980	1,340	15,700	940
업종	청년층	1,980	2,110	1,430	9,800	530
	중장년층	2,200	2,540	1,070	12,100	650
	고령층	3,010	2,950	1,540	11,700	820

① 제시된 지역 중 복지 서비스 이용자 수가 가장 많은 지역은 서울이다.
② 중장년층의 전체 복지 이용자 수 중 가장 많은 유형은 일자리연계이다.
③ 대전의 주거지원 이용자 수와 서울의 주거지원 이용자 수의 차이는 1,700명 이상이다.
④ 제시된 지역 중 일자리연계 이용자 수가 20,000명 이상인 지역은 3곳이다.
⑤ 고령층의 심리상담 이용자 수는 중장년층보다 많다.

03 다음은 2018년부터 2021년까지 G시의 스마트 교차로 설치 현황을 정리한 자료이다. 자료에서 전체 스마트 교차로 수가 두 번째로 많은 해에 초등학교 주변에 설치된 스마트 교차로 수는 유치원 주변에 설치된 스마트 교차로 수의 몇 배인가?

〈표〉 연도별 스마트 교차로 설치 현황

(단위: 개)

구분	2018년	2019년	2020년	2021년
전체	4,300	4,450	4,200	4,500
초등학교	1,600	1,701	1,550	1,800
유치원	520	540	500	600
중학교	1,020	1,050	990	1,030
기타	1,160	1,160	1,160	1,070

① 3.25배
② 3.15배
③ 3배
④ 2.85배
⑤ 2.75배

04 다음은 2013년부터 2023년까지 불법 수입 의약품의 적발 건수, 적발 물량, 적발 금액에 대한 자료이다. 다음 중 자료에 대한 설명으로 옳지 않은 것을 모두 고르면?

〈표〉 연도별 불법 수입 의약품 적발 현황

(단위: 건, kg, 억 원)

연도	적발 건수	적발 물량	적발 금액
2013년	170	25	480
2014년	200	28	525
2015년	215	30	580
2016년	280	42	740
2017년	340	49	830
2018년	420	61	1,050
2019년	395	59	1,200
2020년	540	87	1,780
2021년	625	102	2,060
2022년	710	114	2,540
2023년	990	138	3,350

〈 보 기 〉

㉠ 2021년 적발 건수 1건당 평균 적발 물량은 160g 이상이다.
㉡ 2023년 적발 건수 1건당 적발 금액은 2013년보다 작다.
㉢ 2023년 적발 금액은 2013년에 비해 7배 이상 증가하였다.
㉣ 2019년은 전년 대비 적발 금액은 증가했지만, 적발 건수는 감소하였다.

① ㉠, ㉡　② ㉡, ㉢　③ ㉡, ㉣
④ ㉠, ㉢　⑤ ㉠, ㉡, ㉢

05 다음은 L시의 2020년 연령대별 자전거 이용자 수와 연령대별 자전거 이용자 수의 전년 대비 증감률을 나타낸 자료이다. 2020년 대비 2021년 이용자가 가장 많이 증가한 연령대로 옳은 것은?

〈그래프〉 2020년 연령대별 자전거 이용자 수

(단위: 명)

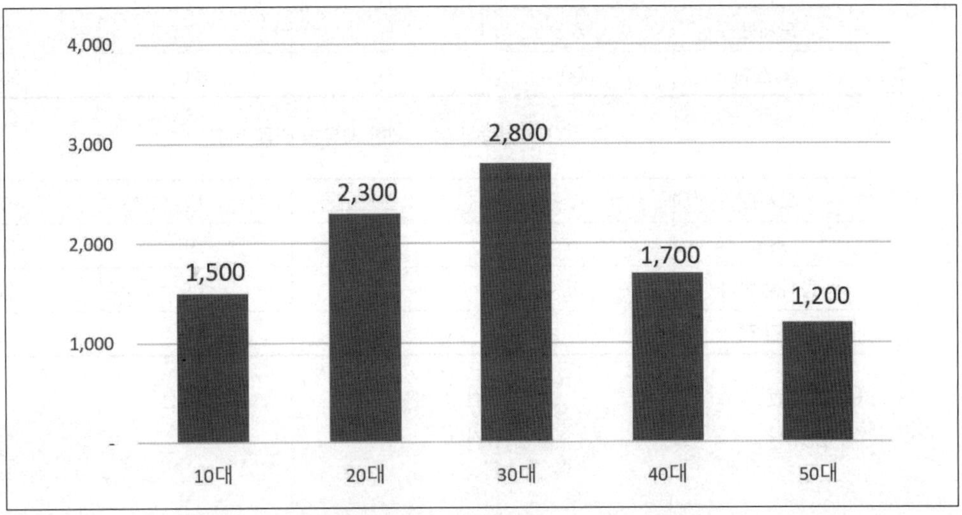

〈표〉 연령대별 자전거 이용자 수 전년대비 증감률

(단위: %)

연령대	10대	20대	30대	40대	50대
2019년	− 10	− 5	− 10	− 10	− 20
2020년	20	15	25	10	10
2021년	25	20	10	14	10

① 10대　② 20대　③ 30대
④ 40대　⑤ 50대

06 다음은 2023년 W시의 A~D 도서관에서 발생한 열람실 이용 제한 건수와 사유별 비율 현황을 나타낸 자료이다. 각 도서관에서 발생한 열람실 제한 사유 중 '장시간 자리 점유'의 총 합은 몇 건인가?

〈표〉 2023년 도서관별 열람실 이용 제한 건수

(단위: 건)

도서관	A	B	C	D
총 건수	600	450	720	530

〈표〉 열람실 이용 제한 사유별 비율 현황

(단위: %)

도서관	A	B	C	D
소음	20	18	19	20
음식물 반입	5	4.5	3.5	2.8
장시간 점유	10	12	15	10

① 254건 ② 259건 ③ 265건
④ 267건 ⑤ 275건

07 다음은 2017년부터 2021년까지 업종별 운수업 근로자의 월평균 근로시간을 조사한 자료이다. 다음 중 자료에 대한 설명으로 옳은 것을 고르면?

〈표〉 업종별 운수업 근로자 월평균 근로시간

(단위: 시간)

구분	2017년	2018년	2019년	2020년	2021년
전체 근로자	175	178	180	177	181
육상운송업	186	189	191	188	192
수상운송업	172	174	175	172	170
항공운송업	160	163	165	160	162
창고보관업	177	180	181	179	183

① 2018년 전체 근로자의 월평균 근로시간은 전년 대비 감소하였다.
② 수상운송업 근로자의 2020년 월평균 근로시간은 2019년 대비 1.5% 이하 감소하였다.
③ 항공운송업 근로자의 2020년 월평균 근로시간은 전년 대비 증가하였다.
④ 매년 월평균 근로시간이 가장 긴 업종은 창고보관업이다.
⑤ 육상운송업 근로자의 월평균 근로시간은 전체 근로자 월평균 근로시간보다 매년 더 길었다.

08 다음은 2023년 기준 연령대별 주민등록 인구 현황이다. 50대 이상 주민등록 인구 현황의 비중은? (단, 소수점 아래 셋째자리에서 반올림한다.)

〈표〉 2023년 연령대별 주민등록 인구 현황

(단위: 만 명, %)

구분	인구	비중
10대 미만	333	6.49
10대	465	9.06
20대	620	12.08
30대	658	12.82
40대	792	15.43
50대	870	( )
60대	763	( )
70대 이상	632	( )
합계	5,133	100

① 12.31 ② 14.86 ③ 16.95
④ 44.13 ⑤ 56.91

09 다음은 2023년을 기준으로 시대별 국가등록 문화재 등재 현황에 대한 자료이다. 다음 중 자료에 대한 설명으로 옳은 것을 고르면?

〈표〉 시대별 국가등록 문화재 등재 현황

(단위: 건)

구분	조선시대	대한제국기	일제강점기	6·25전쟁 이후	합계
건축물	112	34	175	63	384
기록물	9	13	102	45	169
산업유산	0	4	82	31	117
생활용품	2	1	48	27	78
기타	1	0	11	6	18
합계	124	52	418	172	766

① 전체 문화재 중 일제강점기 건축물이 차지하는 비율은 20% 이하이다.
② 건축물은 전체 문화재의 절반 이상을 차지하며, 모든 시대에 등재되어 있다.
③ 조선시대 문화재 중 생활용품 비율은 전체 조선시대 문화재의 5% 이상이다.
④ 기록물 중 50% 이상은 6·25전쟁 이후 등재되었다.
⑤ 산업유산은 조선시대와 6·25전쟁 이전 시대에는 전혀 등재되어 있지 않다.

10 다음은 2023년 상반기 B마트의 상품군별 매출 비율을 나타낸 자료이다. 상반기 매출액이 80억 원이라고 할 때, 다음 중 자료에 대한 설명으로 옳은 것을 고르면?

〈그래프〉 2023년 상반기 B마트 상품군별 매출 비율

(단위: %)

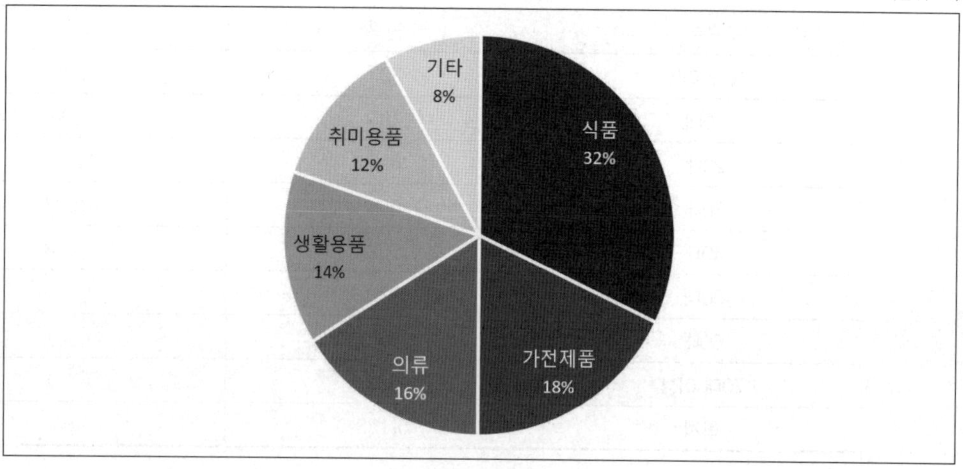

① 식품 매출액은 가전제품 매출액보다 12억 원 더 많다.

② 매출액이 16억 원 이상인 품목은 식품, 가전제품 2가지다.

③ 생활용품과 취미용품의 매출액 차이는 1.6억 원이다.

④ 기타 상품군의 매출액은 8억 이상이다.

⑤ 15억 원 이상 매출을 기록한 품목은 3가지이다.

11 다음은 1~4인 가구 중위소득에 대한 자료이다 2022년 대비 1~4인 가구 중 중위소득의 실제 금액이 가장 많이 증가한 가구의 전년 대비 증가율은? (단, 소수점 아래 둘째자리에서 반올림한다.)

〈표〉 1~4인 가구 중위소득

(단위: 만 원)

구분	2022년	2023년
1인 가구	194.5	207.8
2인 가구	326.0	345.6
3인 가구	419.5	443.5
4인 가구	512.1	540.1

① 5.5% ② 5.7% ③ 6.0%

④ 6.5% ⑤ 6.8%

12 다음은 2025년 1월 기준 전국 미분양 주택 현황 자료이다. 다음 자료에서 수도권 주택이 전체에서 차지하는 비율은? (단, 소수점 아래 둘째자리에서 반올림한다.)

〈표〉 2025년 1월 전국 미분양 주택 현황_지역별 구분

(단위: 호)

구분	현황
수도권	19,748
지방	52,876
합계	72,624

① 25.1%　② 27.2%　③ 30.4%
④ 32.5%　⑤ 33.8%

13 다음은 C회사의 2018년부터 2022년까지의 연구개발 투자 현황으로, 연도별 투자금액과 투자건수를 나타낸 자료이다. 다음 중 자료에 대한 설명으로 옳지 않은 것을 고르면?

〈그래프〉 C사 연구개발 투자 현황

(단위: 억 원, 건)

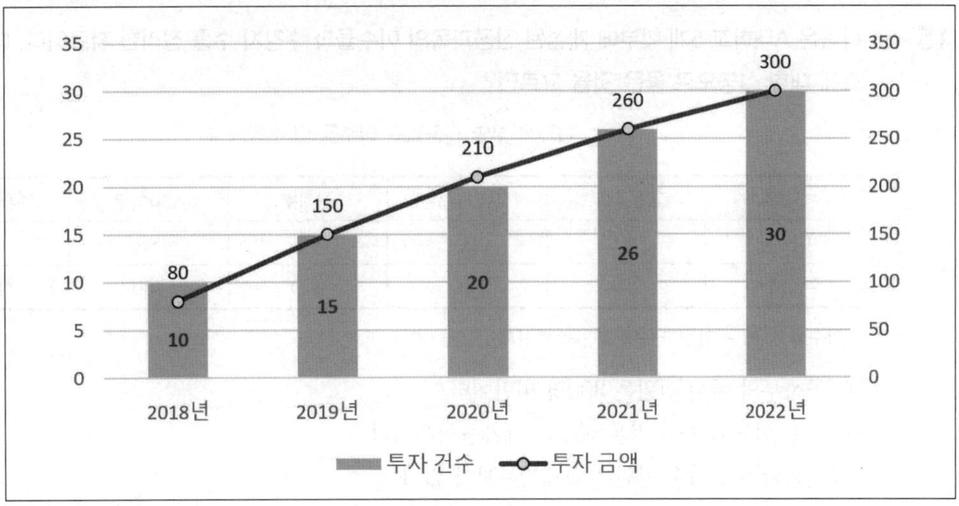

① 투자 건수당 투자 금액이 가장 높은 해는 2020년이다.
② 2020년의 투자 건수당 투자 금액은 2018년보다 크다.
③ 2021년의 투자 금액은 전년 대비 25% 이하 증가하였다.
④ 2019년의 투자 건수당 투자 금액은 전년 대비 20% 이하 증가하였다.
⑤ 투자 건수와 투자 금액 모두 매년 증가하였다.

14 다음은 2025년 전국 공공도서관 통계조사 자료이다. 전년 대비 전체 도서관 수가 가장 크게 증가한 해의 전년 대비 지자체 공공도서관 증감율은? (단, 소수점 아래 셋째자리에서 반올림한다.)

〈표〉 2025년 전국 공공도서관 통계조사

(단위: 개)

구분	2021년	2022년	2023년	2024년
지자체	949	976	1,008	1,034
교육청	235	235	235	234
시립	24	25	28	28
전체	1,208	1,236	1,271	1,296

① 3.15% ② 3.21% ③ 3.28%
④ 4.12% ⑤ 4.67%

15 다음은 A대학교 5개 학부에 개설된 전공과목의 이수율과 수강자 수를 정리한 자료이다. 다음 중 자료에 대한 설명으로 옳은 것을 고르면?

〈표〉 학부별 전공과목 이수율 및 수강자 수

(단위: %, 명)

학부	인문학부	자연학부	공학부	사회학부	예체능학부
이수율	90	80	75	80	60
수강자 수	230	310	400	280	150

* 이수율 = (이수 인원 ÷ 수강자 수) × 100

① 공학부의 이수 인원은 300명 미만이다.
② 이수 인원이 가장 적은 학부는 예체능학부이다.
③ 인문학부의 이수 인원은 사회학부보다 많다.
④ 전체 학부 중 이수율이 가장 높은 곳은 사회학부이다.
⑤ 이수 인원이 280명 이상인 학부는 2개 이상이다.

16 다음은 최근 5년간 국내 반려동물양육인구 비율에 대한 자료이다. 매년 조사 대상자 숫자가 동일했다고 할 때, 2024년의 반려동물양육자는 몇 명인가?

〈표〉 2020년~2024년 국내 반려동물양육인구 비율

(단위: 명, %)

년도	반려동물양육자	양육비율
2020	1,385	27.7
2021	1,295	25.9
2022	1,270	25.4
2023	1,410	28.2
2024	( )	28.6

① 1,400명 ② 1,410명 ③ 1,415명
④ 1,430명 ⑤ 1,432명

17 다음은 A시의 2024년 10월 인구증감 요인이다. 전월 대비 증감인원은 몇 명인가?

〈표〉 A시 2024년 10월 인구증감 요인

(단위: 명)

구분	증가요인	구분	감소요인
출생	67	사망	108
전입	2,109	전출	2,219
등록	9	말소	0
기타	0	기타	2

① －101명 ② －105명 ③ －121명
④ －137명 ⑤ －144명

18 다음은 P시 4개 구역의 2022년과 2023년 자전거 보급률을 조사한 결과에 대한 자료이다. 다음 자료에 대한 설명 중 옳지 않은 것을 고르면?

〈표〉 P시 자전거 보급률

(단위: %)

구분	2022년	2023년
A구역	45	46
B구역	35	32
C구역	45	50
D구역	30	36

① 2022년 대비 2023년의 보급률이 감소한 구역은 1곳뿐이며, 감소율은 10% 이하이다.
② 2023년 보급률이 가장 높은 구역은 C구역이다.
③ D구역는 전년 대비 보급률이 6%p 상승하였다.
④ 2022년과 2023년 모두 A구역의 보급률이 가장 낮았다.
⑤ 2022년과 2023년의 보급률이 모두 40% 이상인 구역은 2곳이다.

19 다음은 2025년 통합입법예고센터 입법예고 실시 통계 자료이다. ⓐ, ⓑ, ⓒ, ⓓ의 합으로 옳은 것은?

〈표〉 2025년 통합입법예고센터 입법예고 실시 통계

(단위: 건)

종류 \ 월	1월	2월	3월	4월	5월	총계
법률안	3	6	5	7	5	26
대통령령안	110	ⓐ	79	109	67	442
총리령안	9	11	3	9	4	ⓑ
부령안	27	105	ⓒ	74	59	313
합계	149	199	135	ⓓ	135	817

① 351 ② 360 ③ 380
④ 405 ⑤ 419

20 다음은 2023년 S시의 30인 이하 교육기관 종사자 분포에 대한 자료이다. 다음 중 자료에 대한 설명으로 옳지 않은 것을 고르면?

〈표〉 2023년 S시 30인 이하 교육기관 종사자 분포

(단위: 명)

구분	전임강사	시간강사	행정직원	공석
기관 A	1,500	120	30	40
기관 B	620	370	20	5
기관 C	1,380	160	25	15
기관 D	670	115	10	2
기관 E	240	60	15	1
기관 F	490	290	18	7
기관 G	440	320	10	3
기관 H	390	80	10	3

① 모든 기관의 시간강사 수는 행정직원의 4배 이상이다.
② 공석 수가 가장 많은 상위 3개 기관은 시간강사 수가 많은 상위 5개 기관에 포함된다.
③ 제시된 기관 중 시간강사 수가 전임강사 수의 25% 이상인 곳은 총 4곳이다.
④ 기관 H의 전체 인원 수는 480명 이하이다.
⑤ 기관 A와 C의 전임강사 수의 합은 나머지 기관의 전임강사 수의 합보다 적다.

Chapter 03 창의수리

문항수 20문항 | 제한시간 15분

해설 p.10

01 작년 농장에서 사과와 배를 합쳐 360개를 수확하였다. 올해는 사과 수확량이 작년보다 10% 증가했고, 배 수확량은 작년보다 20% 감소하였다. 그 결과 올해 수확된 과일의 총합이 333개라고 할 때, 작년 사과의 수확량을 바르게 구한 것은?

① 130개 ② 140개 ③ 150개
④ 160개 ⑤ 170개

02 A사원은 B대리점과 C대리점을 방문한 후 퇴근해야 한다. B대리점에서 C대리점을 가는데 10km/h로 가면 20km/h로 가는 것보다 30분의 시간이 더 소요된다고 할 때, B대리점과 C대리점 사이의 거리를 바르게 구한 것은?

① 5km ② 10km ③ 15km
④ 20km ⑤ 25km

03 12% 설탕물 350g을 끓여 물이 증발되었다. 그 후 증발된 양의 2배만큼 물을 넣었더니 설탕물의 농도가 10%가 되었다. 이때 증발된 설탕물의 양을 바르게 구한 것은?

① 30g ② 35g ③ 42g
④ 55g ⑤ 70g

04 정현이는 2~7까지의 숫자 중에서 서로 다른 숫자 4개를 골라 네 자리 자연수를 만들려고 한다. 가능한 전체 경우의 수를 바르게 구한 것은?

① 15가지 ② 30가지 ③ 90가지
④ 120가지 ⑤ 360가지

05 기계 A는 1시간에 전체 작업의 20%를, 기계 B는 1시간에 15%를 할 수 있다. 두 기계가 동시에 작업을 시작했는데, 작업 시작 2시간 후에 B가 고장났고, 남은 작업은 A 혼자서 마무리했다. A가 혼자 작업한 시간을 바르게 구한 것은?

① 1시간 ② 1.5시간 ③ 2시간
④ 3.5시간 ⑤ 4시간

06 A점포에서 상품을 판매할 때 원가의 20%의 이익을 붙여 정가를 정했다. 하지만 상품이 팔리지 않아 정가의 30%를 할인하여 판매했고 결과적으로 1개당 480원의 손해를 보게 되었다. 이 상품의 원가를 바르게 구한 것은?

① 2,800원 ② 3,000원 ③ 4,000원
④ 4,200원 ⑤ 4,500원

07 A행성은 60km/h의 속력으로 S지점을 향해 오고 있고 B행성은 40km/h의 속력으로 S지점을 향해 오고 있다. 두 행성이 일직선상에 있고 두 행성 사이의 거리가 1,200km라고 할 때, 충돌하게 되는 시간을 바르게 구한 것은? (단, S지점은 A행성과 B행성 사이에 있다.)

① 4시간 ② 6시간 ③ 8시간
④ 10시간 ⑤ 12시간

08 농도가 30%인 소금물 400g에 5개의 호스를 이용하여 물을 주입한다. 농도를 8%까지 낮추기 위해서는 1개의 호스당 몇 g의 물을 넣어야 하는지 바르게 구한 것은?

① 100g ② 120g ③ 140g
④ 160g ⑤ 220g

09 A카페에서는 단품 메뉴인 스무디가 커피보다 700원 비싸다. 이 두 메뉴를 각각 샌드위치와 세트로 판매하면 단품 가격에 4,000원이 추가된다. 커피 세트 3개와 스무디 세트 2개를 구매했더니 총 43,900원이었다. 이 때 커피 단품 가격을 바르게 구한 것은?

① 4,100원 ② 4,300원 ③ 4,500원
④ 4,700원 ⑤ 4,900원

10 쌍둥이 자매인 서연이와 서진이를 포함하여 6명의 가족이 원 모양의 식탁에 둘러앉으려고 한다. 이 때, 서연이와 서진이가 서로 이웃하지 않고 앉는 경우의 수를 바르게 구한 것은?

① 36가지 ② 72가지 ③ 96가지
④ 188가지 ⑤ 240가지

11 원가에 25%의 이익을 붙여 정가를 정한 후 정가의 20%를 할인해서 1차 판매가격을 결정하였다. 하지만 판매가 되지 않아 고객에게 추가로 10%를 더 할인하여 판매하였고 1개당 900원이 손해를 보았다고 할 때, 이 상품의 원가를 바르게 구한 것은?

① 5,000원 ② 7,500원 ③ 8,000원
④ 9,000원 ⑤ 10,200원

12 작업자 A는 혼자서 일을 12시간 만에 끝낼 수 있고 B는 8시간 만에 끝낼 수 있다. A와 B는 함께 일하다가 A는 3시간 후에 퇴근했고 나머지는 B가 마무리하였다. 전체 작업을 마치는 데 걸린 시간을 바르게 구한 것은?

① 5시간 ② 6시간 ③ 8시간
④ 9시간 ⑤ 10시간

13 남자 7명, 여자 3명 중 임원 2명을 뽑을 때, 여자가 적어도 1명 포함될 확률을 바르게 구한 것은?

① $\frac{2}{5}$　② $\frac{7}{15}$　③ $\frac{8}{15}$

④ $\frac{3}{5}$　⑤ $\frac{2}{3}$

14 도서관 열람실에는 창측 좌석이 4개, 중앙 좌석이 3개, 출입문 옆 좌석이 2개로 총 9개의 좌석이 있다. 남학생 5명과 여학생 4명이 자리에 앉으려고 할 때, 여학생 전원이 반드시 창가 좌석에만 앉는 경우의 수를 바르게 구한 것은?

① 720가지　② 1,200가지　③ 1,440가지

④ 2,880가지　⑤ 3,600가지

15 할인상품을 판매하더라도 원가의 일부 이익을 남기는 계획을 세우려고 한다. 상품을 정가에서 25% 할인해서 판매하면서도 원가의 5%의 이익을 남기려면 정가는 원가의 최소 몇 %로 책정해야 하는가?

① 110%　② 115%　③ 120%

④ 125%　⑤ 140%

16 수조에 물을 가득 채우는 데 A관은 20분이 걸리고 B관은 30분이 걸린다. A관으로 10분을 채우고 남은 양을 B관으로 채우고자 할 때, B관으로 채워야 하는 시간을 바르게 구한 것은?

① 10분　② 12분　③ 15분

④ 20분　⑤ 25분

17 농도 20%의 소금물과 농도 8%의 소금물을 2:3의 비율로 섞은 후 물 100g을 추가하였다. 결과적으로 12%의 소금물이 완성됐다고 할 때, 처음 섞은 농도 20%의 소금물 용액의 양을 바르게 구한 것은?

① 480g ② 540g ③ 600g
④ 660g ⑤ 720g

18 집에서 회사를 갈 때는 자전거를 이용하여 15km/h로 가고 올 때는 걸어서 5km/h의 속력으로 왔다. 왕복 2시간이 걸렸다고 할 때 집과 회사와의 거리를 바르게 구한 것은?

① 5km ② 6km ③ 7.5km
④ 8km ⑤ 9.5km

19 A회사에서 생산하는 제품 한 상자는 12개의 상품으로 구성되어 있다. 이 제품을 낱개로 구매하면 개당 1,000원이지만 한 상자 단위로 구매할 경우 15% 할인이 적용되어 총 10,200원이 된다. 한 소비자가 제품 32개를 구매하면서 일부는 낱개, 일부는 상자 단위로 구입해 총 28,400원을 지불했다면 이 소비자가 낱개로 구매한 제품의 개수를 바르게 구한 것은?

① 4개 ② 8개 ③ 12개
④ 24개 ⑤ 36개

20 거리가 10km인 강을 배로 거슬러 올라갈 때 5시간이 소요되고 강을 따라 내려올 때는 2시간이 소요된다고 한다. 이 때 배의 속력을 바르게 구한 것은? (단, 배의 속력은 일정하다고 가정한다.)

① 1km/h ② 1.5km/h ③ 2km/h
④ 3km/h ⑤ 3.5km/h

Chapter 04 언어추리

문항수 20문항 | 제한시간 15분

해설 p.12

01 **A, B, C, D, E는 5층 건물의 각 층에 입점한 가게이다. 한 층에 1개의 가게만 입점한다고 할 때 〈보기〉를 참고하여 항상 거짓인 것을 고르시오.**

〈 보 기 〉

- A와 C는 서로 이웃한 층에 입점한다.
- E와 B는 서로 이웃한 층에 입점하지 않는다.
- D는 홀수 번째 층에 입점한다.

① B는 3층에 입점한다.
② E는 4층에 입점한다.
③ A는 2층에 입점한다.
④ D는 1층에 입점한다.
⑤ C는 4층에 입점한다.

02 **〈보기〉의 명제를 참고하여 항상 참인 것을 고르시오.**

〈 보 기 〉

- 생산팀이면서 품질팀인 사원이 존재한다.
- 이해력이 뛰어난 사원은 기획력이 우수하다.
- 생산팀인 사원은 이해력이 우수하다.

① 이해력이 우수하지 않은 어떤 사원은 품질팀이다.
② 이해력이 우수한 모든 사원은 생산팀이다.
③ 품질팀인 모든 사원은 기획력이 우수하다.
④ 생산팀인 어떤 사원은 기획력이 우수하지 않다.
⑤ 품질팀인 어떤 사원은 기획력이 우수하다.

03 A, B, C, D, E 중 2명이 여직원이고 나머지 3명은 남직원이다. 5명 중 1명만 진실을 말하고 나머지는 거짓을 말한다고 할 때 〈보기〉를 참고하여 여직원인 2명을 알맞게 짝지은 것을 고르시오.

〈 보 기 〉

A: C가 하는 말은 거짓이다.
B: A 또는 E가 여직원이다.
C: D와 E는 남직원이다.
D: B와 E는 남직원이다.
E: D는 여직원이 아니다.

① A, B ② A, E ③ B, D
④ C, D ⑤ C, E

04 A, B, C, D, E, F 중 일부가 휴직한다. 〈보기〉를 참고하여 반드시 휴직하지 않는 사람이 몇 명인지 고르시오.

〈 보 기 〉

- A는 휴직한다.
- C 또는 E가 휴직한다면 F는 휴직하지 않는다.
- A가 휴직한다면 B와 C가 휴직한다.
- B와 D가 휴직한다면 E는 휴직하지 않는다.

① 1명 ② 2명 ③ 3명
④ 4명 ⑤ 5명

05 A, B, C, D, E, F는 원형의 테이블에 일정한 간격으로 앉아 누군가를 마주 보고 앉는다. 〈보기〉를 참고하여 항상 거짓인 것을 고르시오.

〈 보 기 〉

- B와 C는 마주 보고 앉는다.
- A와 C는 서로 이웃한 자리에 앉지 않는다.
- E와 F는 마주 보고 앉지 않는다.

① F와 A는 마주 보고 앉는다.
② D와 E는 마주 보고 앉는다.
③ A와 D는 마주 보고 앉는다.
④ E와 A는 마주 보고 앉는다.
⑤ F와 D는 마주 보고 앉는다.

06 A, B, C, D 중 1명이 지각했다. 4명 중 1명만 진실을 말한다고 할 때 〈보기〉의 진술을 참고하여 다음 중 항상 참인 것을 고르시오.

〈 보 기 〉

A: C 또는 D가 지각했다.
B: 나와 A는 지각하지 않았다.
C: B 또는 D가 지각했다.
D: A는 거짓을 말하는 사람이 아니다.

① 진실을 말하는 사람은 A이고 지각한 사람은 B이다.
② 진실을 말하는 사람은 B이고 지각한 사람은 C이다.
③ 진실을 말하는 사람은 B이고 지각한 사람은 D이다.
④ 진실을 말하는 사람은 C이고 지각한 사람은 A이다.
⑤ 진실을 말하는 사람은 C이고 지각한 사람은 B이다.

07 A, B, C, D, E, F는 남자 1명과 여자 1명이 짝을 지어 1개 조씩 총 3개 조를 구성한다. 〈보기〉를 참고하여 이들이 조를 구성할 수 있는 전체 경우가 모두 몇 가지인지 고르시오.

〈 보 기 〉

- A와 E는 성이 다르다.
- B와 C는 다른 조다.
- F와 B는 성이 같다.
- D와 F는 같은 조다.

① 1가지 ② 2가지 ③ 3가지
④ 4가지 ⑤ 5가지

08 A, B, C 중 1명이 물건을 훔쳤다. A, B, C는 〈보기〉와 같이 각자 2번씩 진술하며 2번의 진술 중 1번은 진실, 나머지 1번은 거짓으로 진술한다고 할 때 다음 중 항상 참인 것을 고르시오.

〈 보 기 〉

A: C가 물건을 훔쳤다.
A: C는 물건을 훔치지 않았다.
B: A가 물건을 훔쳤다.
B: C가 물건을 훔쳤다.
C: A 또는 B가 물건을 훔쳤다.
C: A는 물건을 훔치지 않았다.

① A가 물건을 훔쳤다.
② C가 물건을 훔쳤다.
③ A는 물건을 훔치지 않았다.
④ B는 물건을 훔치지 않았다.
⑤ C는 물건을 훔치지 않았다.

09 **A, B, C, D, E, F의 키는 각기 다르다. 〈보기〉의 명제를 참고하여 항상 참인 것을 고르시오.**

〈 보 기 〉

- C의 키는 D보다 크다.
- A의 키는 B보다 작다.
- E는 A와 C보다 키가 크다.
- F보다 키가 큰 사람이 2명이다.

① B는 F보다 키가 크다. ② A는 C보다 키가 크다. ③ E는 F보다 키가 크다.
④ B는 D보다 키가 크다. ⑤ E는 B보다 키가 크다.

10 **A, B, C, D의 전공은 서로 다르다. 이들의 전공은 전자공학, 신소재공학, 화학, 환경공학이고 4명 중 1명만 거짓을 말한다고 할 때 〈보기〉를 참고하여 항상 참인 것을 고르시오.**

〈 보 기 〉

A: B의 전공은 신소재공학이다.
B: 나는 환경공학 전공이고 C는 화학 전공이다.
C: A 또는 D의 전공이 전자공학이다.
D: A는 신소재공학 전공이다.

① A의 진술은 거짓이고 A의 전공은 전자공학이다.
② A의 진술은 거짓이고 A의 전공은 신소재공학이다.
③ B의 진술은 거짓이고 B의 전공은 환경공학이다.
④ D의 진술은 거짓이고 D의 전공은 화학이다.
⑤ D의 진술은 거짓이고 D의 전공은 전자공학이다.

11 **1부터 6까지 적힌 6개의 의자를 3행 2열로 배치한다. 〈보기〉를 참고하여 항상 참인 것을 고르시오.**

〈 보 기 〉

– 2행에 배치한 두 의자에 적힌 숫자의 합은 1행에 배치한 두 의자에 적힌 숫자의 합과 같다.
– 2행에 배치한 두 의자에 적힌 숫자의 합은 3행에 배치한 두 의자에 적힌 숫자의 합과 같다.
– 3이 적힌 의자와 같은 열이며 이웃하도록 2가 적힌 의자를 배치한다.

① 4가 적힌 의자와 6이 의자를 이웃하게 배치한다.
② 5가 적힌 의자와 1이 의자를 이웃하게 배치한다.
③ 6이 적힌 의자와 3이 의자를 이웃하게 배치한다.
④ 2가 적힌 의자와 6이 의자를 이웃하게 배치한다.
⑤ 4가 적힌 의자와 5가 의자를 이웃하게 배치한다.

12 **A, B, C, D는 미국, 중국, 영국, 태국 중 한 곳으로 출장을 간다. 출장지가 겹치는 사람은 없다고 할 때 〈보기〉를 참고하여 항상 참인 것을 고르시오.**

〈 보 기 〉

– C는 미국과 중국 중 한 곳으로 출장을 간다.
– D는 영국으로 출장을 가지 않는다.
– D가 태국으로 출장을 간다면 B는 중국으로 출장을 간다.
– B가 태국으로 출장을 간다면 A는 미국으로 출장을 간다.

① D가 출장을 갈 가능성이 있는 국가는 3곳이다.
② A가 출장을 갈 가능성이 있는 국가는 3곳이다.
③ B가 출장을 갈 가능성이 있는 국가는 3곳이다.
④ D가 출장을 갈 가능성이 있는 국가는 2곳이다.
⑤ A가 출장을 갈 가능성이 있는 국가는 1곳이다.

13 A, B, C, D, E 중 2명이 거짓을 말하고 나머지 3명은 진실을 말한다. 이들 중 1명만 임원이라고 할 때 〈보기〉의 진술을 토대로 거짓을 말하는 2명을 고르시오.

〈 보 기 〉

A: D는 진실을 말한다.
B: C의 말은 진실이 아니다.
C: A는 임원이 아니다.
D: A 또는 B가 임원이다.
E: C는 거짓을 말하지 않는다.

① A, B ② A, D ③ B, C
④ C, E ⑤ D, E

14 A, B, C, D, E의 예금액은 서로 다르다. 〈보기〉를 참고하여 항상 참인 것을 고르시오.

〈 보 기 〉

– C보다 예금액이 많으며 B보다 예금액이 적은 사람은 2명이다.
– A보다 예금액이 적은 사람은 2명이거나 1명이다.
– E의 예금액이 5명 중 가장 많거나 가장 적으면 D보다 예금액이 많은 사람이 2명이다.

① E의 예금액은 C의 예금액보다 많다.
② C의 예금액은 D의 예금액보다 많다.
③ A의 예금액은 E의 예금액보다 많다.
④ B의 예금액은 D의 예금액보다 많다.
⑤ D의 예금액은 A의 예금액보다 많다.

15 〈보기〉의 명제를 참고하여 다음 중 항상 참인 것을 고르시오.

〈 보 기 〉

- 시계를 구매하면 헤드폰을 구매하지 않는다.
- 지갑을 구매하지 않으면 액자를 구매하지 않는다.
- 향수를 구매하면 지갑을 구매한다.
- 시계를 구매하면 모자를 구매한다.
- 시계를 구매하지 않으면 향수를 구매한다.

① 향수를 구매하면 액자를 구매한다.
② 지갑을 구매하지 않으면 모자를 구매하지 않는다.
③ 향수를 구매하면 시계를 구매하지 않는다.
④ 헤드폰을 구매하면 지갑을 구매한다.
⑤ 액자를 구매하면 헤드폰을 구매한다.

16 A, B, C는 숫자 1, 2, 3 중 하나를 선택한다. 3명이 선택한 숫자는 서로 다르며 A, B, C는 2번의 진술에서 1번은 진실, 1번은 거짓을 말한다고 할 때 〈보기〉의 진술을 토대로 항상 참인 것을 고르시오.

〈 보 기 〉

A: 나는 3을 선택하고 B는 1을 선택한다.
A: 내가 3을 선택하거나 C가 1을 선택한다.
B: 내가 1을 선택하고 A가 3을 선택한다.
B: C는 2를 선택하지 않는다.
C: 내가 3을 선택하고 A가 1을 선택한다.
C: A 또는 B가 3을 선택한다.

(가): A는 2를 선택한다.
(나): B는 3을 선택한다.
(다): C는 1을 선택한다.

① (가)만 옳다. ② (나)만 옳다. ③ (다)만 옳다.
④ (가)와 (나)만 옳다. ⑤ (나)와 (다)만 옳다.

17 A, B, C, D, E, F가 일렬로 줄을 선다. 〈보기〉를 참고하여 E가 몇 번째로 줄을 서는지 고르시오.

〈 보 기 〉

- A와 F 사이에 2명이 줄을 선다.
- B 바로 앞에 D가 줄을 선다.
- C는 3번째로 줄을 선다.

① 1번째 ② 2번째 ③ 4번째
④ 5번째 ⑤ 6번째

18 각자 한 팀에 소속된 A, B, C, D, E, F는 원형의 탁자에 일정한 간격으로 앉는다. 6명이 속한 팀은 총 3개 팀이며 팀별 인원은 3명, 2명, 1명이라고 할 때 〈보기〉를 참고하여 항상 참인 것을 고르시오.

〈 보 기 〉

- 소속팀이 같은 사람끼리 이웃하게 앉는다.
- C와 F는 마주 보고 앉는다.
- B와 D는 이웃하게 앉으며 B와 D의 소속팀은 다르다.
- E와 A는 같은 팀 소속이다.

① B가 소속된 팀의 인원은 1명이다.
② F가 소속된 팀의 인원은 3명이다.
③ C가 소속된 팀의 인원은 1명이다.
④ D가 소속된 팀의 인원은 2명이다.
⑤ A가 소속된 팀의 인원은 3명이다.

19 A, B, C, D, E 중 2명이 타사로 이직한다. 이직하는 2명은 거짓을 말하고 이직하지 않는 3명은 진실을 말한다고 할 때 〈보기〉를 참고하여 거짓을 말하는 2명을 알맞게 짝지은 것을 고르시오.

〈 보 기 〉

A: B는 이직하지 않는다.
B: A는 이직하는 사람이 아니다.
C: B 또는 E가 이직한다.
D: E가 이직한다.
E: B 또는 D가 이직한다.

① A, E ② B, C ③ B, D
④ C, D ⑤ C, E

20 A, B, C, D, E, F 중 일부 인원이 퇴직한다. 〈보기〉의 명제를 참고하여 6명 중 퇴직하는 사람이 항상 몇 명인지 고르시오.

〈 보 기 〉

- C와 D 중 1명은 퇴직하고 1명은 퇴직하지 않는다.
- C가 퇴직하면 B는 퇴직하지 않는다.
- A가 퇴직하면 E는 퇴직하지 않는다.
- F가 퇴직하지 않으면 B가 퇴직한다.
- A가 퇴직하지 않으면 D도 퇴직하지 않는다.

① 0명 ② 1명 ③ 2명
④ 3명 ⑤ 4명

Chapter 05 수열추리

문항수 20문항 | 제한시간 15분

해설 p.21

01 다음과 같이 일정한 규칙으로 숫자를 나열할 때, A+B의 값으로 알맞은 것을 고르시오.

5	8	7	13	9	(A)	11	23	(B)	28

① 27　② 29　③ 31
④ 33　⑤ 35

02 다음과 같이 일정한 규칙으로 숫자를 나열할 때, B−A의 값으로 알맞은 것을 고르시오.

1	2	3	(A)	9	8	(B)	11

① 18　② 19　③ 20
④ 21　⑤ 22

03 다음과 같이 일정한 규칙으로 숫자를 나열할 때, 9번째 항의 값으로 알맞은 것을 고르시오.

1.5	3.8	6.1	8.4	10.7	13.0

① 16.1　② 18.4　③ 19.9
④ 23.0　⑤ 25.3

04 다음과 같이 일정한 규칙으로 숫자를 나열할 때, 빈 칸에 들어갈 값으로 알맞은 것을 고르시오.

$\frac{1}{4}$	1	$\frac{7}{4}$	$\frac{5}{2}$	( )	4

① $\frac{9}{2}$ ② $\frac{11}{4}$ ③ $\frac{13}{6}$

④ $\frac{13}{4}$ ⑤ 5

05 다음과 같이 일정한 규칙으로 숫자를 나열할 때, 10번째 항의 값으로 알맞은 것을 고르시오.

3.1	1.1	3.3	1.3	3.9	1.9

① 5.7 ② 3.7 ③ 9.1

④ 11.1 ⑤ 33.2

06 다음과 같이 일정한 규칙으로 숫자를 나열할 때, 8번째 항의 값으로 알맞은 것을 고르시오.

$\frac{1}{3}$	$\frac{1}{9}$	$-\frac{1}{9}$	$-\frac{1}{3}$	$-\frac{5}{9}$

① $-\frac{11}{9}$ ② -1 ③ $-\frac{4}{3}$

④ $-\frac{14}{9}$ ⑤ $-\frac{6}{5}$

07 다음과 같이 일정한 규칙으로 숫자를 나열할 때, 빈 칸에 들어갈 값으로 알맞은 것을 고르시오.

10	5	25	4	8	−32	100	10	( )

① −50 ② 50 ③ 450
④ 900 ⑤ 1,200

08 다음과 같이 일정한 규칙으로 숫자를 나열할 때, 8번째 항의 값으로 알맞은 것을 고르시오.

$$\frac{1}{4} \quad \frac{1}{4^2} \quad \frac{1}{4^3} \quad \frac{1}{4^4} \quad \frac{1}{4^5}$$

① $\frac{1}{1,024}$ ② $\frac{1}{4,096}$ ③ $\frac{1}{16,384}$
④ $\frac{1}{65,536}$ ⑤ $\frac{1}{262,144}$

09 다음과 같이 일정한 규칙으로 숫자를 나열할 때, 빈 칸에 들어갈 값으로 알맞은 것을 고르시오.

$$\frac{1}{5} \quad (\quad) \quad \frac{2}{5} \quad \frac{1}{5} \quad \frac{3}{5} \quad \frac{2}{5} \quad \frac{4}{5}$$

① 0 ② $-\frac{1}{5}$ ③ $\frac{1}{5}$
④ $\frac{2}{5}$ ⑤ $-\frac{2}{5}$

10 다음과 같이 일정한 규칙으로 숫자를 나열할 때, 12번째 항의 값으로 알맞은 것을 고르시오.

13	11	22	19	57	53	212	207	1,035

① 5,048 ② 6,174 ③ 6,167
④ 9,145 ⑤ 43,169

11 다음과 같이 일정한 규칙으로 숫자를 나열할 때, 빈 칸에 들어갈 값으로 알맞은 것을 고르시오.

14.26	17.37	( )	23.59	26.7	29.81

① 19.45 ② 20.48 ③ 21.47
④ 22.65 ⑤ 23.01

12 다음과 같이 일정한 규칙으로 숫자를 나열할 때, A + B의 값으로 알맞은 것을 고르시오.

4.2	2.1	6.3	(A)	9.45	4.725	(B)	7.0875

① 10.51 ② 6.524 ③ 10.6722
④ 17.392 ⑤ 17.325

13 다음과 같이 일정한 규칙으로 숫자를 나열할 때, 12번째 항의 값으로 알맞은 것을 고르시오.

2	$\frac{9}{4}$	$\frac{5}{2}$	$\frac{11}{4}$	3	$\frac{13}{4}$

① $\frac{19}{4}$ ② $\frac{23}{4}$ ③ $\frac{21}{2}$
④ 5 ⑤ $\frac{21}{4}$

14 다음과 같이 일정한 규칙으로 숫자를 나열할 때, 빈 칸에 들어갈 값으로 알맞은 것을 고르시오.

1,513	4,798	54	1,000	752	4,613	(　)	6,178	186

① 1　② 654　③ 1,547
④ 1,698　⑤ 2,573

15 다음과 같이 일정한 규칙으로 숫자를 나열할 때, 10번째 항의 값으로 알맞은 것을 고르시오.

54	954	1,008	1,962	2,970	4,932	7,902

① 12,834　② 33,570　③ 15,759
④ 20,736　⑤ 54,306

16 다음과 같이 일정한 규칙으로 숫자를 나열할 때, A－B의 값으로 알맞은 것을 고르시오.

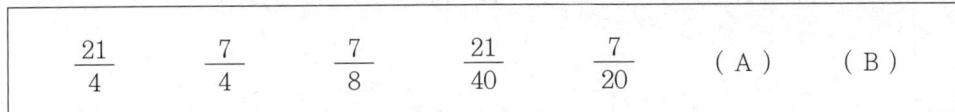

$\frac{21}{4}$	$\frac{7}{4}$	$\frac{7}{8}$	$\frac{21}{40}$	$\frac{7}{20}$	(A)	(B)

① $\frac{1}{2}$　② $\frac{1}{4}$　③ $\frac{3}{16}$
④ $\frac{1}{8}$　⑤ $\frac{1}{16}$

17 다음과 같이 일정한 규칙으로 숫자를 나열할 때, 빈 칸에 들어갈 값으로 알맞은 것을 고르시오.

654	333	12	－309	－630	－951	(　)

① －1,272　② －1,273　③ －1,274
④ －1,275　⑤ －1,276

18 다음과 같이 일정한 규칙으로 숫자를 나열할 때, 12번째 항의 값으로 알맞은 것을 고르시오.

45	53	71	99	137	185	243

① 389 ② 477 ③ 575
④ 683 ⑤ 801

19 다음과 같이 일정한 규칙으로 숫자를 나열할 때, 12번째 항과 13번째 항을 곱한 값으로 알맞은 것을 고르시오.

$\frac{16}{40}$	$\frac{81}{3}$	$\frac{32}{120}$	$\frac{27}{3}$	$\frac{64}{360}$	$\frac{9}{3}$	$\frac{128}{1,080}$	$\frac{3}{3}$

① $\frac{128}{1,080}$ ② $\frac{1,024}{29,160}$ ③ $\frac{1,024}{262,440}$
④ $\frac{2,048}{2,361,960}$ ⑤ $\frac{2,048}{21,257,640}$

20 다음과 같이 일정한 규칙으로 숫자를 나열할 때, 빈 칸에 들어갈 값으로 알맞은 것을 고르시오.

10.45	11.35	12.25	13.15	( )

① 14.15 ② 14.05 ③ 14.25
④ 15.05 ⑤ 15.15

M·E·M·O